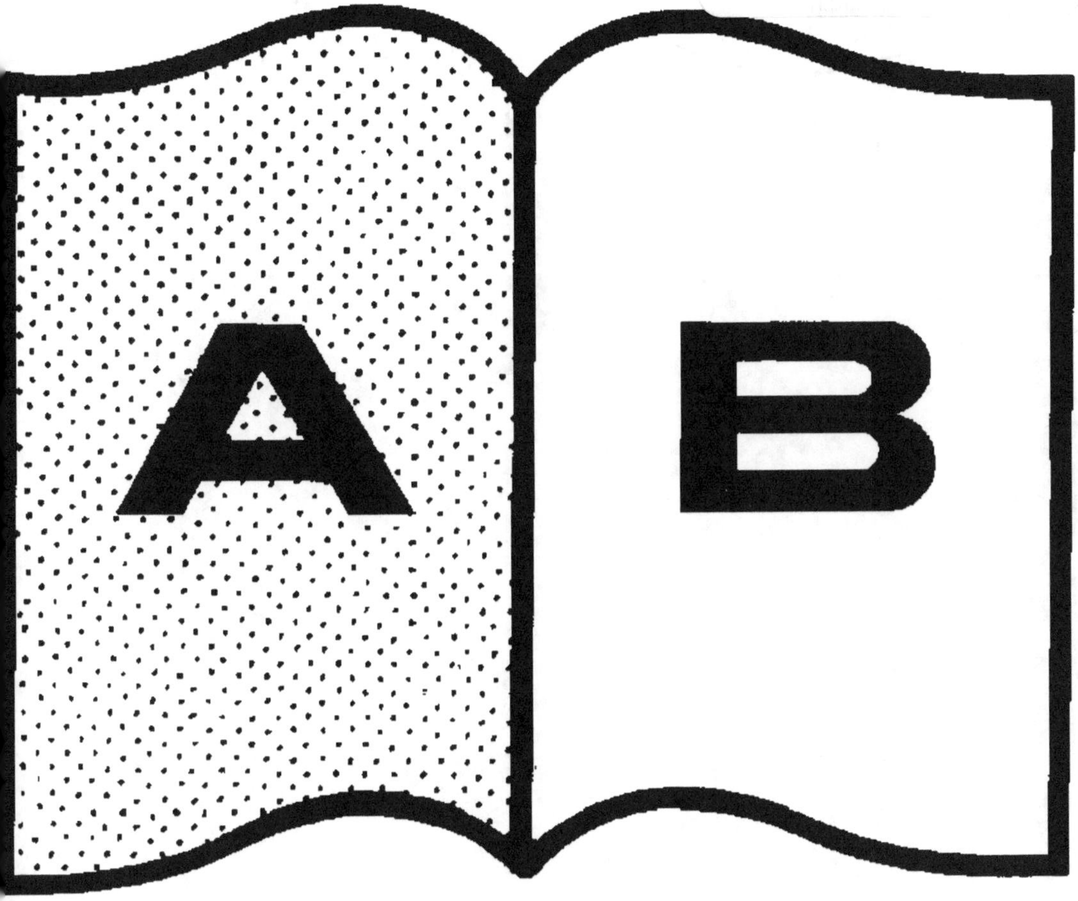

Contraste insuffisant

**NF Z 43**-120-14

2223

20574

# PENSEES DIVERSES,

Ecrites à un,

DOCTEUR DE SORBONNE,

A l'occasion de la Cométe qui parut au mois de Decembre 1680.

A ROTTERDAM,
Chez REINIER LEERS,
M. DC. LXXXIII.

# Le LIBRAIRE au LECTEUR.

**C**eux qui se souviendront de la Lettre à M. L. A. D. C. Docteur de Sorbonne, contre les présages des Comètes, remarqueront bien-tôt en lisant ce livre-ci, que ce n'est qu'une nouvelle edition de l'autre. Mais il est bon qu'ils sachent, que cette nouvelle édition a été faite sur une Copie plus correcte, & plus ample que la précédente, & que le soin qu'on a pris de diviser cet Ouvrage en beaucoup plus de Sections, qu'il n'étoit auparavant, fait esperer que les lecteurs préféreront cette seconde édition à la premiere, parce qu'ils pourront se reposer où ils voudront, & commencer où ils voudront, sans être obligez d'attendre, ou de chercher long-tems quelque bout. Outre cela, l'on a pris la peine de traduire en François les passages latins qui étoient dans la premiere édition ; & par ce moyen on croit avoir mis l'ouvrage en état d'être plus agreable à une infinité d'honnêtes gens, & de personnes d'esprit. J'eusse

J'eusse bien souhaité, qu'au lieu d'une Copie du mois d'Octobre 1681. On m'en eust donné à imprimer une autre dattée du mois de Septembre 1683. Car je ne doute pas qu'il n'y eust eu bien des digressions qui eussent eu du raport à ce qui s'est fait dans l'Europe ces deux dernieres années, & qui auroient fait valoir le livre : mais je n'ai peu avoir autre chose que ce que je donne présentement. Je souhaite que le Lecteur en soit satisfait.

Ceux qui trouveront étrange, que l'on ait parlé de certaines choses comme si elles étoient nouvelles, quoi qu'elles ne le soient pas, & qu'on n'ait rien dit d'une infinité d'évenemens remarquables qui sont nouveaux effectivement, sont priez de remarquer, que la datte qui est à la fin du livre répond à toutes ces difficultez.

Achevé d'imprimer le 2.<br>Septembre, 1683.

# PENSÉES DIVERSES,

écrites à un

## Docteur de Sorbonne,

*à l'occasion de la Comete qui parut au mois de Decembre 1680.*

### §. I.
#### *Occasion de l'ouvrage.*

Vous aviez raison, Monsieur, de m'ecrire que ceux qui n'avoient pas eu la commodité de voir la Comete, pendant qu'elle paroissoit avant le jour, sur la fin de Novembre & au commencement de Decembre, n'attendroient pas long tems à la voir à une heure plus commode ; car en effet, elle a commencé à reparoitre le 22. du mois passé, dés l'entrée de la nuit ; mais je doute fort que vous ayez eu raison de m'exhorter à vous ecrire tout ce que je penserois sur cette matiere, & de me promettre une réponse fort exacte à tout ce que je vous en écrirois. Cela va plus loin que vous n'avez n'avez cru : je ne sai ce que c'est que de mediter regulierement sur une chose : je prens le change fort aisement : je m'écarte tres-souvent de mon sujet : je saute dans des lieux dont on auroit bien de la peine à déviner les chemins, & je suis fort propre à faire perdre patience à un Docteur qui veut de la methode & de la regularité par tout. C'est pourquoi Mr. pensez y bien : songez plus d'une fois à la proposition que vous m'avez faite. Je vous donne quinze jours de terme pour prendre vôtre derniere resolution. Cet avis & les vœux que je fais pour vôtre prosperité dans ce renouvellement d'année, sont toutes les étreines que vous aurez de moi pour le coup. Je suis vôtre, &c.

*A . . le 1. de Janvier 1681.*

## §. II.

PUis qu'apres y avoir bien pensé, vous persistez à vouloir que je vous communique les pensées qui me viendront dans l'esprit en meditant sur la nature des Cometes, & à vous engager à les examiner regulierement, il faut se resoudre à vous écrire. Mais vous souffrirez s'il vous plait que je le fasse à mes heures de loisir, & avec toute sorte de de liberté, selon que les choses se presenteront à ma pensée. Car pour ce plan que vous souhaitteriez que je fisse dés le commencement, & que vous voudriez que je suivisse de point en point, je vous prie Mr. de ne vous y attendre pas. Cela est bon pour des Auteurs de profession qui doivent avoir des veües suivies, & bien compassées. Ils font bien de faire d'abord un projet, de le diviser en livres & en chapitres, de se former une idée generale de chaque chapitre, & de ne travailler que sur ces idées là. Mais pour moi qui ne pretens pas à la qualité d'Auteur, je ne m'assujettirai point, s'il vous plait, à cette sorte de servitude. Je vous ai dit mes manieres: vous avez eu le tems d'examiner si elles vous accommoderoient: après cela si vous vous en trouvez accablé, ne m'en imputez point la faute, vous l'avez ainsi voulu. Commençons.

## §. III.

*Que les presages des Cometes ne sont appuyez d'aucune bonne raison.*

J'Entens raisonner tous les jours plusieurs personnes sur la nature des Cometes, & quoi que je ne sois Astronome me ni d'effect ni de profession, je ne laisse pas d'étudier soigneusement tout ce que les plus habiles ont publié sur cette matiere, mais il faut que je vous avoüe, Monsieur, que rien ne m'en paroit convaincant, que ce qu'ils disent contre l'erreur du peuple, qui veut que les Cometes menacent le Monde d'une infinité de desolations.

C'est ce qui fait que je ne puis pas comprendre, comment un aussi grand Docteur que vous, qui pour avoir seulement predit au vray, le retour de nôtre Comete, devroit être convaincu que ce sont des corps sujets aux loix ordinaires de la nature, & non pas des prodiges, qui ne suivent aucune regle; s'est neantmoins laissé entrainer au torrent, & s'imagine avec le reste du monde, malgré les raisons du petit nombre choisi, que les Cometes sont comme des Herauts d'armes qui viennent declarer la guerre au genre humain de la part de Dieu. Si vous étiez Predicateur, je vous le pardonnerois, parce que ces sortes de pensées étant naturellement fort propres à être revetuës des plus pompeus & des plus pathetiques ornemens de l'eloquence, font beaucoup plus d'honneur à celui qui les debite, & beaucoup plus d'impression sur la
con-

conscience des Auditeurs, que cent autres propositions prouvées demonstrativement. Mais je ne puis gouter qu'un Docteur qui n'a rien à persuader au Peuple, & qui ne doit nourrir son esprit que de raison toute pure, ait en cecy des sentimens si mal soutenus, & se paye de tradition, & de passages des Poëtes & des Historiens.

## §. IV.
### De l'autorité des Poëtes.

IL n'est pas possible d'avoir un plus méchant fondement. Car pour commencer par les Poëtes, vous n'ignorez pas, Monsieur, qu'ils sont si entetez de parsemer leurs Ouvrages de plusieurs descriptions pompeuses, comme sont celles des prodiges ; & de donner du merveilleux aux avantures de leurs Heros, que pour arriver à leurs fins ils supposent mille choses étonnantes. Ainsi bien loin de croire sur leur parole, que le bouleversement de la Republique Romaine ait été l'effect de deux ou de trois Cometes ; je ne croirois pas seulement, si d'autres qu'eux ne le disoient, qu'il en ait paru en ce tems là. Car enfin il faut s'imaginer qu'un homme qui s'est mis dans l'esprit de faire un poëme, s'est emparé de toute la Nature en même tems. Le Ciel & la Terre n'agissent plus que par son ordre ; il arrive des Eclipses ou des Naufrages si bon lui semble ; tous les Elemens se remuënt selon qu'il le trouve à propos. On voit des armées dans l'air, & des Monstres sur la terre tout autant qu'il en veut; les Anges & les Demons paroissent toutes les fois qu'il l'ordonne; les Dieux mêmes montez sur des machines se tiennent prêts pour fournir à ses besoins; & comme sur toutes choses, il luy faut des Cometes à cause du prejugé où l'on est à leur égard, s'il en trouve de toutes faites dans l'Histoire, il s'en saisit à propos: s'il n'en trouve pas, il en fait lui même, & leur donne la couleur & la figure la plus capable de faire paroitre que le Ciel s'est interessé d'une maniere tres distinguée dans l'affaire dont il est question. Aprés cela qui ne riroit de voir un tres grand nombre de gens d'esprit, ne donner pour toute preuve de la malignité de ces nouveaux Astres, que le *terris mutantem regna Cometen* de Lucain : le *regnorum eversor, rubuit lethale Cometes* de Silius Italicus : le *nec diri toties arsere Cometa* de Virgile : le *nunquam terris spectatum impunè Cometen* de Claudien, & semblables beaux dictons des Anciens Poëtes? §. V.

*Pensées diverses.*

## §. V.
### *De l'autorité des Historiens.*

POur ce qui est des Historiens, j'avoüe qu'ils ne se donnent pas la liberté de supposer ainsi des Phenomenes extraordinaires. Mais il paroit dans la plûspart une si grande envie de raporter tous les miracles & toutes les visions, que la credulité des Peuples a autorisées, qu'il ne seroit pas de la prudence de croire tout ce qu'ils nous debitent en ce genre là. Je ne sai s'ils croyent que leurs Histoires paroitroient trop simples, s'ils ne mesloient aux choses arrivées selon le cours du monde, quantité de prodiges & d'accidens surnaturels: ou s'ils esperent que par cette sorte d'assaisonnemens qui reviennent fort au goût naturel de l'homme, ils tiendront toûjours en haleine leur Lecteur, en lui fournissant toûjours dequoi admirer: ou bien s'ils se persuadent que la rencontre de ces coups miraculeux signalera leur Histoire dans le tems à venir; Mais quoi qu'il en soit on ne peut nier que les Historiens ne se plaisent (1) ex-

(1) *Quidam incredibilium relatu commendationem paraturi, & lectorem aliud acturum, si per quotidiana duceretur, miraculo excitant. Quidam creduli, quidam negligentes sunt, quibusdam mendacium obrepit, quibusdam placet. Illi non evitant, hi appetunt, & hoc in commune de toti*

natione, *quæ approbare opus suum & fieri populare non putat posse, nisi illud mendacio aspersit.* Senec. natur. quæst. lib. 7. cap. 16.

A 4 treme-

trememcnt à compiler tout ce qui sent le miracle. Tite Live nous en fournit une forte preuve, car quoi que ce fust un homme de grand sens, & d'un genie fort elevé, & qu'il nous ait laissé une Histoire fort approchante de la perfection; il est tombé neantmoins dans le defaut de nous laisser une compilation insupportable de tous les prodiges ridicules, que la superstition Payenne croyoit qui devoient étre expiez, ce qui fut cause, à ce que disent (1) quelques uns, que ses ouvrages furent condamnez au feu par le Pape St. Gregoire. Quel desordre ne voit on pas dans ces grands & immenses Volumes, qui contiennent les Annales de tous les differens Ordres de nos Moines, où il semble qu'on ait pris plaisir d'entasser sans jugement, & par la seule envie de satisfaire l'emulation ou plutôt la jalousie, que ces Societez ont les unes contre les autres, tout ce que l'on peut concevoir de miracles chymeriques? Ce qui soit dit entre nous, Mr. car vous savez bien que pour ne pas scandaliser le Peuple, ni irriter ces bons Peres, il ne faut pas publier les defauts de leurs Annales, nous contentant de ne les point lire.

(2) Je m'étonne que ceux qui nous parlent

(1) *Voy Vossius de Histor. Latin. pag. 98.*

(2) *Le T. le Même Disc. de l'Histoire chap. 1.*

lent tant de la sympathie qu'il y a entre la Poësie & l'Histoire: qui nous asseurent sur la foy de Ciceron & de Quintilien, *Que l'Histoire est une Poësie libre de la servitude de la versification*; & sur le témoignage de Lucien, *que le vaisseau de l'Histoire sera pesant & sans mouvement, si le vent de la Poësie ne remplit ses voiles*: qui nous disent qu'il faut être Poëte pour être Historien, & que la descente de la Poësie à l'Histoire est presque insensible, quoi que personne n'ait entrepris jusques icy de passer de l'une à l'autre; Je m'étonne, dis-je, que ceux qui nous apprennent tant de belles choses, sans savoir (1) qu'Agathias a été successivement Poëte & Historien, & qu'il a cru par là ne faire autre chose que traverser d'une patrie en une patrie; n'ayent pas apprehendé de fournir un beau pretexte aux Critiques, de reprocher aux Historiens, qu'en effet ils ont une sympathie merveilleuse avec les Poëtes, & qu'ils ayment aussi bien qu'eux à rapporter des prodiges & des fictions. Heureux ces deux excellens Poëtes, qui travaillent à l'Histoire de LOUIS LE GRAND, toute remplie de prodiges effectifs, car sans donner dans la fiction ils peuvent satisfaire l'envie dominante qui possede les Poëtes & les Historiens,

(1) *Agathias in Princ. Histor.*

de raconter des choses extraordinaires!

Avec tout cela, Mr. je ne suis pas d'avis que l'on chicane l'autorité des Historiens ; je consens que sans avoir égard à leur credulité, on croye qu'il a paru des Cometes tout autant qu'ils en marquent, & qu'il est arrivé dans les années qui ont suivi l'apparition des Cometes, tout autant de malheurs qu'ils nous en raportent. Je donne les mains à tout cela : mais aussi c'est tout ce que je vous accorde, & tout ce que vous devez raisonnablement pretendre. Voyons maintenant à quoi aboutira tout cecy. Je vous defie avec toute vôtre subtilité d'en conclurre, que les Cometes ont été ou la cause, ou le signe des malheurs qui ont suivi leur apparition. Ainsi les témoignages des Historiens se reduisent à prouver uniquement qu'il a paru des Cometes, & qu'en suitte il y a bien eu des desordres dans le monde ; ce qui est bien eloigné de prouver que l'une de ces deux choses est la cause ou le pronostic de l'autre, à moins qu'on ne veuille qu'il soit permis à une femme qui ne met jamais la tête à sa fenêtre, à la ruë St. Honoré sans voir passer des Carrosses, de s'imaginer qu'elle est la cause pourquoi ces Carrosses passent, ou du moins qu'elle doit être un presage à tout le

Quar-

Quartier, en se montrant à sa fenêtre, qu'il passera bien tôt des Carrosses.

## §. VI.
*Que les Historiens se plaisent fort aux digressions.*

VOus me direz sans doute, que les Historiens remarquent positivement que les Cometes ont été les signes, ou même les causes des ravages qui les ont suivies, & par consequent que leur autorité va bien plus loin que je ne dis. Point du tout, Mr. il se peut faire qu'ils ont remarqué ce que vous dites, car ils aiment fort à faire des reflexions, & ils poussent quelquefois si loin la moralité, qu'un Lecteur mal satisfait de les voir interrompre le fil de l'Histoire, leur diroit volontiers s'il les tenoit, *riservate questo per la predica.* L'envie de paroitre savans jusques dans les choses qui ne sont pas de leur metier, leur fait aussi faire quelquefois des disgressions tres-mal entenduës; comme quand (1) Ammian Marcellin à l'occasion d'un tremblement de terre qui arriva sous l'Empire de Constantius, nous debite tout son Aristote & tout son Anaxagoras; raisonne à perte de veüe; cite des Poëtes & des Theologiens: & à l'occasion

(1) *Ammian Marcell. Histor. l. 17.*

d'une

d'une eclipse de soleil arrivée sous le même Constantius, se jette (1) à corps perdu dans les secrets de l'Astronomie; fait des leçons sur Ptolomée, & s'écarte jusques à philosopher sur la cause des parelies. Mais il ne s'ensuit pas pour cela que les remarques des Historiens doivent autoriser l'opinion commune, parce qu'elles ne sont pas sur des choses qui soient du ressort de l'Historien. S'il s'agissoit d'un Conseil d'Etat, d'une Negociation de paix, d'une bataille, d'un siege de ville, &c. le témoignage de l'Histoire pourroit être decisif, parce qu'il se peut faire que les Historiens ayent fouillé dans les Archives, & dans les instructions les plus secretes, & puisé dans les plus pures sources de la verité des faits. Mais s'agissant de l'influence des Astres, & des ressorts invisibles de la nature, Messieurs les Historiens n'ont plus aucun caractere autorisant, & ne doivent être plus regardez que comme un simple particulier qui hazarde sa conjecture, de laquelle il faut faire cas selon le degré de connoissance que son Autheur s'est acquis dans la Physique. Or sur ce pied là, Mr. avoüez moi que le témoignage des Historiens se reduit à bien peu de chose, parce qu'ordinaire-

(2) Ammian Marcell. Histor. lib. 20.

nairement ils sont fort mechans Physiciens.

## §. VII.
### De l'autorité de la Tradition.

APrés ce que je viens de dire il seroit superflu de refuter en particulier le prejugé de la Tradition, car il est visible que si la prevention où l'on est de tems immemorial sur le chapitre des Cometes, peut avoir quelque fondement legitime, il consiste tout entier dans le témoignage que les Histoires & les autres livres ont rendu sur cela dans tous les siecles : de sorte que si ce témoignage ne doit être d'aucune consideration, comme je l'ay justifié, & comme il paroitra encore davantage par ce qui me reste à dire ; il ne faut plus faire aucun conte de la multitude des suffrages qui sont fondez là dessus.

Que ne pouvons nous voir ce qui se passe dans l'esprit des hommes lors qu'ils choisissent une opinion ! Je suis seur que si cela étoit, nous reduirions le suffrage d'une infinité de gens à l'autorité de deux ou de trois personnes, qui ayant debité une Doctrine que l'on supposoit qu'ils avoient examinée à fond, l'ont persuadée à plusieurs autres par le prejugé de leur merite, & ceux cy à plusieurs autres, qui ont trouvé mieux leur conte pour leur paresse naturelle, à croire tout d'un coup ce qu'on leur disoit, qu'à l'examiner soigneusement. (1) De sorte que le nombre des sectateurs credules & paresseux s'augmentant de jour en jour, a été un nouvel engagement aux autres hommes de se delivrer de la peine d'examiner une opinion, qu'ils voyoient si generale, & qu'ils se persuadoient bonnement n'être devenuë telle, que par la solidité des raisons desquelles on s'étoit servi d'abord pour l'établir : & enfin on s'est veu reduit à la necessité de croire ce que tout le monde croyoit, de peur de passer pour un factieux, qui veut lui seul en savoir plus que tous les autres, & contredire la venerable Antiquité : si bien qu'il y a eu du merite à n'examiner plus rien, & à s'en raporter à la Tradition. Jugez vous meme si cent millions d'hommes engagez dans quelque sentiment de la maniere que je viens de representer, peuvent le rendre probable, & si tout le grand prejugé qui s'éleve sur la multitude de tant de sectateurs, ne doit pas être reduit, faisant justice à chaque chose, à l'autorité de deux ou de trois personnes qui apparem-

---

(1) *Unusquisque mavult credere quam judicare: nunquam de vitâ judicatur, semper creditur, versatque nos & præcipitat traditus per manus error, alienisque perimus exemplis. Sanabimur si modo separemur à cœtu. Nunc verò stat contra rationem defensor mali sui populus.* Seneca de vitâ beatâ, cap. 1.

remment ont examiné ce qu'ils enseignoient. Souvenez vous, Mr. de certaines opinions fabuleuses à qui l'on a donné la chasse dans ces derniers tems, de quelque grand nombre de témoins qu'elles fussent appuyées, parce qu'on a fait voir que ces témoins s'étant copiez les uns les autres, sans autrement examiner ce qu'ils citoient, ne devoient être contez que pour un : & sur ce pied là concluez qu'encore que plusieurs nations & plusieurs siecles s'accordent à accuser les Cometes de tous les desastres qui arrivent dans le monde aprés leur apparition, ce n'est pourtant pas un sentiment d'une plus grande probabilité que s'il n'y avoit que sept ou huit personnes qui en fussent, parce qu'il n'y a gueres d'avantage de gens qui croyent ou qui ayent cru cela, aprés l'avoir bien examiné sur des principes de Philosophie.

## §. VIII.
*Pourquoi on ne parle point de l'autorité des Philosophes.*

AU reste, Mr. voulez vous savoir pourquoy je n'ay pas mis en ligne de conte l'authorité des Philosophes, aussi bien que celle des Poetes & des Histo-

Hiſtoriens ; c'eſt parce que je ſuis perſuadé que ſi le témoignage des Philoſophes a fait quelque impreſſion ſur vôtre eſprit, c'eſt ſeulement à cauſe qu'il rend la tradition plus generale, & non pas à cauſe des raiſons ſur leſquelles il eſt appuyé. Vous étez trop habile pour étre la dupe de quelque Philoſophe que ce ſoit, pourveu qu'il ne vous attaque que par la voye du raiſonnement, & il faut vous rendre cette juſtice, que dans les choſes que vous croyez étre du reſſort de la raiſon, vous ne ſuivez que la raiſon toute pure. Ainſi ce ne ſont pas les Philoſophes entant que Philoſophes, qui ont contribué à vous rendre peuple en cette occaſion, puis qu'il eſt certain que tous leurs raiſonnemens en faveur des malignes influences, font pitié. Voulez vous donc que je vous diſe en qualité d'ancien Amy, d'où vient que vous donnez dans une opinion commune ſans conſulter l'oracle de la raiſon ? C'eſt que vous croyez qu'il y a quelque choſe de divin dans tout cecy, comme on l'a dit de certaines maladies, apres le fameux Hippocrate ; c'eſt que vous vous imaginez que le conſentement general de tant de nations dans la fuitte de tous les ſiecles, ne peut venir que d'une eſpece d'inſpiration,

*vox*

*vox populi, vox Dei*; c'est que vous étez accoutumé par vôtre caractere de Theologien à ne plus raisonner, dés que vous croyez qu'il y a du mystere, ce qui est une docilité fort loüable, mais qui ne laisse pas quelquefois par le trop d'étenduë qu'on luy donne, d'empiëter sur les droits de la raison, comme l'a fort bien remarqué (1) Mr. Pascal; c'est enfin qu'ayant la conscience timorée vous croyez aisement que la corruption du monde arme le bras de Dieu des fleaux les plus epouvantables; lesquels pourtant le bon Dieu ne veut point lancer sur la terre, sans avoir essayé si les hommes s'amanderont, comme il fit avant que d'envoyer le Deluge. Tout cela, Mr. fait un Sophisme d'autorité à vôtre esprit dont vous ne sauriez vous deffendre avec toute l'adresse qui vous fait si bien demêler les faux raisonnemens des Logiciens.

(1) Pensées de Monsr. Pascal. ch. 5.

Cela étant il ne faut pas se promettre de vous detromper en raisonnant avec vous sur des Principes de Philosophie. Il faut vous laisser là, ou bien raisonner sur des principes de pieté & de Religion. C'est aussi ce que je ferai (car je ne veux pas que vous m'échappiez) aprés avoir exposé à vôtre vcüe, pour me dédom-

dédommager en quelque façon, plusjeurs raisons fondées dans le bon sens, qui convainquent de temerité l'opinion que l'on a touchant l'influence des Cometes. Devinez si vous pouvez, quels sont ces principes de pieté que je vous garde, devinez le dis-je, si vous pouvez, pendant qu'à mes heures de loisir je vous preparerai une espece de prelude qui roulera sur des principes plus communs.

A . . le 15. de Mars 1681.

## §. IX.
### I. Raison contre les presages des Cometes.

*Qu'il est fort probable qu'elles n'ont point la vertu de produire quelque chose sur la terre.*

Voicy, Mr. quelques raisons de Philosophie. On peut dire premierement qu'il est fort incertain, que des corps aussi eloignez de la terre, que le sont ceux là, puissent y envoyer quelque matiere qui soit capable d'une grande action. Car si c'est le sentiment universel des Philosophes, depuis qu'on a été contraint d'abandonner l'opinion commune touchant la matiere des Cometes, que l'Atmosphere de la terre,
c'est

c'est à dire l'espace jusqu'où s'etendent les exhalaisons, & les vapeurs qu'elle repand de toutes parts, se termine à la moyenne region de l'air à trois ou quatre lieües d'elevation tout au plus; pourquoi croira t'on que l'Atmosphere des Cometes s'étend à plusieurs millions de lieües? On ne sauroit dire precisément pourquoi les Planetes & les Cometes peuvent produire des qualitez jusques sur la terre, capables d'y causer des notables changemens, pendant que la terre n'en peut pas seulement produire à trente lieües de distance.

§. X.

I. Dira-t-on que puis que les Cometes nous envoyent de la lumiere, elles peuvent bien nous envoyer quelque autre chose? Mais il est facile de répondre que la lumiere qu'elles nous envoyent vient originairement du soleil, & qu'elles ne contribuent à l'envoyer sur la terre, qu'en qualité de corps opaque qui oblige les rayons à se reflechir vers nous; de sorte que de quelque supposition que l'on se serve pour expliquer la propagation de la lumiere, soit des Principes d'Aristote, soit de ceux d'Epicure, soit de ceux de Mr.
Des-

Descartes, on concevra tres-clairement que les Cometes peuvent luire sur nous, sans aucune action positive de leur part, & sans qu'il se detache la moindre chose de leur substance à elles, pour venir dans ce bas monde.

### §. XIX.

II. Dira-t-on que la lumiere detache quantité d'atomes du corps de la Comete, & les ameine dans nôtre monde lors qu'elle y vient elle même par reflexion ? Mais si on ne dit que cela, je n'ay point besoin de nouvelle réponse : il me suffit de dire que les atomes que la lumiere du soleil enleve de la terre & des eaux, ne suivent la lumiere reflechie qu'à une tres petite distance, & qu'il faut raisonner de même de ceux que le soleil enleve des autres corps.

### §. XX.

III. Dira-t-on que la lumiere même reflechie par les Cometes est capable de produire de grands effects ? Il n'y a pas apparence, puis qu'il est certain que cette lumiere n'est plus quand les effects qu'on attribue aux Cometes sont produits, & que d'ailleurs l'action de cette lumiere est si foible à nôtre égard, qu'il n'y a point de lampe allumée au milieu d'une campagne, qui n'eclaire & qui n'echaufn'echauffe l'air des environs, bien plus que ne fait une Comete : de sorte que comme il seroit ridicule d'attribuer à la lumiere de cette lampe la force de produire de grands changemens dans la sphere de son activité, outre l'illumination ; il est ridicule aussi d'attribuer à la lumiere des Cometes, la force d'alterer nos Elemens & de troubler la tranquillité publique. Pour ne pas dire que la lumiere des Cometes n'étant que celle du soleil extremement affoiblie, il est aussi absurde de luy attribuer des effects que le soleil luy même ne peut pas operer, qu'il seroit absurde de se promettre qu'une chandelle allumée au milieu d'une place, echaufferoit tous les habitans d'une grande ville, qu'un bon feu allumé dans la chambre d'un chacun ne peut pas garantir du froid.

§. XIII.
*Qu'il est aussi difficile aux exhalaisons de descendre que de monter.*

IV. Dira-t-on qu'il y a bien de la difference entre la terre & les Cometes, & qu'encore que les exhalaisons de la terre ne puissent pas monter jusques à la region des Cometes, il ne s'ensuit pas que la vertu des Cometes ne puisse s'étendre jusques à nous, parce qu'il est
beau-

beaucoup plus facile de descendre que de monter, & qu'il faut monter pour aller d'icy à la region des Cometes, au lieu qu'il faut descendre pour venir de là jusqu'icy ? Mais il n'est pas difficile de renverser cette objection ; car si elle a quelque force, c'est uniquement parce qu'on suppose que la terre est au centre du monde, & que tous les corps pesans ont une inclination naturelle à s'approcher de ce centre. Or comme il n'y a rien de plus difficile que de prouver ces suppositions, il n'y a rien aussi de plus aisé que de detruire tous les raisonnemens que l'on fonde sur ces idées. Comment sait on que la terre est au centre du monde ? N'est-il pas evident que pour connoitre le centre d'un corps, il en faut connoitre la superficie, & qu'ainsi n'étant point possible à l'esprit humain de marquer où sont les extremitez du monde, il nous est impossible de connoitre si la terre est au centre du monde, ou si elle n'y est pas ? De plus comment savons nous qu'il y a des corps qui ont une inclination naturelle à s'approcher du centre du monde ? Ne savons nous pas au contraire que tous les corps qui se meuvent à l'entour d'un certain centre, s'en eloignent le plus qu'ils peuvent ? Les experiences que l'on l'on en a n'ont elles point forcé la plûpart des Sectateurs d'Aristote, de reconnoitre avec Mr. Descartes, que c'est une des loix generales de la nature ? Il n'y a donc rien de plus absurde que de supposer qu'il y a des corps qui tendent naturellement vers le centre de la terre, & il est bien plus raisonnable de dire qu'ils tendent tous à s'en eloigner ; & que ceux qui ont la force de le faire, s'en eloignent effectivement : d'où il arrive que ceux qui ont moins de force sont chassez vers le centre, parce que tout étant plein il est impossible qu'un corps s'eloigne d'un lieu, sans qu'un autre s'en approche.

Il est facile de montrer aprés cela qu'on se trompe bien grossierement quand on s'imagine que les exhalaisons des Cometes peuvent mieux descendre sur la terre, que les exhalaisons de la terre ne peuvent monter au ciel, car de quelque systeme que l'on se serve, il faut necessairement convenir qu'il se fait dans le monde un mouvement tres considerable à l'entour d'un centre commun. Que ce soit à l'entour de la terre comme veulent les Philosophes de l'Université, ou à l'entour du soleil comme veulent les Sectateurs de Copernic, ou en partie à l'entour du soleil, & en par-

partie à l'entour de la terre, comme veulent les Sectateurs de Tycho-Brahe, peu m'importe pour le present : il est toûjours vrai que les Cometes se font voir dans un lieu où il y a des corps qui tournent à l'entour d'un certain centre; par consequent tous ces corps tendent de toute leur force à s'eloigner de ce centre, & ont plus de force pour s'en eloigner, que tous les corps qui sont entre eux & la terre, d'où il s'ensuit que la matiere qui est autour des Cometes n'a point de facilité à descendre sur la terre, & qu'il lui est aussi mal aisé d'y descendre, qu'il est mal aisé à la matiere terrestre de monter au ciel. Si on consideroit la peine qu'on a à faire descendre dans l'eau un balon bien rempli d'air, on ne diroit pas universellement qu'il est plus mal aisé de monter que de descendre; cela n'est vrai qu'à l'égard des corps qui n'ont aucune force pour s'éloigner du centre du mouvement, mais à l'égard de ceux qui ont eu la force de s'en eloigner prodigieusement, c'est à les faire descendre que l'on trouve de la peine ; puis donc que les Cometes sont dans un eloignement prodigieux du centre du mouvement, il est juste de conclurre qu'il faudroit une peine effroyable pour faire descendre quelque chose

chose de cet endroit là jusques sur la terre : ce qui seul est capable de refuter toutes les illusions de l'Astrologie.

Permettez moi, s'il vous plait, Mr. de dire que toute la matiere qu'il y a d'icy jusques au dela de Saturne & des Cometes, forme un grand tourbillon; & souffrez que je le nomme le tourbillon du Soleil; je ne vous demande pas cela pour faire le moindre prejudice à vôtre systeme de Ptolomée, c'est seulement pour exprimer en moins de paroles ce que je m'en vais vous dire.

## §. XIV.

Accordons que les Cometes peuvent pousser jusques sur la terre quantité d'exhalaisons, s'ensuivra t'il que les hommes en seront notablement alterez ? Point du tout, car si ces exhalaisons parcouroient des espaces aussi immenses, elles se briseroient & se diviseroient en une infinité de particules insensibles, qui se repandroient dans toute l'étendüe du tourbillon du soleil, à peu prés comme les particules du sel se distribuent dans toute la masse d'eau qui les dissout. Or si nous comparons la Comete avec tout le tourbillon du soleil, nous trouverons qu'elle n'est pas à l'égard de ce tourbillon ce qu'est un

B grain

grain de sel à l'egard d'une lieüe cubique d'eau ; & par consequent il y a lieu de croire que si toute la Comete reduitte en poudre étoit mise par infusion dans le grand tourbillon du soleil, elle n'y apporteroit pas une alteration plus considerable, que celle qu'un grain de sel jetté dans une lieüe cubique d'eau, produiroit dans toutes les parties de cette eau. Tout le monde sait qu'afin qu'une liqueur produise des effets considerables, il ne suffit pas qu'elle soit impregnée de certains esprits ; qu'il faut qu'elle en soit chargée jusqu'à une certaine dose. Je dis pareillement qu'afin que nôtre air reçoive de grandes alterations, il ne suffit pas qu'il soit impregné de quelques parcelles de la Comete à raison de la quantité de matiere qu'il contient dans l'etendüe du tourbillon ; mais qu'il faut qu'il en reçoive une dose plus copieuse. Cependant il est seur qu'il ne peut avoir que sa part, je ne dis pas de toute la Comete, (car elle ne se dissout pas dans les liqueurs du tourbillon) mais des atomes qu'elle seme deça & dela, ce qui revient à rien pour chaque partie de nôtre monde.

Je ne crains pas que l'on m'objecte qu'il n'y a que la terre qui ait part à cela, car ce seroit supposer que les Cometes lui envoyent à elle seule toutes leurs exhalaisons, & qu'elles empechent que leurs traits ne fassent aucun écart dans un trajet d'une longueur prodigieuse, ce qui ne se peut dire sans extravagance. Je ne crains pas non plus qu'on me vienne dire que peut être les Cometes ne sont pas aussi eloignées de la terre que le supposent ceux qui les mettent bien loin au dela de Saturne, car cette objection n'est d'aucune force contre moi, parce que soit qu'on les pose un peu au deça, ou un peu au dela de Saturne, il faut convenir que leurs evaporations appartiennent egalement à toutes les parties du tourbillon du soleil, aussi bien à celles qui sont entre Jupiter & Mars, qu'à celles qui environnent la terre ; aussi bien à celles qui sont au dela de Saturne, qu'à celles qui sont au deça. En effect si une Comete posée entre Jupiter & Saturne, a la force de chasser jusques au centre la matiere dont elle est environnée, elle doit avoir aussi la force de la pousser à peu prés autant du côté de la circonference, car il n'est pas plus difficile de faire monter les corps pesans, que de faire descendre les corps legers, comme il paroit par l'exemple d'un gros ballon que on a tant de peine à pousser dans l'eau. Ainsi nous devons faire état que les écoulemens qui sortent de la Comete, se repandent à la ronde par toute l'etendüe du tourbillon du soleil, à peu prés comme les parties d'un morçeau de sucre que l'on tiendroit suspendû dans un verre d'eau, se repandroient au dessus & au dessous dans toute la capacité du verre, & cela d'autant plus aisément que toute la matiere du tourbillon est dans un mouvement continuel. Puis donc que toute la Comete liquefiée dans le fluide du tourbillon ne seroit pas comme un grain de sel liquefié dans une lieüe cubique d'eau, qui est une proportion dans laquelle je ne croi pas que ni l'antimoine ni aucun venin conservent leurs qualitez actives ; il est vrai de dire que les influences des Cometes, qui contiennent si peu de substance en comparaison des Cometes memes, ne seroient pas capables d'un grand effet, quand mêmes elles parviendroient jusques à nous.

§. XV.

V. Dira-t-on enfin qu'il n'est pas impossible que les Cometes envoyent sur la terre une matiere ou une qualité fort active ? .C'est tout ce qu'on peut avancer de plus raisonnable, & cependant ce n'est rien dire, parce qu'il est non seulement possible, mais aussi tres apparent que les Cometes n'envoyent sur la terre ni qualité, ni matiere capables d'une grande action, & que dans les choses où il n'y a point plus de raison d'un côté que d'autre, le tort est toujours plutôt du côté de ceux qui affirment, que du côté de ceux qui suspendent leur jugement. Si bien que n'y ayant aucune raison positive qui nous porte à croire l'influence des Cometes, & y en ayant au contraire plusieurs qui nous portent à les rejetter, ceux qui prennent le premier parti ont tout le tort de leur côté.

Je vous prie, Mr. de bien prendre garde que je viens de distinguer les qualitez produites par les Cometes d'avec les corpuscules qu'elles envoyent, pour m'accommoder à la Philosophie de l'Université, & de peur que vous ne veniez à croire que mes objections ne seroient d'aucune force si je supposois les principes ordinaires touchant la propagation des accidens. Pour prevenir cela je declare icy qu'encore que dans toute la suitte de cet écrit je ne refute les influences des Cometes, que sous l'idée d'atomes & de corpuscules, je pretends neantmoins que mes raisons doivent avoir la même force contre des influences, qui consisteroient en pures qualitez distinctes de la matiere. Et même dans le cas present j'aurois beaucoup plus d'avantage contre un Peripateticien, parce que s'il veut raisonner consequemment, il est obligé de dire que dés que la Comete n'est plus, les qualitez malignes qu'elle avoit produittes au dehors, sont entierement detruites par les formes substantielles de chaque sujet, qui ne souffrent, selon lui, aucune qualité étrangere, qu'autant de tems que la cause qui a introduit par violence cette qualité étrangere, la maintient & la conserve. D'où il resulte manifestement que rien de tout ce qui arrive aprés la destruction de la Comete, ne peut être produit par les qualitez de la Comete, mais tout au plus par les atomes qu'elle a repandus deça & dela.

Outre que l'experience nous faisant voir que les qualitez des corps ne se produisent que dans un certain espace qu'on appelle *la sphere de leur activité*, il est aussi absurde dans les principes d'Aristote, de dire que la Comete communique ses qualitez à tout le tourbillon du soleil, qu'il est absurde de le dire dans les principes des autres Philosophes; puis que les Sectateurs d'Aristote
sont

sont obligez de reconnoître que ce qu'ils appellent de purs accidens n'a pas moins de peine à se répandre à la ronde, que les écoulemens d'atomes, en quoi les autres Sectes font consister la production des qualitez corporelles.

## §. XVI.

II. Raison : *Que si les Cometes avoient la vertu de produire quelque chose sur la terre, ce pourroit être tout aussi bien du bonheur, que du malheur.*

ON peut dire en second lieu, que supposé que les Cometes répandent jusques sur la terre des corpuscules capables d'une grande action, il n'y a pas plus de raison à soûtenir qu'ils doivent produire la peste, la guerre, la famine ; qu'à soûtenir qu'ils doivent produire la santé, la paix, & l'abondance, parce que personne ne connoit la nature de ces corpuscules, la figure, le mouvement, ou les autres qualitez de leurs parties. Et en effet y a-t-il plus de bon sens à soûtenir que la presente Comete, qui ne peut empecher un froid excessif pendant qu'elle se montre toute entiere, causera la guerre trois ans après qu'elle ne sera plus ; parce qu'echaufsant la masse du sang, elle rendra les hommes plus prompts ; qu'à soûtenir qu'elle entretiendra la paix, parce que rafraichissant la masse du sang elle rendra les hommes plus sages ?

Ouy me dira-t-on, il y a plus de bon sens dans le premier parti que dans l'autre ; car il est plus apparent que la matiere grossiere qui nous vient des extremitez du tourbillon du soleil, n'étant pas proportionnée aux corps terrestres, fait toutes choses de travers parmi nous, qu'il n'est apparent qu'elle y apporte ou qu'elle y conserve des dispositions favorables. Il est fort probable qu'elle augmente le froid en hyver & la chaleur en été, parce qu'étant plus difficile à ebranler, elle doit augmenter le froid & le repos, lors qu'il n'y a pas de force pour la mettre en mouvement, & qu'étant une fois echauffée, elle doit avoir beaucoup plus de chaleur que les matieres subtiles, d'où vient que le fer rouge brule bien plus que la flamme d'esprit de vin, & que le feu est plus violent lors que le froid est extrême, car il y a beaucoup d'apparence que le froid dispose le bois de telle sorte, que les parties que le feu en detache à chaque fois sont plus massives.

Mais

Mais je répons que ce font toutes conjectures en l'air, & qu'on en peut faire d'auffi vrai-femblables en prenant le contre-pied. Qui m'empechera de dire que cette matiere groffiere epaififfant l'air & facilitant la condenfation des vapeurs, doit diminuer le froid, & le chaud felon la faifon où l'on fe trouve: le froid, parce qu'il n'eft jamais plus violent que lors que l'air eft le plus ferain & le plus pur; (1) le chaud, parce qu'il n'eft jamais plus infupportable que lors que le foleil darde fes rayons fur nous, fans rencontrer aucune nuë, & parce que les pluyes qui naiffent de la condenfation des vapeurs, rafraichiffent extremement l'air? Je puis fuppofer encore, que cette matiere groffiere venant à fe precipiter, eft un ferment & une graiffe qui doit rendre la terre fertile, comme ces corpufcules que le Nil laiffe dans les lieux qu'il a inondez. Un autre dira avec autant de raifon qu'à la verité cette matiere groffiere caufe un froid piquant qui purifie l'air de toute femence de maladie: mais qu'elle fe fubtilife peu à peu, le plus groffier tombant à terre comme un fediment gras & plein de principes de fecondité, pendant que le refte ne retient que la folidité

(1) *Et pofitis ut glaciet nives, puro numine Jupiter.* Horat. Od. 10. l. 3.

necessaire pour pouvoir temperer la chaleur de tems en tems, par la condensation des nües, & par des pluyes egalement salutaires à la santé & à la recolte. Peut on empecher un autre de dire que cette matiere crasse a bien le loisir de se filtrer & de se subtiliser avant que de venir à nous, puis qu'elle fait un trajet de plusieurs millions de lieües, & que s'il luy reste encore dequoi epaissir nôtre air, cela doit étre conté pour un de ces broüillards qui durent quelquefois sept ou huit jours sans consequence, ou pour une de ces pluyes qui troublent l'eau des rivieres pour quelque tems, sans qu'on remarque que les poissons s'en portent moins bien?

§. XVII.

III. Raison: *Que l'Astrologie qui est le fondement des predictions particulieres des Cometes, est la chose du monde la plus ridicule.*

JE dis en troisiéme lieu que le detail des presages des Cometes ne roulant que sur les principes de l'Astrologie, ne peut être que tres ridicule, parce qu'il n'y a jamais eu rien de plus impertinent, rien de plus chymerique que l'Astrologie, rien de plus ignominieux à la nature humaine, à la honte de laquelle il sera

vray

vray de dire eternellement, qu'il y a eu des hommes assez fourbes pour tromper les autres sous le pretexte de connoitre les choses du ciel, & des hommes assez sots pour donner creance à ces autres là, jusques au point d'eriger la charge d'Astrologue en titre d'Office, & de n'oser prendre un habit neuf ou planter un arbre sans l'approbation de (1) l'Astrologue.

(1) M. Bernier, Relat. du Mogol.

Voulez vous savoir d'un homme de cette profession, quels sont en particulier les presages d'une telle ou d'une telle Comete ? Il vous répondra que la vertu particuliere d'une Comete depend de la qualité du signe, & de la maison, où elle a commencé d'être veüe, comme aussi de l'aspect où elle a esté avec les Planetes. Que c'est à cette situation qu'il faut regarder principalement pour bien faire l'Horoscope d'une Comete, à quoi on ajoute la consideration des signes par où elle passe successivement. Là dessus il vous apprendra qu'il y a des signes masculins, & des signes feminins, qu'il y en a de terrestres & d'aqueux, de froids & de chauds, de diurnes & de nocturnes, &c. Que chaque Planete domine sur une certaine portion de la terre, & sur une certaine espece de gens, & de choses. Saturne par exemple, sur la Baviere, la Saxe & l'Espagne, sur une partie de l'Italie, sur Ravenne & Ingolstad, sur les Maures & sur les Juifs, sur les etangs, les cloaques & les cimetieres, sur la vieillesse, sur la rate, sur le noir & le tanné, & sur l'aigre ; car il n'y a pas jusqu'aux couleurs & aux saveurs qu'on ne leur partage. Il ajoutera que les signes & particulierement ceux du Zodiaque ont aussi leurs departemens marquez sur le globe de la terre, pour y exercer leur vertu : le Belier par exemple, domine sur toutes les choses assujetties à la Planete de Mars son hôte, (car vous remarquerez que chaque Planete a son logis arrêté dans un certain signe) qui sont le Nord, une partie de l'Italie & de l'Allemagne, l'Angleterre, & la Capitale de Pologne, le foye, le fiel, les soldats, les bouchers, les sergeans, & les bourreaux, le rouge, l'amer & le mordicant. Et outre cela il regne sur la Palestine, sur l'Armenie, sur la mer rouge, sur la Bourgogne, sur les villes de Mets & de Marseille. Il vous dira de plus qu'il y a 12. maisons à considerer dans le Ciel, dont chacune a ses fonctions particulieres, & appartient à une certaine Planete : Car par exemple, la premiere maison se raporte à la vie

&

& à la complexion du corps, & la derniere, aux ennemis, à la prison, & à la fidelité des Domestiques. Mercure se plait dans la premiere plus que toutes les autres Planetes, & répand de là une vie heureuse, & une forte complexion. Venus se plait dans la cinquiéme, où elle promet de la joye par les enfans.

Cela posé avec plusieurs autres remarques de même nature, l'Astrologue vous dira à quels pays, & à quelles gens, ou à quelles bêtes la Comete en veut principalement, & de quelle sorte de maux elle menace. Dans le Belier elle signifie de grandes guerres, & de grandes mortalitez, l'abaissement des Grands, & l'elevation des petits, des secheresses epouvantables pour les lieux soumis à la domination de ce signe. Dans la Vierge elle signifie des avortemens dangereux, des maltotes, des emprisonnemens, la sterilité & la mort de quantité de femmes. Dans le Scorpion ce sont outre les maux precedens, des reptiles & des sauterelles innombrables. Dans les Poissons, des disputes sur des points de foi, des apparitions epouvantables dans l'air, des guerres & des pestes, & toûjours la mort des Grands.

S'il arrive par malheur que les Cometes passent par des signes de figure humaine, comme sont les Gemeaux, la Vierge, l'Orion, &c. c'est aux hommes qu'elles s'en veulent prendre. Si elles passent par les signes du Belier, du Taureau, du Cygne, de l'Aigle, des Poissons, c'est aux animaux de cette espece qu'elles en veulent, & si les signes sont masculins ce sont les males qui en patissent, s'ils sont feminins ce sont les femelles. Si les Cometes passent par les parties honteuses de quelque constellation, c'est un facheux presage pour les impudiques. Si la Comete est Saturnienne par sa situation, ou par son aspect, elle produit tous les mechans effects de Saturne, la jalousie, la melancolie, les defiances & les terreurs. Si elle est dans la seconde maison qui est celle des richesses, elle traverse le gain, & fait faire des vols & des banqueroutes, & ainsi du reste, car en general un Astrologue juge de la vertu d'une Comete par les reigles selon lesquelles il pretend que tel ou tel signe, dans une telle maison, & dans un tel aspect presage ceci ou cela à telle ou à telle chose.

*Voyez M. Petit Dissert. sur les Cometes, p. 95.*

Rarement fait on signifier quelque bonheur aux Cometes. Il y eut neanmoins un Astrologue Suisse, qui ayant

ayant remarqué en 1661. qu'une Comete avoit paſſé par le ſigne de l'Aigle, & qu'elle étoit venüe mourir à ſes pieds, aſſeura que cela preſageoit la ruine de l'Empire Turc par celui d'Allemagne, ce que l'evenement a ſi peu juſtifié, que deux ans aprés les Turcs penſerent prendre toute la Hongrie, & euſſent apparemment envahi toutes les terres hereditaires de la maiſon d'Auſtriche, ſi le ſecours que le Roy envoya à l'Empereur, ne l'eût mis en état de faire ſa paix avec la Porte. Il en va des predictions des Aſtrologues, comme de celles des Poëtes : elles ſont volontiers funeſtes les unes & les autres aux Ottomans, mais ſans aucune ſuitte. Il y a plus d'un ſiecle que tous les Poëtes François nous chantent d'un ton d'oracle, que nos Roys iront detrôner le Grand Turc & dreſſer des Trophées ſur les bords du Jourdain & de l'Euphrate. Le Redoutable Mr. Des-Preaux qui s'étoit tant moqué de ces ſaillies, y eſt tombé lui même à la fin, avec ſon, *je t'attens dans deux ans aux bords de l'Helleſpont*, & il a été auſſi faux Prophete que ſes Confreres.

Ce n'eſt pas d'aujourd'huy que les Aſtrologues raiſonnent ſur de telles extravagances. C'étoit la même choſe du

tems

tems de (1) Pline, *On pretend*, dit-il, *que ce n'est pas une chose indifferente, que les Cometes dardent leurs rayons vers certains endroits, ou reçoivent leur vertu de certains astres, ou representent certaines choses, ou brillent en certaines parties du ciel. Si elles ressemblent à une flute, leurs presages s'addressent à la musique; quand elles sont dans les parties honteuses d'un signe, c'est aux impudiques qu'elles en veulent; si leur situation fait un triangle ou un quarré equilateral à l'égard des étoiles fixes, c'est aux sciences & à l'esprit qu'elles s'addressent. Elles repandent des poisons quand elles se trouvent dans la tête du serpentaire boreal ou austral.*

 Considerez je vous prie, Monsieur, si ce n'est pas avoir perdu toute honte, que de poser des principes de cette sorte. Quoi, parce qu'une Comete nous paroit répondre à certaines Etoiles qu'il a plû aux Anciens d'appeller le signe de la Vierge, pour s'accommoder aux fictions Poëtiques, qui portoient que la Justice, ou l'*Astræa Virgo*, degoutée d'un monde aussi corrompu que le nôtre, s'en étoit envolée (2) dans le Ciel, les femmes seront steriles, ou feront de fausses couches, ou ne trouveront point de maris? Je ne voi rien qui soit plus mal lié que cela.

          C'est

(1) *Lib. 2. Cap. 25.*

(2) *Astræa Virgo, siderum magnum decus, Seneca in Octav.*

C'est un pur caprice qui a fait representer ce signe sous la figure d'une femme, car au fond, il ne tient pas plus de la figure humaine, que d'une autre. Mais quand il seroit vrai qu'il tiendroit de la figure humaine, avons nous les yeux assez bons avec l'aide des meilleurs Telescopes, pour discerner que c'est à une femme qu'il ressemble & non pas à un homme? Et si nous pouvions porter nôtre discernement jusques là, pourrions nous connoitre que c'est la figure d'une fille plutôt que celle d'une femme? Et enfin quand même nous pourrions faire toutes ces subtiles distinctions, & connoitre clairement qu'un certain nombre d'étoiles sont tellement situées qu'elles forment une figure de fille, s'ensuivroit il qu'elles communiqueroient à un corps eloigné peut être de trente millions de lieües, des influences contraires à la multiplication du genre humain? On auroit incomparablement plus de raison d'avancer cette impertinence, que *si un boulanger formoit la figure d'un homme, ou d'une femme sur un gateau, il le convertiroit en poison pour tous les hommes, ou pour toutes les femmes qui en mangeroient.* Assurément ce que disent les Astrologues merite la censure qui se lit dans

*Hæc se-* dans (1) Pline contre une autre espece de
*rio quem-* menteurs, *Qu'avoir dit cela serieuse-*
*quam* *ment, c'est témoigner qu'on a un mépris*
*dixisse,* *extreme pour les hommes, & que l'im-*
*summa* *punité du mensonge est montée à un excés*
*hominum* *inexcusable.*
*contemtio*
*est, & in-*  Je ne m'amuserai pas à prouver ce
*toleranda* que j'avance si fierement contre la vani-
*menda-* té de l'Astrologie Judiciaire, car outre
*ciorum* que vous ne doutez point de ce que je
*impuni-* dis sur ce point là, je sai qu'il y a quan-
*tas,* l. 37. tité de beaux Traittez connus de toute
*cap.* 2. la terre, qui demontrent de la maniere
du monde la plus convaincante la fausseté de cet art chymerique & imposteur. Je ne croi pas que jamais personne
se soit mêlé d'écrire contre les Astrologues, qui ne les ait accablez, & qui n'ait
pu dire de cette matiere ce que les Romains disoient de l'Afrique, *que c'étoit*
*pour lui une moisson de triomphes.* S'il
y a quelque Autheur qui ait écrit contre l'Astrologie sans la blesser à mort, il
a fait asseurement un exploit tres difficile, & qui lui vaudroit une pension
considerable sous un Prince de l'humeur de l'Empereur Gallien, qui fit
donner le prix du combat à un Cavalier,
parce qu'étant entré en lice contre un
Taureau, il l'avoit couru tres long tems
sans lui donner aucun coup, ce que Gallien

lien (1) trouva d'une difficulté meritoire. Ainsi ce n'étoit pas la peine qu'un Genie aussi prodigieux que le celebre Comte de la Mirandole, travaillast à confondre l'Astrologie : un esprit mediocre l'eust bien fait. C'étoit employer les fleches d'Hercule à tüer des petits oiseaux, comme faisoit (2) Philoctete pendant le siege de Troye, & faire battre une aigle contre une mouche. Aussi est il fort apparent que ce Comte ne jugea l'Astrologie digne de sa colere, que parce que toute absurde qu'elle est, les personnes du plus haut rang ne laissoient pas par leur exemple de luy donner une grande vogue : car ce sont toûjours ces personnes là, qui sont les plus curieuses de l'avenir, leur ambition leur donnant une impatience extreme, de savoir si la fortune leur destine toutes les grandeurs qu'ils se souhaittent, & de posseder à tout le moins, par promesse, l'elevation où ils aspirent. Il est fort vrai-semblable aussi que les Astrologues de ce tems là, attendirent que ce savant Adversaire fut mort, pour lui predire qu'il mourroit à 32. ans, qui fut toute la réponse qu'ils se sont vantez d'avoir opposée à ses livres, car il n'est pas fort seur de menacer avant coup ceux qui écrivent contre l'Astrologie. Témoin cet

(1) *Toties taurum non ferire, difficile est.* Trebell. Poll. in vit. Gall.

(2) *Venaturque aliturque avibus, volucresque petendo, Debita Trojanis exercet spicula fatis,* Ovid. Metam, 13.

cet Astrologue qui assura le public que Mr. de Gassendi qui faisoit tant de l'entendu contre la Judiciaire, mourroit vers la fin de Juillet, ou au commencement d'Août 1650. & (1) qui eut la honte de voir qu'il se trouva gueri en ce tems là de la maladie, sur laquelle la prediction se fioit apparemment bien plus que sur la vertu des Astres.

(1) *Morin. Voyez Mr. Bernier Abreg. de Gassend. Tom. 4. p. 489.*

## §. XVIII.

*Du credit de l'Astrologie parmi les Anciens Payens.*

Mais il ne sera pas inutile de faire voir qu'encore que l'Astrologie soit la plus vaine de toutes les impostures, elle n'a pas laissé de s'établir dans le monde une espece de domination. Il paroit par plusieurs passages de (2) l'Ecriture que la Cour des Roys de Babylone étoit toute pleine d'Astrologues, qui semoient leurs predictions par tout, & flattoient leur nation de mille trompeuses esperances. Il y en avoit aussi beaucoup en Egypte. Ils infatuerent tellement la ville de Rome, qu'il falut que l'autorité du Prince reprimast ce grand abus. Mais l'arrêt de leur bannissement étoit si mal executé, que cette negligence a fait dire à un (3) Historien, *Qu'on chasse-*

(2) *Isaïe ch. 44. & 47.*
(3) *Genus hominum potentibus infidum, sperantibus fallax, quod in civitate nostra & vetabitur semper, & retinebitur.* Tacit. l. 1. Histor.

chasseroit toûjours les Astrologues, & qu'on les retiendroit toûjours. Ce n'est pas que la fausseté de leurs predictions ne les deust suffisamment decrier, car le seul Empereur Claude qu'ils menaçoient incessamment de l'heure fatale, les avoit fait mentir tant de fois, que (1) Seneque introduisit Mercure priant la Parque de vouloir bien permettre que les Astrologues dissent enfin la verité. Mais que voulez vous; les hommes aiment à être trompez, & pour cela ils oublient aisément les beveües des Astrologues, & ne se souviennent que des rencontres où leurs predictions ont passé pour veritables.

C'est ce qui a été fort bien remarqué par Henri le Grand. Il ne se passoit point d'année, ni de mois où les Astrologues n'annonçassent la terrible menace de sa mort. *Ils diront vrai enfin,* (dit un jour ce Prince) *& le public se souviendra mieux de la seule fois où leur prediction aura été vraye, que de tant d'autres où ils ont predit à faux.* C'est aussi ce que quelqu'un a remarqué touchant les Oracles de Delphes. On aprenoit par cœur ceux qui avoient predit la verité, & on en parloit par tout, mais on oublioit, ou bien on passoit sous silence ceux qui avoient predit le contraire, car les Partisans

(1) *Patere Mathematicos aliquando verum dicere, qui illum postquam Princeps factus est, omnibus annis, omnibus mensibus efferunt: de morte Claud. Cæsar.*

fans d'Apollon faisoient valoir en toutes rencontres le peu d'oracles où il ne s'étoit point trompé, & ne disoient mot du grand nombre de ses fausses Propheties. Pour ceux qui méprisoient les oracles, ils ne se soucioient de parler ni des veritables ni des faux, à la reserve d'un petit nombre de personnes qui étoient peut être de l'humeur d'un illustre Philosophe Grec nommé Oenomanus, qui ayant été souvent trompé par les réponses d'Apollon, fit (1) par dépit une compilation fort ample de ses oracles, dont il refuta les sottises & les faussetez. Tel étant l'esprit de l'homme, il ne faut pas trouver étrange que les Astrologues se soient maintenus, contre les ordres de les chasser que l'on donnoit de tems en tems, & contre les mauvais offices qu'ils se rendoient à eux memes en predisant des choses qui n'arrivoient pas. Il faut s'étonner plutôt de ce que l'esprit de l'homme est assez foible pour se laisser tromper par des gens, qui se trompent eux memes tous les jours, & c'est aussi ce qui a paru fort étonnant à un illustre (2) Romain, qui avoit veu arriver à Pompée, à Crassus, & à Cesar tout le contraire de ce que les Astrolo-

(1) *Euseb. Præparat. Euangel. lib. 5. cap. 10.*

(2) *Quàm multa ego Pompejo, quàm multa Crasso, quàm multa huic ipsi Cæsari à Caldæis dicta memini, neminem eorum nisi senectute, nisi domi, nisi cum claritate esse moriturum: ut mihi permirum videatur, quemquam extare qui etiam nunc credat iis quorum prædicta quotidie videat re & eventis refelli,* Cicero lib. 2. de Divin.

gues leur avoient predit. Qu'il y a peu de gens qui fassent la reflexion de cet honnête homme qui remercioit la belle Daphne, de l'avoir delivré de la superstition des Oracles d'Apollon, en faisant echoüer les entreprises amoureuses de ce Dieu, qui se vantoit tant de connoitre l'avenir! Mais laissons à part toutes ces moralitez, & contentons nous de dire que l'Antiquité Payenne s'est étrangement laissé joüer aux Astrologues.

## §. XIX.
### Du credit de l'Astrologie parmi les infideles d'aujourd'huy.

LEs Mahometans & les Payens d'aujourd'huy font encore pis. Monsieur Bernier nous asseure dans sa curieuse Relation des Etats du Grand Mogol, que la plus part des Asiatiques sont tellement infatuez de l'Astrologie Judiciaire qu'ils consultent les Astrologues dans toutes leurs entreprises. Quand deux armées sont prêtes à donner bataille, on se donne bien garde de combatre, que l'Astrologue n'ait pris & determiné le moment propice pour commencer le combat. Ainsi lors qu'il s'agit de choisir un General d'Armée,
de

de depecher un Ambassadeur, de conclurre un mariage, de commencer un voyage, ou de faire la moindre chose, comme d'acheter un Esclave, & de vétir un habit neuf, rien de tout cela ne se peut faire sans l'arret de Mr. l'Astrologue.

*1. Partie, liv 5. ch. 14.*

Les voyages de Mr. Tavernier nous apprennent à peu pres les memes choses touchant les Perses, qu'en general ils tiennent les Astrologues pour des gens illustres; qu'ils les consultent comme des Oracles; que le Roy en a toûjours trois ou quatre auprés de sa personne pour lui dire la bonne ou la mauvaise heure; qu'on vend tous les ans en Perse un Almanach plein de predictions sur les guerres, sur les maladies, & sur les disettes, avec des remarques sur les tems qui sont bons à se saigner, à se purger, à voyager, à s'habiller de neuf, & à d'autres choses de cette nature; que les Perses donnent une entiere creance à cet Almanach, de sorte que qui en peut avoir un, se gouverne en toutes choses selon ses reigles. Cela va si loin qu'en l'an (2) 1667. le Roy de Perse Cha-Sephi II. du nom ne pouvant rétablir sa santé par toute l'industrie de ses Medecins, on crut que les Astrologues en étoient la cause pour n'avoir pas sçu

(2) *Ibid. ch. 1.*

prendre

prendre l'heure favorable, lors que le Roy fut elevé sur le throne. Et là dessus ce fut à recommencer; car les Medecins & les Astrologues joints ensemble étant convenus d'une heure propice, on ne manqua pas de refaire toutes les ceremonies du couronnement, & il fut meme trouvé à propos de changer le nom du Roy. Les Medecins de la Cour furent la principale cause de toute cette Comedie, parce que craignant la disgrace où quelques uns de leur Corps étoient deja, ils s'aviserent de justifier la Medecine au depens de l'Astrologie, & d'asseurer que la maladie du Roy, & la disette qui affligeoit le Royaume en meme tems, venoient de la faute des Astrologues, ce qu'ils s'offrirent de prouver, pretendant être aussi habiles qu'eux dans la connoissance de l'avenir. Leur proposition ayant plu au Roy & à son Conseil, on ordonna une consultation d'Astrologues & de Medecins pour trouver une heure favorable à un second couronnement. L'agreable sujet que c'eust été pour Moliere qu'une consultation entre des Astrologues & des Medecins pour le bien public d'un grand Royaume ! Combien de railleries n'eust il pas imaginé en voyant la Medecine appeller l'Astrologie à son
C                fecours!

secours! Mais en Perse ce n'est point matiere de raillerie. Un homme qui se vante de connoître l'avenir, s'y rend maître de la conduite du Roy. Une figure de Geomance fut cause que le grand (1) Cha-Abas, tout plein d'esprit & tout courageux qu'il étoit, demeura trois jours aux portes d'Ispahan, sans oser mettre le pied dans la ville.

(1) *Pietro della Valle, lett. 6.*

Les (2) Relations de la Chine nous apprennent que toutes les affaires de l'Empire s'y resolvent sur des observations Astronomiques, l'Empereur ne faisant rien sans consulter son theme natal; & qu'il y a des personnes dont l'emploi consiste à contempler les Astres toute la nuit de dessus une montagne pour pouvoir rendre raison à l'Empereur de leurs mouvemens & de leurs significations. Les Chinois deferent beaucoup à ce rare precepte d'Astrologie, qu'il ne faut point se purger pendant que la Lune est dans le signe du Taureau, parce que cet animal étant un de ceux qui ruminent, il seroit à craindre que la medecine ne remontast hors de l'estomac. C'est bien la plus pitoyable imagination qui puisse venir dans l'esprit d'un homme, car outre que le signe du Taureau n'a pas plus de relation, ni plus de conformité avec l'animal

(2) *Voyez l'Ambassad. de la Compagn. Holland. part. 2. ch. 2.*

mal que nous appellons ainsi, qu'avec un arbre, & qu'il y auroit autant de raison de donner le nom & la figure d'un Saint à chaque signe comme (1) quelques uns ont fait, que le nom & la figure d'une autre chose ; outre cela, dis-je, ne sait on pas que le signe du Taureau n'est plus dans la situation où il étoit autrefois ; & qu'ainsi lors que nous disons que le Soleil & la Lune sont dans le signe du Taureau, cela ne signifie pas qu'ils répondent aux étoiles du Firmament qui composent ce signe, mais qu'ils répondent aux points du premier mobile ausquels ces étoiles répondoient anciennement ? Les mêmes Chinois pretendent que ceux qui bâtissent, doivent eviter le quatriéme degré du Scorpion, parce qu'une maison qui seroit bâtie sous un tel aspect, seroit fort sujette à se remplir de dragons, de scorpions, & d'insectes. On pourroit croire sur ce fondement, qu'ils font l'Horoscope de leurs maisons, comme Tarrutius Firmanus fit l'Horoscope de la Ville de Rome : car n'en deplaise aux railleries de (2) Ciceron, si les influences du ciel ont quelque vertu sur la naissance d'un homme, elles en peuvent avoir aussi sur la construction d'un Palais. On s'imagine dans le Japon, qu'il

(1) *Julius Schillerus Augustanus J. C. in Cælo stellato Christiano.*

(2) *Etiamne Urbis natalis dies ad vim stellarum & Lunæ pertinebat? Fac in puero referre, ex qua affectione cæli primum spiritum duxerit: num hoc in latere aut in cemento, ex quibus urbs effecta est, potuit valere? Cicero l. 2. de Divin.*

importe

importe beaucoup pour la durée d'un edifice, & pour le bonheur de ceux qui doivent y demeurer, que lors qu'on commence de le bâtir, quelques uns se tuent eux mêmes en consideration de cette entreprise. Les Tunquinois ont une certaine Idole à laquelle ils offrent plusieurs sacrifices quand ils veulent bâtir une maison. Si bien que dans les principes de ces gens là, les circonstances d'un bâtiment commencé ont de merveilleuses influences pour sa bonne fortune. Pourquoi donc leurs Astrologues ne pourroient ils pas deviner la bonne fortune d'une maison par le theme du Ciel, ou par l'ascendant sous lequel ont été posées les premieres pierres? Tous les Peuples des Indes Orientales ont à peu près le même entêtement pour l'Astrologie que les Chinois.

*Voy. les nouvell. Relat. de Tavernier.*

## §. XX.

*Du credit de l'Astrologie parmi les Chrêtiens.*

MAis qu'avons nous à faire de nous écarter dans le Pays des Infidelles abrutis d'une infinité d'erreurs chymeriques, & de remonter au tems du vieux Paganisme, où il n'est pas étrange que l'Astrologie ait regné, puis que la superstition

stition y étoit si prodigieuse, qu'on croyoit que les entrailles d'un veau apprenoient mieux quand il falloit donner bataille, que la capacité d'un Annibal, comme ce grand Capitaine (1) le reprocha de bonne grace au Roy Prusias. Il ne faut pas aller si loin pour trouver ce que nous cherchons : car n'a-t-on pas veu nôtre Occident parmi les lumieres du Christianisme tout infatué d'Horoscopes pendant plusieurs siecles? Albert le Grand Evesque de Ratisbonne, le Cardinal d'Ailly, & quelques autres n'ont ils pas eu la temerité de faire l'Horoscope de Jesus Christ, & de dire que les aspects des Planetes luy promettoient toutes les merveilles qui ont eclaté en sa personne : ce qui est visiblement faux, puis que les vertus & les miracles du fils de Dieu sont d'un ordre tout à fait surnaturel ? N'ont ils pas fait l'Horoscope non seulement des fausses Religions, mais aussi de la Religion Chretienne, & jugé de la destinée de chacune par les qualitez de sa Planete dominante? Car ils ont distribué les Planetes aux Religions. Le Soleil est echeu à la Religion Chrétienne, & c'est pour cela que nous avons le Dimanche en singuliere recommandation; que la Ville de Rome est Ville solaire & Ville sainte;

(1) Cicero l. 2. de Divinat.

sainte, & que les Cardinaux qui y resident, sont habillez de rouge, qui est la couleur du Soleil. Avoir dit cela impunement, n'est ce pas avoir vécu dans un siecle prevenu d'une grande foy pour l'Astrologie? Combien pourrois je nommer de Princes Chrêtiens qui reigloient toutes leurs demarches sur l'avis de leurs Astrologues, un (1) Mathias Corvin, Roy de Hongrie, qui ne faisoit rien que de leur consentement, un (2) Loüis Sforce Duc de Milan, qui ne commençoit aucune affaire qu'au tems qui lui étoit prescrit par son Astrologue, dont il suivoit les ordres avec tant de ponctualité, qu'il n'y avoit ni pluye, ni grele, ni boüe, ni orage qui l'empechassent de monter à cheval avec toute sa Cour, afin de se retirer au lieu que l'Astrologue lui marquoit: ce qui n'empecha pas qu'il ne tombast entre les mains de ses ennemis qui le detinrent jusques à sa mort dans une dure captivité? Cette foiblesse d'un Prince Chrêtien ne vaut pas mieux que celle du grand Cha-Abas, de laquelle j'ay fait mention (3) il n'y a pas longtems.

(1) Bonfinius Decad. 4. Rerum Hungar. l. 8.
(2) Cardan. in Ptol. de Astror. Jud. l. 1. tex. 14.
(3) Cy-dessus, p. 50.

§. XXI.

§. XXI.

*Du credit de l'Astrologie en France.*

QUe dirai je de nôtre Pays? N'a-t-il pas été un tems où la Cour de France même, qui par le caractere de la Nation naturellement fortifiée contre les Disciplines superstitieuses, est moins susceptible de ces erreurs que toutes les autres, étoit neanmoins toute pleine d'Astrologues, que l'on consultoit sur tout, & qui avoient predit, à ce que l'on pretendoit, tout ce qui étoit arrivé? Le P. (1) Martin del Rio si connu par sa grande literature & par sa pieté, nous asseure qu'il a veu à la Cour de France du tems de Catherine de Medicis, que les Dames n'osoient rien entreprendre sans avoir consulté les Astrologues, qu'elles appelloient leurs Barons.

(1) *Disquisit. Magic. part 2. quæst. 4. sect. 6.*

Le mal s'accrut de telle sorte qu'il fallut non seulement employer les menaces de l'Eglise, mais aussi l'autorité du bras seculier pour empecher le debit des Almanachs, où les Astrologues se donnoient la liberté de predire tout ce qu'ils trouvoient à propos. En effet le Concile Provincial de Bourdeaux de l'an 1583. deffend de lire & de garder cette sorte d'Almanachs & d'y ajouter foy.

*Voyez Mr. Thiers traité des superst. ch. 22.*

foy. Celuy de Toulouse de l'an 1590. fait la méme chose, ordonnant de plus l'observation exacte d'une Bulle du Pape Sixte V. de l'an 1586. qui enjoint aux ordinaires des lieux & aux Inquisiteurs de punir selon les Constitutions Ecclesiastiques tous ceux qui se mêlent de predire les choses à venir. Dans les Etats d'Orleans de l'an 1560. & dans ceux de Blois de l'an 1579. il fut ordonné que l'on procederoit extraordinairement & par punition corporelle contre les Autheurs de tels Almanachs, & deffenses furent faites de les imprimer ou debiter à peine de prison, & d'une amende arbitraire.

Mais les Astrologues ne furent pas decreditez pour cela : car il est constant que la Cour du Roy Henry IV. étoit toute pleine de predictions. Ce n'étoient pas seulement les femmes qui, par cet esprit de credulité & de curiosité qui leur est propre, s'informoient de leur destinée : les hommes les plus braves le faisoient aussi, comme vous diriez le Marechal de Biron que le Roy Henri IV. appella *le plus tranchant instrument de ses victoires*, en l'envoyant Ambassadeur à Londres, & qui étoit dans le fond un des plus courageux hommes de la terre, & fort savant outre cela.

cela. Henri IV. lui même, tout Henri le Grand qu'il étoit, n'a pas toûjours connu, comme il a fait dans la suitte, la vanité de cet art. Je trouve dans les Memoires de Mr. de Sully, que la Reine étant accouchée d'un fils qui a regné si glorieusement sous le nom de Louis le Juste; Henri le Grand commanda à son premier Medecin, nommé *la Riviere*, grand faiseur d'Horoscopes, de travailler à celle du Dauphin nouveau né. Il s'en deffendit, mais il falut obeir: & comme il ne rendoit point conte de son travail, le Roy lui commanda absolument & sous la peine d'encourir son indignation, de lui dire ce qu'il avoit trouvé, & il le fit. Peu à peu nôtre Nation s'est guerie de cette foiblesse, soit que nous aimions le change, soit que l'attachement qu'on a eu pour la Philosophie dans ce siecle icy, nous ait fortifié la raison, que toutes les autres sciences qu'on cultivoit avec tant de gloire depuis François I. n'avoient gueres delivrée du joug des prejugez. Aussi faut il avoüer qu'il n'y a qu'une bonne & solide Philosophie qui comme un autre Hercule, puisse exterminer les monstres des erreurs populaires: c'est elle seule qui met l'esprit hors de Page.

## §. XXII.

*Que l'entêtement general pour l'Astrologie, decredite l'autorité qui n'est fondée que sur le grand nombre.*

NE vous semble t'il pas Mr. que c'est icy une digression fort inutile? Mais prenez y garde, vous verrez bien tôt qu'elle fait à mon sujet. Car mon principal but doit être de decrediter l'autorité des opinions qui n'est fondée que sur le grand nombre. Or je ne le saurois mieux faire, qu'en faisant voir que l'Astrologie qui n'a jamais peu s'appuyer sur un principe à tout le moins probable, n'a pas laissé d'infatüer la plus grande partie du monde dans tous les siecles. Et comme en tournant la medaille il est vrai de dire, qu'encore que le grand nombre soit pour l'Astrologie, la foy qu'on ajoute à ses predictions est neanmoins fausse & ridicule: il est pareillement vrai de dire que les predictions que l'on fonde sur les Cometes sont nulles de toute nullité, quelque grand que soit le nombre de ceux qui les croyent, puis qu'elles n'ont autre appui que les principes de l'Astrologie. Ainsi quand vous devriez m'accuser de donner dans le lieu commun, je je dirai pourtant que veu l'experience de plusieurs erreurs generales, il n'y a point d'homme qui ne soit en droit de demander qu'on l'ecoute parlant lui seul pour son sentiment, sauf à ceux qui l'ecouteront de se bien deffendre, non pas par la prescription, ou par le prejugé de leur nombre, mais en examinant le fond de l'affaire. J'excepte comme vous pouvez penser, & comme vous penseriez asseurement quand même je ne m'en expliquerois pas ; j'excepte, dis-je, les matieres de foy. Dans les autres toute la faveur qu'on doit faire à la longue possession & au grand nombre, c'est de luy donner la preference, toutes choses étant egales dans le reste : & s'il falloit s'arrêter au prejugé je le trouverois plus legitime pour celui qui seroit seul de son sentiment, que pour la foule, (1) parce que les veritez naturelles étant beaucoup moins propres à reveiller & à flater les passions, & à remuer les hommes par les divers interets qui les attachent à la societé, que certaines opinions fausses, il est plus probable que les opinions qui se sont établies dans l'esprit de la plufpart des hommes sont fausses, qu'il n'est probable qu'elles soient vrayes. Mais nous parlerons de tout cecy plus au

(1) *Argumentum pessimi turba est.*

long

long en un autre endroit : prenons un peu de repos en attendant.

*A . . . le 3. d'Avril 1681.*

## §. XXIII.

**IV. Raison :** *Que quand il seroit vrai que les Cometes ont toujours été suivies de plusieurs malheurs, il n'y auroit point lieu de dire, qu'elles en ont été le signe ou la cause.*

JE reviens à la charge, Mr. & je dis en quatriéme lieu, que s'il est vrai qu'il n'a jamais paru de Comete, qui n'ait été suivie de beaucoup de malheurs, cela vient uniquement de la condition des choses de ce monde, qui les rend sujettes à une infinité de changemens, & qu'on pourroit à coup seur attribuer la même influence à tout ce que l'on voudroit, au mariage d'un Roy, ou à la naissance d'un Prince ; parce qu'il est certain que jamais un Roy ne s'est marié, ou n'est venu au monde, sans qu'il soit arrivé de tres grands malheurs en quelque lieu de la terre. En un mot il est aussi probable, veu le train ordinaire du monde, qu'aprés quelque année que ce soit qu'il nous plaira de designer, il arrivera de grandes calamitez sur la terre, ou en un lieu ou en un autre ; qu'il est pro-

probable qu'à quelque heure du jour que ce soit qu'un Bourgeois de Paris regarde par sa fenêtre sur le pont Saint Michel, par exemple, il voit passer des gens dans la ruë. Cependant les regards de ce Bourgeois n'ont aucune influence sur les gens qui passent, & chacun passeroit tout de même encore que le Bourgeois n'eut pas regardé par sa fenêtre. Donc aussi la Comete n'a aucune influence sur les evenemens, & chaque chose seroit arrivée comme elle a fait, quand même il n'auroit paru aucune Comete.

Il est étonnant qu'un Dogme aussi perturbateur du repos public que celuicy, ne soit appuyé que sur le Sophisme *post hoc, ergo propter hoc*, que l'on apprend à cognoître dés la sortie des Classes, & qu'il y ait eu si peu de personnes parmi le grand nombre de gens qui étudient, qui ayent apperceu qu'on raisonnoit en cette affaire icy contre les premiers principes du bon sens. Il y a aussi dequoi s'étonner comment les hommes qui ayment tant à ne point craindre l'avenir, ont donné dans une opinion si chagrinante sans examiner si elle étoit fondée en raison. Mais ces motifs d'étonnement ne durent gueres pour ceux qui ont etudié le cœur de l'homme,

& qui ont decouvert dans sa conduite une coutume generale de juger de tout sur les premieres impressions des sens & des passions, sans attendre un examen plus exact, mais aussi un peu trop penible. Les gens d'étude qui devroient étre la lumiere des autres, suivent beaucoup plutôt ce torrent là, qu'ils ne le detournent dans le chemin des veritables savans.

## §. XXIV.

V. Raison : *Qu'il est faux, qu'il soit arrivé plus de malheurs dans les années qui ont suivi les Cometes qu'en tout autre tems.*

Outre tout cela on peut mettre en fait, I. Qu'à conter tout ce qui s'est passé ou dans tout le monde, ou dans l'une de ses plus grandes parties, il est arrivé autant de malheurs dans les années qui n'ont veu ni suivi de prés aucune Comete, que dans celles qui en ont veu ou suivi de prés. II. Que les années que l'on croit avoir été empoisonnées par l'influence des Cometes, sont remarquables par d'aussi grands bonheurs pour quelques endroits du monde, qu'aucun autre tems que ce puisse étre. III. Que les evenemens les plus tragiques & les

les desolations les plus epouvantables n'ont été precedez d'aucune Comete, au lieu que les prosperitez les plus insignes l'ont été. Pour dire tout en peu de paroles, on peut mettre en fait que si on prend l'Histoire generale du monde, & qu'on suppute avec soin le bien & le mal qui a été senti par toute la terre dans l'espace de 15. ou 20. ans, on trouvera que l'un portant l'autre, cela est fort semblable au bien & au mal qui a été senti par tout le monde dans l'espace d'autres 15. ou 20. ans, ce qui fait voir que les années qui suivent l'apparition des Cometes n'ont rien qui les distingue des autres, & qu'ainsi c'est avec une tres grande injustice qu'on se fait fort de l'experience.

## §. XXV.

*S'il y a des jours heureux, ou malheureux.*

ON peut faire la même observation contre ceux qui pretendent qu'il y a certaines saisons affectées aux grands evenemens. Bodin qui malgré son esprit, & sa vaste literature, & son peu de Religion, a fait paroitre beaucoup de credulité superstitieuse en diverses choses, s'est amusé par ce principe à nous

donner

donner (1) un ramas de plusieurs revolutions avenües au mois de Septembre. Il n'y a qu'un mot à dire contre lui & contre tous ceux qui perdent le tems à de semblables recherches, par exemple à recueillir ce qui s'est passé dans les années Climacteriques des Etats, ou sous le 21. 49. 63. Roy d'une Monarchie, 7. ou 9. d'un certain nom; c'est que s'ils epluchent avec la meme diligence les autres saisons de l'année, les autres Regnes & les autres periodes des Etats, ils y trouveront indifferemment des revolutions toutes semblables, pourveu qu'ils se defassent de leur prejugé à tout le moins pendant la recherche qu'ils fairont: car c'est leur prejugé qui les trompe. Ils sont persuadez avant que de consulter l'Histoire, qu'il y a des mois & des nombres affectez aux grands evenemens. Là dessus ils ne consultent pas tant l'Histoire pour savoir si leur persuasion est veritable, que pour trouver qu'elle est veritable: & on ne sauroit dire l'illusion que cela fait aux sens & au jugement. En effet il arrive de là qu'on observe beaucoup mieux les faits que l'on desire de trouver, que les autres, & que l'on grossit ou que l'on diminue la qualité des evenemens selon sa preoccupation. Ce qu'il y a donc de vrai à l'é-

(1) De Republ. l. 4. c. 2.

l'egard des mois, des jours, des années & des nombres, c'est que Dieu n'a point affecté aux uns plutôt qu'aux autres les evenemens qui servent à la punition des Peuples, & à la fondation ou à la ruïne des Empires. Ce seroit une affectation indigne de la grandeur de Dieu, & qui ne lui peut être attribuée que par ces esprits superstitieux qui attachent sa Providence à une infinité de minuties. L'Ecriture & les Peres declament contre cet abus en divers endroits, & il est faux que l'Histoire le favorise.

## §. XXVI.

*Sentiment des Payens sur les jours heureux ou malheureux.*

JE ne nie pas que les Payens n'ayent cru qu'il y avoit des mois & des jours qui avoient quelque chose de fatal, ceux par exemple où l'Etat avoit perdu quelque bataille signalée, & que sur ce fondement ils n'ayent evité d'entreprendre quelque chose en ces mois ou en ces jours là. Le 24. de Fevrier dans les années bissextiles étoit reputé si malheureux que (1) Valentinien ayant été elû Empereur n'osa se montrer en public de peur d'encourir

(1) *Ammian. Marcell. lib. 26. c. 1.*

la fatalité de cette journée, soit qu'il fust encore dans la superstition quant à ce point là, tout bon Chrétien qu'il étoit, soit que par Politique il ne voulust pas s'exposer à être cru malheureux. Je sai aussi qu'il y a des jours ou des Generaux d'armée ont constamment eprouvé les faveurs de la fortune. (1) Timoleon gagna toutes ses plus fameuses batailles le jour de sa naissance. Soliman gagna la bataille de Mohacs & prit la ville de Belgrade, comme aussi selon quelques (2) uns, l'Ile de Rhodes & la ville de Bude le 29. d'Août. Mais je sai aussi que ce n'est pas une raison qui prouve, que Dieu ait attaché sa benediction à une certaine journée plutôt qu'à une autre.

(1) *Cornel. Nepos in ej. vitâ.*

(2) *Du Verdier Hist. des Turcs.*

## §. XXVII.
### *Refutation du sentiment des Payens.*

Car I. on trouve qu'un même jour a été heureux & malheureux à un même Peuple. Ventidius à la tête d'une armée Romaine bâtit celle des Parthes, & fit perir Pacorus leur jeune Roy qui la commandoit, à pareil jour que Crassus General des Romains avoit été tué, & son armée taillée en pieces par les Parthes. Lucullus ayant attaqué Tigrane

grane Roy d'Armenie sans s'arrêter aux vains scrupules des Officiers de son armée, qui lui remontroient qu'il falloit bien se donner de garde de combattre ce jour là, qui avoit été mis par les Romains entre les jours malheureux, depuis la funeste victoire que les Cimbres avoient remportée sur les troupes de la Republique; (1) Lucullus, dis-je, se moquant de cette superstition, gagna une des plus memorables batailles qui se voyent dans l'Histoire Romaine, & changea le destin de ce jour là, comme il l'avoit promis à ceux qui le vouloient detourner de son entreprise. Tout le monde sait que le même jour que Valentinien regardoit comme malheureux, a été celui où Charles V. autre Empereur Romain esperoit le plus de sa fortune.

(1) *Plutarch. in ej. vita.*

I I. Outre cela nous savons que le bonheur eprouvé par quelques Princes en certains jours n'est pas un pur effect de leur fortune, qui ait affecté de les favoriser en un tems plutôt qu'en un autre: c'est une suitte du choix qu'ils ont fait de certains jours pour y entreprendre les choses les plus importantes. Ainsi Timoleon s'étant persuadé que le jour qu'il vint au monde, étoit un jour de prosperité pour lui, le choisit pour atta-

attaquer ses ennemis avec plus de confiance, & il n'oublia pas sans doute de flatter ses soldats de l'esperance de la victoire, par la consideration du jour. Les soldats se confiant en la bonne fortune de Timoleon se batirent plus vigoureusement qu'ils n'eussent fait. Timoleon de son côté ne negligea rien pour signaler le bonheur du jour de sa naissance, dequoi il voyoit bien qu'il pourroit tirer dans la suitte un grand profit. Il n'y a donc rien d'extraordinaire, qu'il ait été victorieux ce jour là, & qu'ayant persuadé à ses Troupes que c'étoit le jour favori de sa fortune, elles ayent toujours donné sur l'ennemi ce jour là, avec cette ardeur & cette confiance qui sont un des principaux instrumens de la victoire. A quoi il faut ajouter que les ennemis s'étonnent beaucoup quand ils croyent être attaquez sous des auspices favorables à l'Aggresseur. Il paroit par l'Histoire de Soliman que la confiance qu'il avoit inspirée à ses trouppes sur le 29. Août, luy faisoit choisir ce jour là ou pour un assaut general, ou pour une bataille, & qu'il avoit alors plus de soin de preparer toutes choses à la victoire qu'en un autre temps, afin de confirmer de plus en plus la bonne opinion de cette journée pour
s'en

Pensées diverses.

s'en servir dans l'occasion. Il ne faut donc pas s'étonner qu'il ait eu des grands succez le 29. jour d'Août.

## §. XXVIII.

*Comment il arrive qu'on gagne des batailles en certains jours affectez.*

EN un mot les evenemens heureux ou malheureux à une certaine Nation, qui arrivent en certains jours, ne sont pas attachez à ces jours par leur nature, ou independemment de nôtre choix : mais ils dependent des passions, qui s'excitent dans le cœur de l'homme par la circonstance du tems, & de l'adresse qu'on a de choisir le tems propre à exciter ces passions. Ainsi un General se sert de la circonstance du tems & du lieu pour encourager ses Trouppes. Il leur represente que c'est à pareil jour ou dans le meme champ de bataille que les Ennemis furent batus autre fois, qu'il faut soutenir la gloire de la Nation : & cependant le General ennemi exhorte ses soldats à effacer la honte d'une pareille journée, & à venger les Manes de leurs Compatriotes dont ils voyent encore les ossemens. Voila comment il arrive ou qu'on bat

*trois*

trois ou quatre fois de suitte les ennemis à pareil jour, en même lieu : ou qu'on y est alternativement batu & victorieux. Tout cela depend aprés Dieu de l'adresse de l'homme à bien prendre son tems pour menager les passions. Or comme la naissance d'un Prince, une victoire & choses semblables qui commencent à faire juger qu'un jour est heureux, roulent indifferemment sur quelque jour de l'année que ce puisse étre, il faut dire qu'il n'y a point de jour ni de mois affecté au bonheur ni au malheur, & quand cela ne seroit pas tout à fait vrai à l'egard de chaque jour, à cause qu'il y en a qui peuvent reveiller les passions d'une maniere particuliere ; du moins doit on m'avoüer que les années qui suivent les Cometes ne sont pas affectées particulierement à la punition des pechez de l'homme, puis qu'on ne sauroit le montrer par l'experience.

## §. XXIX.

*Ce qu'il faut répondre à ceux qui citent des exemples pour les presages des Cometes.*

IL est vrai que les moins habiles dans l'Histoire vous citent quantité de de ordres arrivez aprés l'apparition des Co-

Cometes, sans jamais parler d'aucun bonheur arrivé dans ce tems là. Par exemple ils vous enfilent toutes les guerres qui ont travaillé l'Europe depuis l'an 1618. jusques à la paix de Munster, & jettent toute cette longue suitte de maux sur le dos de la Comete qui parut en 1618. sans faire mention que de ces maux. Mais outre que c'est étendre le pouvoir des Cometes au dela de ses justes bornes; outre que ce qu'ils appellent un mal a produit un tres grand bien à la meilleure partie de l'Europe Chrétienne, qui s'est delivrée par là du peril où elle étoit de perdre sa liberté; outre tout cela, dis-je, qui ne voit que si une fois on s'arrete à tous ces citateurs d'exemples, il faudra donner gagné à toutes les superstitions & à tous les contes des vieilles, car il n'y a point de femme qui ne vous cite avec mille circonstances ennuyeuses, la mort de vingt ou trente de ses parens ou amis decedez dans l'an & jour, apres s'être trouvez eux treziémes dans quelque repas, & plusieurs chagrins qui lui sont arrivez constamment aprés la cheute de sa saliere; sans vous citer jamais aucune partie de plaisir, ni aucun bonheur?

§. XXX.

## §. XXX.
### Qu'il n'y a point de fatalité dans certains noms.

CE que j'ay remarqué contre ceux qui croyent que la fortune a certains tems affectez, me fait songer à une illusion qui approche fort de celle là, c'est de s'imaginer, comme on le fait presque par tout, qu'il y a certains noms de mauvais augure. Ainsi on dit que le nom de Henri est fatal aux Rois de France, & qu'il faut bien se garder de le leur donner jamais, de peur de les exposer à la destinée des trois derniers Henris, qui sont morts d'une maniere tout à fait tragique. J'ay ouï dire que l'on a conseillé à Monsieur, de ne faire plus porter à ses fils le titre de Duc de Valois, parce qu'il lui en étoit mort quelques uns de ce nom là, ce qui marquoit, disoit on, qu'il étoit rempli d'une maligne influence, dont il faloit arrêter le cours. On croit même qu'il y a des noms qui sont de consequence pour la morale, & j'ay leu dans (1) Brantome sur ce sujet que l'Empereur Severe se consoloit de la mauvaise vie de sa femme, sur ce qu'elle s'appelloit Julie, considerant que de toute ancienneté celles

(1) Tom. premier des Femmes Galant.

celles qui portoient ce nom, étoient sujettes aux plus impudiques dereiglemens. Cet Auteur ajoute qu'il connoit beaucoup de Dames qui portent certains noms qu'il ne veut pas dire à cause du respect qu'il a pour la Religion Chrétienne, qui sont ordinairement sujettes à s'abandonner plus que d'autres, qui ne portent pas ces noms là, & qu'on n'en a gueres veu qui en soient echappées. Je ne vous rapporte pas les propres termes dont il s'est servi, car ils sont un peu trop naifs, & trop Cavaliers, & trop d'un homme à bonnes fortunes qui ecrivoit comme il parloit. Mais je vous dirai bien qu'il me paroit fort étrange qu'un homme comme lui ait crû que les noms fassent quelque chose dans l'affaire dont il parle là.

Apparemment le hazard avoit fait qu'il avoit eu ses liaisons & ses intrigues, dans certaines Caballes où le plus grand nombre des femmes s'appelloient d'un certain nom. S'il eust donné dans une autre trouppe, où quelque autre nom eust été celui du plus grand nombre, sa remarque seroit infailliblement tombée sur ce nom là, & c'est ce qui se peut dire de plus vrai-semblable pour raisonner sur l'observation de Brantôme, & sauver sa bonne foi en même tems; car du reste il n'y auroit rien de plus absurde que de s'imaginer, que parce que celui qui baptise une enfant, remue la langue d'une certaine maniere, qui fait entendre un certain mot plutôt qu'un autre, cette enfant à 15. ou 16. ans de là se porte à des actions d'impudicité, qu'elle n'eust point commises si l'on eust articulé un autre mot le jour qu'elle fût baptisée. Cependant c'est l'absurdité où il en faut venir presque toujours, quand on veut que certains noms portent melheur. Un naufrage qui ruïne un marchand, une conspiration qui oste la vie à un Monarque, viennent de ce qu'un Prêtre avoit prononcé long tems auparavant un mot plutôt qu'un autre dans la ceremonie du baptême. Si Loüis XIII. eust été baptizé Henri, comme celui qui lui avoit donné la vie, il eust été tué sans doute au siege de quelque ville rebelle, d'un coup de mousquet, qui se feroit extraordinairement ecarté de son chemin, uniquement pour cela, car ce Prince étoit trop bon Catholique pour mourir à la maniere de ses predecesseurs, mais neanmoins son nom d'Henri lui eust valu quelque genre de mort violente. Quelle pitié que de raisonner ainsi !

§. XXXI.

## §. XXXI.
*Grande superstition des Payens à l'egard des noms.*

JE voudrois que l'on jugeast sur ce pied là de toutes les superstitions du Paganisme à l'egard des noms. A Rome quand on levoit des soldats, on prenoit garde que le premier qui s'enroloit, eut un nom de bon augure. Les Censeurs en faisant le denombrement des Bourgeois, nommoient toûjours le premier, quelqu'un qui avoit un nom favorable, comme (1) *Valerius*, *Salvius*, &c. Dans les sacrifices solemnels ceux qui conduisoient les (2) victimes, devoient avoir un de ces noms là. Quand on procedoit à l'adjudication des fermes publiques, on commençoit par le lac *Lucrinus*, & tout cela, *boni ominis ergô*, afin de porter bonheur. Se peut il rien voir de plus extravagant que de tirer des bons ou des mauvais Augures de ce qu'un Magistrat prononce plutôt *Valerius*, que *Furius*? Apulée a raison de se moquer de ceux qui l'accusoient d'être Magicien parce qu'il faisoit acheter des poissons qui leur sembloient propres aux sortileges d'amour, a cause de la conformité qui se ren-

(1) *Festus.*
(2) *Cicero l. 1. de Divinat. Plinius lib. 28. cap. 2.*

rencontroit entre leur nom & celui des parties naturelles. *Pauvres ignorans*, leur dit-il, *ne voyez (1) vous pas que si vôtre raison avoit lieu, les cailloux seroient un souverain remede contre la pierre, & les écrevices contre les cancers ?*

On peut connoître par là l'enorme & la prodigieuse étenduë que les Payens donnoient à la superstition des noms. Elle étoit si grande qu'au rapport de (2) Festus les femmes Romaines offroient des sacrifices à la Déesse Egerie pendant leur grossesse, parce que ce nom d'Egerie dans leur langue avoit une grande relation aux accouchemens. Une semblable raison a été cause que l'on s'est attaché dans le Christianisme à la devotion d'un Saint plustot que d'un autre, pour obtenir certaines choses. Par exemple, il ne faut pas douter que les femmes qui ont mal au sein ne se soient mises sous la protection de St. Mammard, plustot que sous la protection d'un autre, à cause du nom qu'il porte. Il ne faut pas douter que ce ne soit pour la même raison que ceux qui ont mal aux yeux, les vitriers & les faiseurs de lanterne se recommandent à St. Clair; ceux qui ont mal aux oreilles, à Saint Ouyn; ceux qui sont gouteux à St. Genou;

nou; ceux qui ont la teigne, à St. Aignan;
ceux qui sont aux liens ou en prison, à St.
(1) Lienard, & ainsi de plusieurs autres.

Quoi que cette remarque se trouve dans (2) l'Apologie pour Herodote, qui est un livre tres-injurieux à l'Eglise Catholique, elle ne laisse pas d'être vraye, comme l'ont reconnu Mr. de la (3) Mothe le Vayer dans son Hexameron rustique, & Mr. (4) Mesnage dans ses Origines de la Langue Françoise. Ces Messieurs également savans & respectueux pour les choses sainctes, n'ont pas prétendu en avoüant cela, condamner l'invocation des Saincts; car dans le fond, si St. Clair n'est pas plus propre qu'un autre à guerir le mal des yeux, il ne l'est pas moins aussi: de sorte qu'il vaut autant s'adresser à lui qu'à un autre. Ils ont seulement voulu reconnoître, que la moindre chose est capable de déterminer les Peuples à faire un chois, & que la conformité des noms est un puissant motif pour eux. Sur cela, Mr. je ne ferai pas difficulté de vous dire confidemment, que ce seroit une superstition la plus basse & la plus grossiere du monde, que de s'imaginer que parce que St. Clair s'appelle St. Clair, Dieu lui accorde la vertu de guerir le mal des yeux, pluſtôt qu'à un autre: de

*(1) Merc. François, tom. 4. ad annum 1616. (2) Chap. 38. (3) Sixiéme journée. (3) Au mot acariatre.*

façon

façon que si nos Peuples se confient à un Saint plutôt qu'à un autre, à cause du nom qu'il a, ils sont dans une illusion épouvantable ; car enfin il faut tenir pour tout asseuré, que les noms n'ont point de vertu en eux-mêmes.

## XXXII.

*En quel sens on peut préferer un nom à un autre.*

JE ne desapprouve pas cependant la préference que l'on donne quelquefois à certains noms : car de la maniere que les hommes sont faits, il y a tel nom qui empêcheroit un Grand Seigneur, de recevoir à son service, une personne qui le porteroit ; & nous lisons dans l'Histoire d'Espagne, que les Ambassadeurs de l'un de nos Rois étant allez à la Cour d'Alphonse IX. pour le mariage de l'une de ses deux filles avec leur Maître, choisirent la moins belle, qui s'apelloit Blanche, & laisserent la plus belle, parce que son nom d'Urraca leur parût choquant. Ainsi il ne faut pas trouver étrange, que les (1) Loix dispensent un heritier de porter le nom que le Testateur lui prescrit, lors que c'est un nom ridicule ou mal-honnête, car c'est une condition trop onéreuse

(1) L. 7. D. ad S. C. Trebell.

veu

*Pensées diverses.*

veu comme le monde va. J'avoüe même qu'il peut y avoir des noms qui en certaines circonstances, contribuent aux plus grands evenemens, soit parce qu'ils excitent dans l'ame de ceux qui les portent certaines reflexions, & certaines passions ; soit parce que la superstition les fait prendre pour des Augures, & que la crainte ou l'esperance qui se repand dans une armée, à la veüe de ce que l'on prend pour des presages, est bien souvent la cause de la victoire. Je ne trouve donc pas mauvais que l'on choisisse de beaux noms, capables de faire songer souvent à son devoir ; & je suis de l'avis de Milantia femme du Canoniste (1) Joannes Andreas, qui étant consultée par son mari sur ce sujet, lui répondit, *Que si les noms se vendoient, les peres & les meres seroient obligez d'en acheter des plus beaux, pour les donner à leurs enfans.* Mais je ne saurois souffrir qu'on attache à certains noms aucune espece de fatalité naturelle soit à l'égard des mœurs, soit à l'égard de la fortune. Comme il est faux que la providence divine affecte de se deployer plus à decouvert au mois de Septembre, qu'au mois d'Octobre, ou le 1. de Janvier, que le 1. de Mars : il est faux aussi que la vertu ou le vice, le bon-

(1) Qui si nominat in foro venderentur, deberent parentes pulcherrima emere que filius imbonerent. Joh. Andr in Cap. cum secundum, extra. de præbend.

bonheur ou le malheur ayent des noms affectez, ou privilegiez. Il y a des Heleines & des Lucreces qui ont de la vertu, il y en a ausſi qui n'en ont point. On voit des Rois malheureux & des Rois heureux, de toutes ſortes de noms : & ſi la circonſtance du nom eſt capable de quelque choſe, c'eſt uniquement ou par nôtre faute, & nôtre peu de raiſon, ou par nôtre adreſſe. Neanmoins malgré tout ce que le moindre de tous les hommes eſt capable d'objecter contre la ſuperſtition des noms, qui eſt aſſurement demonſtratif, il n'eſt pas croyable combien de manieres de deviner on a bati ſur ce miſerable fondement. Ce qui fait voir que ſur le chapitre des preſages ſoit des Cometes ſoit de quelque autre choſe que ce ſoit, l'opinion univerſelle des Peuples ne doit étre contée pour rien.

§. XXXIII.

*Combien cette V. raiſon eſt deciſive contre les preſages des Cometes.*

MAis pour venir à des reflexions plus importantes, je vous prie Mr. de bien peſer cette V. Raiſon. Elle eſt deciſive ou il n'en fut jamais. Il ne s'agit plus de voir s'il eſt poſſible que les Cometes alterent nos Elemens ; ſi elles preſagent en qualité de cauſes ou en qua-

qualité de signes qui se montrent à point nommé toutes les fois que les hommes ont de grands malheurs à souffrir. Il s'agit de justifier le fait, que l'on vous nie tout court, & qui est la seule ressource que vous puissiez avoir. Toutes les autres raisons ne vous pressent pas assez pour ne vous laisser pas quelque faux fuyant: car on a beau dire qu'aucune raison ne nous porte à croire, que ce qui se passe dans le monde quelques années aprés qu'il a paru des Cometes, soit produit par leurs influences, vous repliquerez toûjours que les Cometes n'en sont pas moins pour cela de mauvais augure, pa ce que n'ayant jamais paru sans avoir été suivies de grands malheurs, c'est une marque qu'il y a quelque liaison ou quelque raport naturel entre elles & ces malheurs. Que ce ne soit pas la liaison d'un effet avec sa cause, à la bonne heure, c'est à tout le moins une liaison qui suffit pour faire craindre que quand l'une de ces choses se presente, l'autre ne tardera gueres à venir.

En effet si nous supposons que les Cometes roulent sur des Cercles dont il n'y ait qu'une certaine portion qui soit à la portée de nôtre veüe, nous concevons qu'elles retournent à nous aprés un certain tems. Si aprés cela nous supposons que c'est à peu prés le même tems qui est necessaire afin que la terre fermente quelques exhalaisons malignes, capables de causer la peste, la guerre &c. comme nous savons par experience que la matiere des fievres a besoin d'un certain nombre d'heures pour acquerir les qualitez qui causent la fievre, & par le raport des Medecins, qu'en quelques personnes cette matiere là produit regulierement des fievres periodiques au bout d'un certain nombre d'années ; si dis-je, nous supposons tout cela, la veüe des Cometes nous doit être un aussi asseuré presage de grands malheurs, quoi qu'elles n'y doivent rien contribuer, que si elles devoient les produire physiquement. Qu'on replique si on veut que cette fermentation à mêmes periodes que le cours de la Comete, doit enfin se tirer de mesure, à cause que les continuels changemens qui se font & au dedans & au dehors de la terre, empechent necessairement la jonction de toutes les causes qui y concouroient autrefois; cela Mr. ne vous tirera pas d'inquietude, & je connois de gens qui plutôt que de se rendre à cette difficulté, auroient recours à l'immobilité du ciel Empirée, pour lui attribuer la regularité de la fermentation dont il s'agit, à l'exemple de

ceux

ceux qui le font la cause de ce que certains endroits de la terre produisent toujours les mêmes choses, bien que les aspects des autres Cieux & leurs influences par consequent varient sans cesse à l'égard de ces endroits là. Ce qui me fait souvenir de certains Scholastiques qui veulent que la vertu qu'ils attribuent aux corps de se peindre dans nos yeux par le moyen des *especes intentionnelles* soit un effect des influences de ce même ciel. On trouvera donc toujours quelque deffaite pendant que l'on se pourra faire fort de l'experience, & ainsi Mr. c'est vous ôter tout que de vous mettre en fait, que l'experience ne vous favorise aucunement.

Je me souviens d'avoir leu dans (1) Ciceron que la science des presages est beaucoup plus fondée sur l'observation des evenemens que sur la raison, & qu'en ces choses là il ne faut pas demander les causes, comme faisoient Carneade & Panetius qui avec Epicure étoient presque les seuls tenans contre cette pretenduë science. Quand ils demandoient si c'étoit Jupiter qui ordonnoit à la corneille de croasser du côté gauche, & au corbeau de croasser du côté droit, on leur disoit pour toute réponse qu'ils avoient mauvaise grace

(1) *Quarum quidem rerum eventa magis arbitror quàm causas quæri oportere . . . observata sunt hæc tempore immenso & significatione eventus animadversa & notata . . . hoc sum contentus quod etiamsi quomodo quidque fiat ignorem, quid fiat intelligo, lib. 1. de Divin-*

de presser ainsi les gens ; qu'il leur devoit suffire que l'experience de tous les siecles confirmast la Divination ; qu'il y a des herbes dont on connoit la vertu sans savoir la cause des effects qu'elles produisent ; & qu'on ne s'avise pas pour cela de chicaner la Medecine. Sur quoi Ciceron raporte quantité de choses naturelles dont les proprietez nous sont connuës, mais non pas les causes de toutes ces proprietez, & fait dire à son frere, *Qu'il est content de savoir que ces choses là se font, quoi qu'il ignore comment elles se font.* Voila justement vôtre affaire Mr. Qu'un Philosophe vous presse tant qu'il voudra sur la maniere dont les Cometes presagent nos malheurs, vous n'avez qu'à lui dire qu'encore qu'il ne sache pas comment le soleil eclaire le monde, il ne laisse pas d'étre asseuré avec le reste des hommes, que le soleil eclaire le monde, parce que l'experience le fait voir evidemment : qu'ainsi l'experience de tous les siecles nous ayant appris que les Cometes sont suivies de malheur, il faut croire qu'elles en sont un presage, quoi qu'on ne sache pas en vertu dequoi elles le sont. On pourroit je l'avoüe, vous bien maltraitter dans ce retranchement, mais pendant que vous en appellerez à l'experience,

perience, vous trouverez toûjours quelque reduit. C'est pourquoi Mr. je vous adjourne tout le premier au Tribunal de l'experience, & je vous mets en fait qu'elle ne vous donnera pas gain de cause.

### §. XXXIV.
*Observations necessaires à ceux qui se veulent éclaircir de ce fait.*

COmme il est facile à tout le monde de consulter les titres justificatifs de ce fait, qui ne sont autres que les monumens de l'Histoire, je me garderai bien de vous accabler de citations. Je remarque seulement que ni vous ni nous ne devons pas faire un incident sur ce que nous n'avons pas les Annales ni des Peuples de la Terre Australe, ni de ceux qui habitent l'interieur de l'Afrique & de l'Amerique, car si nous pretendions qu'elles nous fourniroient plusieurs exemples de prosperité arrivez à la suitte des Cometes, vous pourriez pretendre aussi qu'elles nous fourniroient plusieurs exemples d'adversité. Contentons nous des Annales du monde connu, & jugeons des autres par celles là. *Ex ungue leonem.* Il ne faut point non plus faire un incident sur

sur ce qu'il y a de guerres qui tournent à un plus grand profit que l'on ne pense, & qui peut être sont un moindre mal que la paix ; semblables à ces saignées qui guerissent la mauvaise disposition du corps. Je renonce à tous les avantages que cette consideration pourroit apporter à ma cause. Je consens que l'on ne conte pour rien les raisons de (1) Palingenius à l'avantage de la guerre, & qu'on etablisse pour principe, que la paix est une faveur de Dieu, & la guerre un de ses fleaux, quoi que la guerre soit quelque fois utile par accident, & la paix au contraire dommageable. Je remarque aussi que les témoins sont beaucoup plus suspects de partialité, pour vous que pour nous, à cause du grand attachement que font paroître les Historiens à s'étendre beaucoup plus sur les calamitez que sur les felicitez publiques. Mais nous n'en sommes pas à cela prés. Nous les admettons tels qu'ils sont. Voyez donc Mr. par vous meme ce que raportent ces témoins, sans vous laisser preoccuper par tout ce qu'ils pourront vous apprendre non pas en qualité de témoins, mais en qualité de faiseurs de complaintes & de reflexions.

(1) *In Capricor.*

§. XXXV.

## §. XXXV.

*Comparaison des années qui ont suivi les Cometes de l'an 1665. avec les années qui ont precedé la Comete de l'an 1652.*

JE ne saurois m'empecher, quoi que je ne veuille entrer en aucun detail, de vous faire jetter la veüe sur ce qui s'est passé comme sous nos yeux, pendant les sept années qui ont suivi les deux horribles Cometes de l'an 1665. Pouvez vous dire en conscience que l'Europe ait été affligée pendant ces années là, d'une maniere à se recrier que tout étoit perdu? Y voyez vous des malheurs qui passent le train ordinaire? A-t-on veu que des nations Barbares comme autrefois les Huns, les Goths, les Alains, les Normans ayent porté la desolation dans une infinité de Provinces? A-t-on veu la peste depeupler les plus florissants Royaumes, & coucher dans le tombeau la plus considerable partie des hommes? A-t-on crié famine dans la plus part des Pays? A-t-on veu des Rois mis à bas de leur throne par la rebellion de leurs sujets, ou par l'usurpation de leurs voisins? A-t-on veu naitre des Heresies ou des Schismes

mes ? A-t-on veu l'impunité des crimes autorisée par les Magistrats ? N'a-t-on pas veu au contraire que la peste, la guerre & la famine les trois grands fleaux du genre humain, ont épaigné les Peuples autant qu'on se le peut promettre dans la condition de nôtre nature ?

Je ne voi guere que quatre guerres dans l'espace de tems que j'ai pris, savoir celle des Turcs & des Venitiens : celle des Espagnols & des Portugais : celle de la Hollande & de l'Angleterre : & la Campagne de l'Isle. Les deux premieres qui avoient commencé long tems avant que les Cometes parussent, ont été terminées heureusement dans le temps que j'ay marqué ; & les deux autres ont commencé & fini presque en meme tems, ce qui montre que les influences des deux Cometes de question, étoient bien plus portées pour la paix que pour la guerre, puis qu'elles ont terminé les guerres qui avoient commencé sans leur participation, & calmé bien tôt celles qui s'étoient elevées durant leur regne.

## §. XXXVI.
### Guerre des Turcs & des Venitiens.

VOus vous souvenez sans doute Monsieur d'un de nos communs Amis,

Amis, qui n'a jamais voulu se delivrer de l'envie de dire des pointes, selon la mauvaise coutume du vieux tems, quoi que nous l'en ayons souvent raillé: mais je ne sai si vous vous souvenez de la surprise où il fut quand il apprit que la paix conclue après la journée du Raab entre l'Empereur & le Grand Turc, avoit été ratifiée. *Quoi*, s'ecria-t-il, *on fait la paix à la barbe d'une Comete, & au milieu des plus belles dispositions du monde a reparer les pertes que les Turcs ont fait souffrir aux Chrêtiens ? Sans doute la Comete recule pour mieux sauter, elle nous attend en Candie, c'est là qu'elle dechargera toute sa rage.* Cependant Mr. vous m'avoüerez que tout ce qui s'est fait en Candie depuis l'an 1665. jusques au Traitté de paix ne peut être nullement conté pour un de ces grands malheurs que le Ciel annonce à la Terre par des prodiges: car si vous y prenez garde, tout cela se reduit à la perte d'une ville qui étoit bloquée depuis tres long tems. Si c'est un malheur pour la Chrêtienté que d'avoir perdu l'Isle de Candie, c'est un malheur qu'il faut raporter à un autre tems qu'à celui qui s'est ecoulé depuis l'an 1665. puis qu'il est de notorieté publique que les Turcs s'étoient s'étoient emparez de l'Isle plusieurs années avant celle là, & que par le blocus qu'ils tenoient devant la Capitale, ils rendoient tout le Royaume aussi inutile aux Chrétiens, qu'il le sauroit être à présent & même beaucoup plus, car encore est il permis présentement aux Venitiens de profiter de ce qui leur reste dans cette Isle, sans faire les dépenses à quoi ils étoient engagez pendant la guerre. De sorte que tout bien conté il se trouvera que la paix faitte l'an 1669. au lieu d'empirer les affaires des Venitiens, les a améliorées, & par conséquent que la Comete ne s'est pas dédommagée en Candie de ce que la paix d'Allemagne lui avoit fait perdre. Aprés tout est ce une chose si étonnante qu'un Prince aussi puissant que le Grand Seigneur, pressant une Ville pendant deux ans de la plus furieuse maniere du monde, favorisé du voisinage de ses autres Etats, la prenne sur une Republique qui est contrainte de mendier du secours à 600. lieües loin de là? N'est ce pas un grand bonheur à cette Republique d'en être quitte à si bon marché?

§. XXXVII.

## §. XXXVII.

*Guerre des Espagnols & des Portugais.*

LE Traitté de Paix de l'an 1668. entre l'Espagne & le Portugal, fut un bien inestimable pour ces deux Couronnes. Pour la premiere, parce que bien loin d'être en état de se faire rendre ce qu'Elle demandoit, Elle avoit lieu de craindre de nouvelles pertes sous une minorité qui n'étoit pas exempte de broüilleries. Et pour la seconde, parce qu'outre la paisible possession de ses Etats, & la decharge des incommoditez de la guerre, Elle acquit l'avantage de voir sa Souveraineté reconnuë par ceux qui l'avoient contredite jusques alors. Quoi qu'il en soit, me direz-vous, c'est un malheur pour l'Espagne d'voir perdu le Portugal, & de n'avoir pas eu la force de le recouvrer. Je l'avoüe, mais c'est un malheur qu'il faut raporter à l'an 1640. & aux pertes que cette Couronne avoit faites dés avant que les Cometes parussent, qui par là demeurent dechargées de l'accusation qu'on voudroit leur intenter. Vous avez oüi dire peut être, ce bon mot du Comte de Villa Mediana, sur une figure à cheval du Roy

Phi-

Philippe IV. où l'on avoit mis PHI-
LIPPE le GRAND; *si lo es, es
como un ojo, que mas tierra le llevan,
mas le engrandezen.* En effet c'est sous
le regne de Philippe IV. que l'Espagne
a le plus perdu de ses Etats, & par conséquent ces pertes ne doivent pas être imputées aux Cometes de l'an 1665.

## §. XXXVIII.
*Guerre des Anglois & des Hollandois.*

POur ce qui est de la guerre des Anglois & des Hollandois, je ne nie pas qu'elle n'ait été fort rude pendant le peu de tems qu'elle a duré, mais comme deux ou trois Campagnes en ont fait la raison, elle n'a été ni ruïneuse ni fort dommageable aux deux partis. En effet aprés le Traitté de Breda les Anglois se trouverent ce qu'ils étoient avant la guerre, & les Hollandois si peu affoiblis, que leur fortune en devint plus florissante, qu'il n'eut été à souhaitter pour leur repos, car toutes ces prosperitez leur ayant fait concevoir une trop grande opinion de leurs forces, leur firent oublier qu'ils avoient d'assés grandes obligations à LOUIS LE GRAND, pour lui laisser conquerir la Flandre. Il leur en a couté bon, mais ce n'est pas la faute des Cometes

metes de 1665. C'est une suitte de la necesité où ils crurent être de s'opposer à l'aggrandissement d'un voisin redouté de toute l'Europe. Ils crurent que la bonne politique les engagoit à conserver l'equilibre parmi leurs voisins, & qu'ils se devoient servir de l'état florissant de leur Republique, pour empecher l'entiere invasion des Pays-Bas. S'ils se sont mal trouvez d'avoir raisonné sur ces Principes, & si la fortune n'a pas secondé l'usage qu'ils ont fait du bonheur qui les accompagna pendant les cinq ou six premieres années qui suivirent les Cometes, c'est une autre affaire.

Si on me dit que la prosperité est quelquefois le plus terrible chatiment que Dieu puisse envoyer à l'homme, je dirai moi que l'adversité est quelquefois la plus grande grace qu'il luy puisse faire: de sorte que toute nôtre Dispute ne sera plus qu'un jeu de mots. Ainsi pour nous fixer à quelque chose, il faut que nous convenions qu'il s'agit de savoir, non pas si les Cometes ameinent aux hommes des biens dont ils ne font pas un bon usage, ou des maux qui les convertissent à Dieu; mais si elles leur ameinent ce qu'on a de coûtume d'appeller simplement des adversitez.

§. XXXIX.

## §. XXXIX.

*Guerre des François & des Espagnols.*

POur la Campagne de l'Isle on m'avoüera qu'elle a fait beaucoup plus de bien que de mal. Comme ce n'étoit pas tant une guerre qu'une prise de possession des biens qui appartenoient à la Reine, & qu'on refusoit de luy rendre, quoi que son droit eût été justifié & signifié à toute l'Europe, par les savans livres que le Roy fit publier en diverses langues, on entra dans les terres des Espagnols sans y faire aucun degast. Ce ne fût pas assez pour la bonté de ce grand Prince : il tacha de delivrer les Pays par où ses Trouppes devoient passer, des alarmes que l'approche d'une armée a de coûtume de jetter dans les esprits, ayant fait publier par avance, qu'il ne pretendoit pas rompre la paix des Pyrenées, ni troubler les artisans dans l'exercice de leur metier, ni les laboureurs dans la culture des Terres, ni les moissonneurs dans le travail de la recolte, ni les marchands dans leur trafic, ni rien faire de tout ce qui rend la marche des armées incommode aux Peuples.

Le progrés de ses armes fut à la verité
sur-

surprenant, & tout ce qui osa lui resister succomba bien tôt sous le poids de sa valeur, de sa vigilance, & de cette sage activité avec laquelle il vient promptement à bout des choses les plus difficiles. On le vit percer comme un foudre tous les Pays-Bas Catholiques, & y faire plusieurs tours & retours, laissant par tout des marques éclatantes de sa victoire. Mais aprés tout la maniere dont il traittoit les vaincus ne leur étoit nullement à charge. Bien loin de dire comme ce Prince dont il est parlé dans la Parabole de l'Evangile ; (1) *Inimicos meos illos, qui noluerunt me regnare super se, adducite huc, & interficite ante me: Amenez moi ces ennemis qui n'ont pas voulu me reconnoitre pour leur Roy, & les tuez en ma presence*; sa Majesté leur donnoit mille marques de sa bonté Royale, & ç'a été un bonheur insigne aux villes qui furent conquises cette Campagne là, de n'avoir pas eu la force de resister, car si elles fussent demeurées sous la domination d'Espagne, elles n'eussent pas joüi de la securité où elles ont été plongées pendant la derniere guerre. La puissance du Roy les mettoit à couvert de toute sorte d'inquietude ; elles ne craignoient ni siege ni blocus, au lieu que toutes les villes qui n'é-

(1) *Euangel. secundum Luc. cap. 19. v. 29.*

n'étoient pas à la France, étoient dans de continuelles frayeurs, au milieu de leurs marais, de leurs inondations, de leurs Citadelles, & d'une prodigieuse quantité de Troupes. Rien ne les asseuroit. S. M. n'avoit qu'à partir dans une saison qui eust été seule un ennemi invincible à d'autres Conquerans, pour jetter une si grande peur dans toutes ces Villes, que la veüe d'un siege formé devant les plus fortes n'en pouvoit rasseurer aucune.

Ca donc été un grand bien pour les Villes qui passerent au pouvoir du Roy l'an 1667. d'avoir été subjuguées par nôtre Invincible Monarque. Ca été d'ailleurs un bien au Roy d'avoir uni à ses Etats d'une maniere si glorieuse tant de Villes florissantes : & un bien beaucoup plus considerable, qu'il n'est desavantageux à l'Espagne de les avoir perdües, parce que leur situation fait que nôtre Roy en peut tirer de grandes utilitez, au lieu que la meme situation est cause que le Roy d'Espagne ne s'en peut presque point servir. Ainsi j'ay droit de conclurre que les evenemens de la Campagne de l'Isle, ont fait plus de bien que de mal.

§. XL.

## §. XL.
### Que l'Espagne ferait bien d'abandonner les Pays-Bas.

J'Ay ouy dire à un habile homme que tous ces Etats que le Roy d'Espagne possede dans des Pays eloignez, detachez les uns des autres luy sont plus à charge, qu'ils ne luy servent, & que s'il connoissoit ses veritables interêts, il seroit dans les sentimens du Roy Antiochus, qui ayant été contraint après la perte de la bataille de Magnesie de ceder aux Romains tout ce qu'il possedoit au deçà du mont Taurus, declara qu'il s'estimoit fort obligé à ces Mrs. de ce qu'ils l'avoient dechargé du soin de garder un grand Pays, qu'il n'eust peu deffendre qu'avec des peines & des pertes continuelles. C'est à dire que si le Conseil d'Espagne connoissoit bien les veritables interêts de la Couronne, il nous remercieroit d'avoir si considerablement diminué les soins qu'il lui faloit prendre pour la conservation de tant de villes, & souhaitteroit d'être entierement delivré de cet embarras. On faisoit dire aux Espagnois pendant la longue guerre qu'ils ont euë avec la Hollande, Que leur

*Antiochus Magnus ille Rex Asiæ cum postea quàm à Scipione devictus, Tauro tenus regnare justus esset, omnemque hanc Asiam quæ est nunc nostra Provincia, amisisset, dicere est solitus, benignè sibi a Populo Romano esse factum, quod nimis magna procuratione liberatus, modicis Regni terminis uteretur, Cicer. Orat. pro Dejot.*

*Voy les Poësies Latines de Balsac, p. 43.*

leur maître auroit puni ces Rebelles, il y a long tems, si des considerations d'État ne l'en empechoient, mais qu'il conservoit ce Pays de contradiction comme le manege & la sale d'escrime de ses legitimes sujets, afin de les tenir en haleine par un exercice continuel. Je vous assure Mr. que cette raison ne subsiste plus, & qu'il y a presentement si peu d'Espagnols, qui profitent de l'occasion de s'aguerrir, que les guerres de Flandre leur fournissent, que ce n'est pas la peine d'en parler. Il vaudroit mieux dire qu'il faut conserver les Pays-Bas afin que l'humeur Françoise naturellement boüillante & ennemie du repos, trouvant là dequoi s'occuper, laisse les Espagnols dans la paisible possession de leurs biens, & n'aille pas troubler la faineantise qui s'est emparée de la Nation. Mais cela même devroit obliger le Conseil d'Espagne à se defaire de la Flandre, parce que si les Espagnols venoient à être attaqués dans leur pays, il est probable qu'ils reveilleroient cette ancienne valeur qui les a rendus si celebres, & qu'ils ne se reposeroient pas, comme ils font, du soin des affaires generales, sur la vigilance d'autrui.

Il est seur que S. M. C. gagneroit beaucoup à faire cession des Pays-Bas qui

qui lui restent, car outre qu'elle se delivreroit de la peine de conserver un pays, d'où elle ne retire rien, & qui pour tout revenu n'envoye en Espagne depuis plus de 50. ans, que des nouvelles à blanchir les cheveux à tous les Ministres d'Etat, il lui seroit bien plus glorieux de s'en defaire de bonne grace, que de s'en voir depouiller peu à peu en cent manieres honteuses, comme sont par exemple, les arrêts qu'on lui fait signifier par un sergent. Cette même cession feroit aussi l'avantage des Pays-Bas Espagnols, où on ne sauroit voyager sans escorte, qu'on ne soit mis en chemise par les voleurs des grands chemins, ce qui ne se fairoit pas sous la domination de la France. C'est dommage qu'un si beau Pays soit entre les mains d'un Maitre, qui ne peut pas seulement le deffendre contre les voleurs; & doit on trouver mauvais que NOTRE GRAND PRINCE, qui a toûjours aimé les Flamans, leur témoigne tant d'envie de les delivrer des Garnisons Espagnolles, qui au lieu de les proteger, volent impunement par tout, comme si les voyageurs devoient porter la peine de ce qu'on n'a pas assez d'argent à Madrit, pour payer les Soldats de Flandre?

D'ailleurs quelle mortification n'est

ce pas pour la Nation Espagnolle, qui affectoit tant de l'emporter sur nous, & qui autrefois remplissoit de jalousie toutes les Cours de l'Europe, de les accabler à present de plaintes, de memoires, & de supplications, pour en être protegée contre la France, sans trouver aucun Prince qui la secoure? Ce n'est pas qu'on soit bien aise que le Roy s'aggrandisse comme il fait, ou qu'on soit persuadé de la justice de ses pretentions, car encore que nôtre Invincible Monarque ne prenne que ce qu'il prouve lui appartenir legitimement, & que selon la remarque de l'Auteur des Droits de la Reine, il imite Josüé qui faisoit marcher à la tête de ses troupes l'Arche où étoit enfermée la loy de Dieu, nos Voisins neanmoins ne goutent pas la force de nos raisons. Ils disent qu'il faut avoir un esprit soûtenu de cent mille soldats pour trouver dans les Traittez de Munster & de Nimegue, le sens que nous y trouvons ; qu'assurement ceux qui en ont dressé les articles, n'ont jamais cru qu'on peust les interpreter de la sorte, & que s'ils ont dit ce que nous leur faisons dire, ils ont agi comme ceux qui font les Canons des Conciles, qui en disent plus qu'ils n'en entendent ; d'où vient que plusieurs siecles après on decouvre

couvre dans leurs expressions des Mysteres à quoi ils ne songeoient pas. Qu'est ce donc qui empeche nos Voisins d'ecouter les conseils des Espagnols? La pure crainte d'attirer sur eux la foudre qui menace les autres. Mais revenons à nôtre sujet.

## §. XLI.

### Bonheur de l'année 1668.

L'Année 1668. a été encore plus universellement heureuse que la precedente, puisque par le Traitté d'Aix la Chapelle, le Roy d'Espagne recouvra une Province, qu'il n'eust jamais peu reconquerir, & s'asseura la possession de tout ce qui lui restoit aux Pays-Bas, qu'il eust perdu infailliblement si la guerre eust continué. Par le même Traitté, les Villes conquises la Campigne precedente eurent le bonheur de demeurer à un Prince, qui leur a sauvé une infinité d'inquietudes, (1) comme j'ay deja dit, & qui les maintient dans une prosperité que la crainte de l'avenir ne traverse pas. La paix se trouva generale dans tout l'Occident, ce qui seul est un tres grand bien pour les Peuples. Tous les Princes Chrétiens calmerent leurs jalousies & leurs soupçons.

(1) Cy dessus, §. 40.

Et nôtre Roy enfin se couronna d'une gloire qui suffiroit pour l'immortaliser, quand même il n'auroit pas fait depuis tant de prodiges qui ont porté sa reputation aux quatre coins du monde, car il rendit genereusement des conquêtes que personne ne pouvoit lui ôter, & renonça à tous les avantages que la fortune lui presentoit. Exemple de moderation qui merite plus de loüanges que la conquete d'un Empire.

Aprés cela peut on dire que les Cometes de 1665. ont été suivies d'un horrible deluge de maux, & ne doit on pas se bien moquer des Astrologues qui avoient publié qu'elles presageoient des choses epouvantables, des Schismes, & des Heresies prodigieuses. Il y en eut qui conseillerent à l'Empereur de s'enfermer pendant vingt jours dans un Palais bâti sur de tres bons fondemens, dans quelque vallée tenebreuse, & tout entouré de montagnes, comme vous le pourrez voir plus au long dans le (1) *Theatrum Cometicum* d'un Gentilhomme Polonois, nommé Stanislaus Lubienietzki.

(1) *Vol.* 1. *pag.* 17.

§. XLII.

§. XLII.

*Pacification du demelé des Jesuites & des Jansenistes.*

MAis ce n'est pas seulement par la cessation de la guerre, que l'année 1668. a été heureuse : elle l'a été encore par un autre accommodement tres necessaire au bien de l'Eglise, & tres difficile à procurer, puis qu'il s'agissoit de mettre la paix entre plusieurs Theologiens, qui étoient aux prises depuis long tems, & qui étoient capables de causer un schisme tres scandaleux, si on les eust laissé faire. Vous n'ignorés pas Mr. qu'on accuse fort les gens de vôtre metier de s'echauffer pour des Disputes de rien, & de remuer ciel & terre pour avoir raison de leurs ennemis, quand ils les croyent dans des erreurs considerables. Un livre ne leur coute rien à faire dans ces sortes d'occasions, rien ne leur est aussi difficile que de mettre les armes bas. C'est pour cela que l'on regarde dans le monde la pacification des Theologiens comme un ouvrage tres difficile. Je n'examine point si l'on a raison de faire ce jugement, mais je ne laisserai pas de remarquer que la querelle des

Jesuites & des Jansenistes étoit regardée avec raison comme une affaire de consequence & tres mal aisée à terminer. Ce n'est pas que le sujet n'en sust fort petit, puis que les Jansenistes ne cessoient de dire, qu'ils convenoient avec leurs Adversaires dans les questions de droit, & qu'ils ne pretendoient autre chose, sinon que les propositions condamnées par le Pape n'étoient pas dans le livre de Jansenius, ce qui est une bagatelle dans le fond, car comme il n'importe au salut de personne de sçavoir que Jansenius a été au monde, il n'est nullement necessaire de sçavoir si les livres de Jansenius disent cecy ou cela, & on se sust fort bien passé de faire commandement à des Religieuses qui n'entendoient pas le Latin, de signer que Jansenius avoit enseigné telles & telles Doctrines. Quelle necesité y avoit il qu'elles s'embarrassassent la tête d'une semblable chose? Mais neanmoins de la maniere que cette dispute avoit tourné, ce n'étoit plus une affaire indifferente; l'autorité du Pape s'y trouvoit interessée, les droits des Evesques s'y trouvoient melez, une infinité d'injures publiées de part & d'autre, avoient étrangement aigri les esprits, on ne parloit que de Brefs du Pape,

Pape, d'Arrêts du Conseil d'Etat ou du Parlement, de lettres Circulaires, de Mandemens Episcopaux; on prechoit contre les Jansenistes, on employoit quelquefois contre eux le bras seculier, en un mot tout étoit dans une étrange confusion, lors que S. M. justement touchée de ces desordres, & voyant bien par ce grand discernement & cette profonde sagesse qui lui sont propres, qu'a moins d'imposer silence aux parties, on ne verroit jamais la fin de ces divisions, interposa son autorité pour faire que l'on acquiesçat aux signatures qui avoient été faites sous certains temperamens dont la cour de Rome se contenta, & pour empecher qu'à l'avenir ses sujets ne dissent ni ne publiassent rien sur les matieres contestées qui pust renouveller la querelle. Ce fut le 23. d'Octobre 1668. que l'Arrêt de Pacification fut donné, & par ce coup d'une sage Politique l'on arreta le progrés d'une Dispute qui avoit agité la France plus de vingt ans & qui étoit capable de dechirer les entrailles de l'Eglise. Or comme ce grand demelé avoit pris naissance long tems avant que les Cometes de l'an 1665. parussent, & qu'il a été heureusement assoupi trois ans après leur apparition, il seroit

plus

plus à propos de soutenir que leurs influences ont été fort salutaires, puisqu'elles ont fait cesser les desordres qu'elles ont trouvés dans le monde, que de soutenir qu'elles ont été malignes.

Il n'est pas necessaire, Monsieur, que je vous circonstancie les avantages que la France a retirés de cette pacification, car c'est une chose que vous devez sçavoir, & que vous savez effectivement mieux que moi. Quand on ne nous auroit procuré par là que la permission de lire les livres de Mrs. de Port-Royal, je soutiens qu'il nous en seroit arrivé un grand avantage, non seulement parce que ce sont des livres tres bien écrits, & un grand modele d'eloquence & de raisonnement, mais aussi parce qu'ils nous apprennent une infinité de belles choses qu'on n'avoit jamais bien eclaircies. Par exemple, aviez vous jamais oüi dire à vos precepteurs jusqu'où doit aller nôtre soumission pour ceux qui veillent pour nos ames ? Aviez vous jamais oüi parler exactement à d'autres qu'à ces Mrs. de la distinction du fait & du droit, & des choses qu'on est obligé de croire de foi divine, ou de foi humaine ? Avoüez qu'on vous avoit elevé dans une grande

de ignorance de ces choses, car on nous fait tant de peur dans nôtre Eglise de cet esprit qui veut connoître & raisonner, qu'on ne nous recommande rien ausi expressement que de nous abandonner les yeux fermez à nos Directeurs. Il est neanmoins certain comme ces Mrs. l'ont clairement établi, qu'il y a de la distinction à faire, & qu'il est tres dangereux de donner dans ces maximes sans discernement, si bien que nous leur avons tous des obligations immortelles de nous avoir ouvert les yeux sur beaucoup de choses, que l'on nous rend suspectes mal à propos.

Quelle obligation ne leur a-t-on pas d'avoir enfin introduit en France l'usage de la parole de Dieu en langue vulgaire, & d'avoir delivré l'Eglise de la honte & de l'ignominie qu'il lui faloit essuyer continuellement, par les reproches que les Protestans lui faisoient, qu'elle deroboit aux fideles le thresor des Ecritures? Avant que l'on eust terminé tous ces differens, la version de Mons étoit fort persecutée & faisoit peur à la plus grande partie du Peuple, mais depuis la paix que le Roy a donnée à l'Eglise, on a secoüé le joug, & non seulement on lit sans scrupule tous les ouvrages de Port-Royal, que l'on n'ofoit lire autrefois, tant on étoit epouvanté par les Confesseurs Molinistes, mais aussi on lit avec beaucoup d'edification l'Ecriture Saincte que ces Mis. ont mise en François. Je ne dis rien de tant de beaux livres de Morale & de Controverse qu'ils ont publiés depuis l'Arrêt du 23. d'Octobre 1668. ni de tous les traittez qui ont si bien eclairci cette celebre question de la lecture de la parole de Dieu en langue vulgaire, où nos Controversistes s'étoient trouvez jusques ici extremement embarassez; car vous savez assez Mr. de quel prix sont ces livres là pour être pleinement persuadé de ce que je veux vous prouver icy, savoir qu'il s'est passé des choses tres avantageuses au public, quelque tems aprés l'apparition de deux effroyables Cometes.

## §. XLIII.

*Consideration des malheurs arrivés pendant les sept années que l'on a examiné.*

QU'on ne m'allegue point la peste de Londres de l'an 1665. l'embrasement de la même ville de l'année suivante; le tremblement de terre qui abyma la Republique de Raguse en 1667. les
em-

embrasemens du mont Etna de 1669. & tels autres accidens, car ce sont des choses à la verité funestes pour ceux qui en souffrent en particulier, mais qui ne sont ni d'une consequence generale, ni fort extraordinaires, & il seroit facile de montrer qu'il est arrivé en d'autres tems des malheurs de cette espece bien plus tragiques, comme l'incendie de Moscou Capitale de Moscovie, qui fût toute reduitte en cendres par les Tartares l'an 1571. le tremblement de terre qui abyma dans une nuit douze grandes villes d'Asie sous l'Empire de Tybere ; celui qui tua vingt mille habitans de Lacedemone, & accabla la ville toute entiere sous les ruines d'une portion du mont Taygetus 469. ans avant Jesus Christ ; celui qui arriva dans le Canada en 1663. & dans le Perou en 1604. qui fit des bouleversemens prodigieux en moins d'une heure dans une etenduë de 300. lieües de côte & de 70. en largeur ; l'embrasement du Vesuve de l'an 1631. la peste qui a desolé depuis peu la Capitale de l'Empire, qui a poursuivi l'Empereur dans Prague où il s'étoit refugié, & qui s'est en suitte repanduë dans plusieurs Provinces avec un dégât funeste. D'ailleurs ces trois ou quatre desordres doivent ils balan-

*Casus multis hic cognitus, ac jam tritus, & è medio fortunæ ductus acervo, Juven. Satyr. 13.*

çer

cer le bonheur apporté par tant de Traittez de paix, & la prosperité particuliere de la France, qui par l'application infatigable de son Roi à tout ce qui peut contribuer à la felicité de la Nation, par ses lumieres & par celles de ses Ministres les mieux choisis, & les plus capables du monde, a veu établir des Manufactures, des Compagnies de Commerce, des nouvelles loix pour l'extirpation de la chicane, un ordre merveilleux dans les Finances, & plusieurs autres choses qui sont une source de biens infinis tant pour le general que pour le particulier? Ne me dites point, je vous prie, que je n'ay pas pris un assez grand terme, car il est du sens commun que si les Cometes presagent quelque chose, c'est pour les six ou sept premieres années qui les suivent, & c'est sur ce pied là que l'on prouve leur malignité par l'Histoire.

## §. XLIV.

*Malheurs arrivez dans l'Europe depuis l'an 1645. jusqu'en 1652.*

Voulez vous voir par plaisir, Mr. une autre sepmaine d'années prise à discretion d'un tems repurgé de tout le mauvais air des Cometes? Repassez un peu

peu dans vôtre memoire ce qui s'eſt fait dans l'Europe depuis l'an 1645. juſques à la Comete qui parût ſur la fin de l'an 1652. Et remarquez bien que je prens juſtement le tems où les longues guerres d'Allemagne, auſquelles tant de Princes ſe trouvoient intereſſez, & qu'on veut à toute force avoir été preſagées par la Comete de l'an 1618. ſe pacifierent à Munſter. Il me ſemble que c'eſt donner à la Comete un aſſez bon loiſir de ſe purger, pour pretendre qu'elle n'a plus rien à faire dans les années que je marque; ſur tout ſi on conſidere que je lui abandonne encore les trois dernieres Campagnes de la guerre des Alliez contre la maiſon d'Auſtriche, leſquelles ſe trouvent dans les ſept ans que j'ay choiſis, & qui ſont remarquables par pluſieurs ſanglantes expeditions, entre autres par la bataille de Norlingen, où Mr. le Prince de Condé (1) vangea ſi glorieuſement l'affront que les Suedois avoient receu quatorze ans auparavant au meme lieu: & par le (2) ſaccagement de Prague, qui reduiſit pluſieurs Dames de la premiere Qualité à la dure condition d'étre en chemiſe dans la ruë. Sans conter tout cela je trouve de maux epouvantables dans les années que j'ay choiſies, & particulierement un eſprit de ſedition furieuſe.

(1) *Le 3. May* 1646.

(2) 26. *de Juillet* 1648.

J'y

*Pensées diverses.*

(1) Le 9. de Février, 1649.

(2) Le 13 de Sept. 1651.

(3) *Majus erat imperium Romanum, quàm ut ullis externis viribus extingui posset*, &c. *Florus l. 4. c. 2.*

*Voy. l'Histoire des Cosaques par le Sr. Chevalier.*

J'y trouve le Roy (1) d'Angleterre condamné à mort & decapité par ses propres sujets avec des circonstances horribles. J'y trouve le Roy son fils contraint de se cacher dans un Chesne aprés avoir veu tailler en pieces toutes ses troupes à la bataille de Worcester, (2) & enfin de sortir de son Royaume dans le plus triste equippage du monde, trop heureux de tromper à la faveur de ce deguisement la recherche exacte que l'on faisoit de sa personne, pour lui faire le même traittement qu'à son Pere. Je trouve la France dechirée d'une cruelle guerre civile, qui lui fait perdre presque toutes les conquêtes de douze Campagnes, & sentir la pernicieuse honte de se detruire elle même, dans un tems où elle seule se pouvoit faire du mal, comme il est arrivé à la (3) Republique Romaine. Je trouve le Royaume de Naples soulevé contre son Prince. Je trouve les François en guerre avec les Espagnols dans la Flandre, dans l'Italie, dans la Catalogne. Je voi le Portugal armé contre la Hollande, & contre l'Espagne tout à la fois. Je voi Kmielniski General des Cosaques revolté contre la Pologne & ligué avec les Tartares remplir ce Royaume de desolation. Je le voi qui pro-

*Pensées diverses.* 113

profitant de la mort du brave Roy Uladiflas fait entrer le Cham dans la Pologne, & se joignant à luy a siegé avec une armée qui n'avoit point eu sa pareille depuis Attila, les Polonois dans leurs Retranchemens, & les reduit aux dernieres extremitez. Je voi que la paix concluë le 17. Août 1649. à des conditions tres desavantageuses à la Pologne, ayant duré fort peu de tems, l'irruption des Cosaques & des Tartares recommence de plus belle, cause mille saccagemens, se termine à la verité par leur deroute, mais ne laisse pas d'être une enchainure de ravages & de maux. Je voi les (1) Moscovites dans un soulevement si furieux, que les premiers Ministres de l'Etat, ne trouvent point dans le Palais de l'Empereur un Asyle qui les mette à couvert de l'insolence des mutins. Il faut que le Czar leur abandonne les victimes qu'ils demandent, qu'il endure que ses principaux Officiers soient assommez à coups de baton, & qu'après avoir fait evader son beau frere qui étoit aussi son Favory, il demande sa grace au Peuple. Je trouve (2) dans Constantinople des seditions si horribles que le Sultan Ibrahim après avoir été contraint d'abandonner le Vizir Azem à la fureur des mu-

*L'an 1648.*

*Voi. l'Etat de l'Emp. Ottom. par le Sr. Ricaut.*

(1)
Le 17.
Août
1648.

mutins qui l'étranglerent, fut (1) etranglé lui meme. Ce n'est pas tout. Les Janniſſaires & les Spahis, qui ſont les principales forces de l'Empire Ottoman, s'aigriſſent de telle maniere les uns contre les autres, qu'ils ſont prêts à decider leurs differens par la voye des armes. La Sultane Kioſem qui gouverne l'Etat pendant la minorité du jeune Sultan ſon petit fils, ſe prepare à le faire étrangler par les Janniſſaires, mais la mere du Sultan par une contre-ligue la previent, la fait étrangler, & fait perir les principaux Officiers des Janniſſaires. Je trouve les Venitiens aux priſes avec les Turcs, ce qui cauſe des ſaccagemens & des malheurs epouvantables à tous les Peuples de la Dalmatie & de l'Archipel. Je trouve cent autres deſordres dont le detail vous ennuieroit, & qui ne me paroit pas neceſſaire pour vous faire avoüer, qu'il s'en faut beaucoup que les ſept années que j'ay priſes à la ſuitte de deux Cometes, ne ſoient remplies d'autant d'evenemens fâcheux, que les ſept qui n'ont été priſes à la ſuitte d'aucune Comete, mais au contraire au devant de celle de 1652. & à la ſuitte du tems où l'on achevoit l'expiation de la Comete precedente, par la paix generale qui ſe negotioit à Munſter.

A-

Avoüez donc, Mr. *Qu'il est des malheurs sans Cometes, & des Cometes sans malheurs*, & qu'à raisonner comme l'on fait ordinairement, les Negotiations de Munster devroient passer pour un signe des fleaux de Dieu, puis qu'elles ont été suivies de tant de malheurs presque par toute l'Europe.

Nôtre Ami à proverbes ne manquera pas de dire, *qu'une hyrondeile ne fait pas le printems*. Je lui repons par avance que s'il feuillete diligemment les Histoires, il trouvera des exemples de même nature tout autant qu'il en voudra. Le (1) *Theatrum Cometicum* que je vous ai déja cité, en fournit deux bien remarquables. Un Auteur Allemand du dernier siecle nommé Elias Major (2) en fournit un tres grand nombre, & remarque expressément que les plus celebres Traittez de paix se sont conclus fort peu aprés l'apparition de quelque Comete ; que plusieurs Nations Idolatres ont été converties à l'Evangile dans un tems qui avoit ce même caractere là, & qu'on peut dire la même chose de la fondation de plusieurs celebres Universitez. Le Philosophe (3) Charemon nous apprendroit bien des choses sur ce sujet, si nous avions le livre qu'il avoit composé, pour

(1) *Vol. 1. pag. 55.*

(2) *In libello de Comet.*

(3) *Origenes l. 1. contra Celsum.*

faire

faire voir que la plus part des Cometes avoient été le presage de grands bonheurs. Que nôtre Ami feuillete donc les Histoires, & il trouvera des exemples abondamment. Je n'oserois vous dire la même chose, à vous Mr. qui n'avez pas tant de loisir que lui, & qui occupez si bien vôtre tems à la lecture des S. Peres & de St. Thomas. Ainsi je me retracte des exhortations que je vous ai faites, (1) & je me vois obligé à ne conter pas plus sur cette V. Raison toute decisive qu'elle est, que sur les autres, parce que vous n'en sauriez voir la force sans entrer dans la discussion de plusieurs faits, & sans bien calculer le bien & le mal arrivé en divers tems par tout le monde, ce qui ne s'accorde nullement avec la lecture de tant de Canons, de tant de Conciles, de tant de Peres, de tant de Theologiens, de tant de Casuistes, à laquelle vous vous êtes consacré. Je tacherai de remedier à cet inconvenient par une raison qui ne demande aucune lecture, & qui est d'une espece toute particuliere, comme je vous l'ay deja (2) dit. Mais avant que d'en venir là, je prevois que je vous dirai encore bien d'autres choses.

(1) Cy dessus p. 86.

(2) Cy-dessus p. 17.

*A .... le 2. de May, 1681.*

§. XLV.

## §. XLV.

**VI. Raison :** *Que la persuasion generalle des Peuples n'est d'aucun poids pour prouver les mauvaises influences des Cometes.*

JE n'ay pas encore epuisé les raisons Philosophiques, car en voici encore une, Mr qui n'est pas peu considerable. On peut ajouter en sixiéme lieu, qu'on ne prescrit pas contre la verité par la tradition generalle, & par le consentement unanime des hommes : autrement il faudroit dire que toutes les superstitions que les Romains avoient apprises des Toscans sur le fait des augures & des prodiges, & toutes les impertinences des Payens sur le chapitre de la Divination, étoient autant de veritez incontestables, puis que tout le monde en étoit aussi prevenu que des presages des Cometes. Il faudroit dire que le Diable, qui est le pere du mensonge selon le témoignage de (1) Jesus Christ, a rendu neanmoins pendant une longue suitte de siecles, des Oracles pleins de verité, de sincerité & de fidelité ; car il a été un tems où toute la terre rendoit honneur & hommage à ces Oracles. Il ne seroit pas possible de répondre à ce rai-

(1) *Non est veritas in eo, cum loquitur mendacium, ex proprus loquitur, quia mendax est & pater ejus.* Euangel. sec. Joh. cap. 8. v. 44.

nement raporté par (1) Ciceron, *Que jamais l'Oracle de Delphes ne fust devenu si celebre, & que jamais tous les Peuples & tous les Rois n'y eussent envoyé tant de presens, si tous les siecles n'eussent experimenté la verité de ses réponses.* Cela paroit assez plausible, & l'Auteur de cette pensée ne croit pas qu'aprés une raison de cette force, il soit necessaire de justifier, comme avoit fait le Philosophe Chrysippus, par des tesmoignages bien autorisez, qu'Apollon avoit rendu une infinité de vrais Oracles. Mais ce n'est rien dans le fond, pourveu qu'on nie le Principe sur lequel ce raisonnement est appuyé, sçavoir, *que les opinions generalement établies sont vrayes*, & qu'on fasse voir qu'il n'y a rien de plus faux que cette maxime, par l'exemple meme de l'Oracle d'Apollon que l'on consultoit de toutes parts, quoi que ses réponses ambiguës eussent été un piege funeste à plusieurs Nations, & ne fussent aprés tout qu'une imposture abominable. Il n'est pas d'ailleurs fort difficile de prouver qu'on nie ce principe avec raison, car on decouvre tous les jours mille beveües dans les opinions les plus generales, comme sont par exemple, celles qui regardent la Canicule.
Non

(1) *Defends unum hoc; nunquam illud Oraculum Delphis tam celebre & tam clarum fuisset, neque tantis donis refertum omnium populorum atque Regum, nisi omnis ætas oraculorum illorum veritatem esset experta,* Cicer. de Divinat. lib. 1.

Non seulement la raison nous montre qu'il n'y a rien de plus faux que la pretenduë chaleur de cet Asterisme, mais l'experience aussi nous fait voir, quand on se donne la peine d'y prendre garde, qu'il arrive plus souvent, que le mois d'Aout n'est pas le plus chaud de toute l'année, qu'il n'arrive qu'il le soit.

## §. XLVI.

*Exemples de quelques opinions generales, qui sont fausses.*

Ce qu'on a coûtume de dire de certains remedes, qu'il faut y avoir de la foy si on veut qu'ils fassent leur effet, se peut appliquer à quantité de Traditions. Voulez vous n'en être pas desabusé, croyez les sans les examiner, car si vous vous amusez à vous en eclaircir par vous meme avec un esprit difficile, vous trouverez bien tôt que l'experience ne s'accorde pas avec la voix publique. En voici des exemples.

S'il y a des corps celestes dont les influences puissent être de quelque vertu à l'egard de la Terre, c'est sans doutte la Lune à cause qu'elle en est fort proche. Aussi est on fort persuadé qu'elle est cause de bien de choses. C'est elle qui

qui fait croitre & decroitre la moüelle & la cervelle des animaux: qui ronge les pierres: qui reigle le froid & le chaud, les pluyes & les orages. Car si le tems est à la pluie lors qu'on a nouvelle Lune, ne vous attendez pas à voir revenir le beau tems avant que la Lune soit pleine. Si alors la pluie ne cesse pas, faitez vôtre conte qu'elle durera jusqu'au renouveau de la Lune: & ainsi de la secheresse, de la gelée, &c. par la raison, que c'est aux Conjonctions & aux Oppositions de la Lune qu'il appartient de changer le tems. Et de là vient que parce que dans la Conversation on retombe fort souvent sur le discours de la pluye, du froid, de la secheresse, ou de choses semblables, on entend si souvent ceux qui se plaignent du tems qu'il fait, s'entre-consoler par l'esperance de la nouvelle ou de la pleine Lune, qui, à ce qu'ils pretendent, y apportera du changement. Vous ne me nierez pas Mr. que ce ne soient là de ces sentimens qui sont de tout Pays, & communs à toute sorte de personnes.

Cependant ceux (1) qui ont pris la peine d'examiner l'article de la moüelle des animaux des vingt & trente années de suitte, ont remarqué qu'en quelque état que soit la Lune, on trouve des os qui

(1) Mr. Rohault, Phys. 2. part. ch. 27. l'Art de Pes. ch. 18 part. 3.

os qui ont beaucoup de moüelle, & d'autres qui en ont fort peu : ce qui fait voir que la Lune n'a point de part à tout cela non plus qu'à la plenitude plus ou moins grande des ecrevices & des huitres, car on a remarqué aussi qu'elle ne roule point selon les vicissitudes de la Lune, quoi qu'en dise l'erreur populaire. Je dis la même chose touchant le changement du tems & je soutiens aprés y avoir souvent pris garde, qu'il n'est affecté à aucun état de la Lune que ce puisse étre, & qu'il n'y a aucun jour dans le mois Lunaire où le passage de la pluye au beau tems, du degel à la gelée, par exemple, se fasse plutôt que dans tous les autres. Si nous avions des observations bien suivies nous trouverions que la temperature de l'air se conforme si peu à la nouvelle ou à la pleine Lune, qu'on conteroit autant de mois où le tems a été sec quoi que le retour de la Lune eût été pluvieux, que des mois pluvieux aprés un retour de Lune pluvieux, & au contraire : tant il est vrai que les changemens du tems ne suivent aucune reigle qui nous soit connuë. Il me seroit aisé de montrer que la raison est en cecy tout à fait contre le sentiment commun: mais j'ayme mieux me servir de l'experience, & mettre en fait que si on y prend garde exactement, on la trouvera contraire à ce que tout le monde debite, & sur cela je remarque qu'il n'est pas etonnant qu'une erreur devienne generale veu le peu de soin qu'ont les hommes de consulter la raison quand ils ajoutent foy à ce qu'ils entendent dire à d'autres, & le peu de profit qu'ils font des occasions qui leur sont offertes de se detromper.

Permettez moi de vous demander Mr. si vous avez jamais pris garde à cette multitude d'Autheurs, qui ont dit les uns aprés les autres, *qu'un homme pese plus a jeun, qu'apres le repas ; qu'un tambour de peau de brebis se creve au son d'un tambour de peau de loup ; que les viperes font mourir leurs meres en sortant de leur ventre, & donnent occasion à la mort de leurs peres au premier moment qu'elles sont formées*, & plusieurs autres choses de cette nature. On ne s'est pas contenté de rapoter cela comme des faits averez, on a pris encore la peine d'en rechercher la cause, on a fait des exclamations là dessus à perte de veüe, les moralitez ont été de la partie, les Avocats s'en sont fait honneur dans le Barreau, les Predicateurs en ont tiré mille belles comparaisons,

on

on a donné dans les Classes une infinité de Themes sur ce sujet. Cependant ce sont toutes choses contraires à l'experience, comme l'ont verifié ceux qui ont eu la curiosité de s'en eclaircir.

## §. XLVII.

*Quelle est la veritable cause de l'autorité d'une opinion.*

IL paroit de là que les Sçavans sont quelquefois une aussi mechante caution que le Peuple, & qu'une Tradition fortifiée de leur témoignage n'est pas pour cela exemte de fausseté. Il ne faut donc pas que le nom & le titre de sçavant nous en impose. Que savons nous si ce grand Docteur qui avance quelque doctrine a aporté plus de façon à s'en convaincre qu'un ignorant qui l'a crüe sans l'examiner ? Si le Docteur en a fait autant, sa voix n'a pas plus d'autorité que celle de l'autre, puis qu'il est certain que le temoignage d'un homme ne doit avoir de force qu'à proportion du degré de certitude qu'il s'est acquis en s'instruisant pleinement du fait.

Je vous l'ay deja dit & je le repete encore ; un sentiment ne peut devenir probable par la multitude de ceux qui le suivent, qu'autant qu'il a paru vrai à

F 2  plusieurs

plusieurs independemment de toute prevention, & par la seule force d'un examen judicieux, accompagné d'exactitude, & d'une grande intelligence des choses : & comme on a fort bien dit qu'un (1) temoin qui a veu est plus croyable que dix qui parlent par oüi dire ; on peut aussi asseurer qu'un habile homme qui ne debite que ce qu'il a extremement medité, & qu'il a trouvé à l'epreuve de tous ses doutes, donne plus de poids à son sentiment, que cent mille esprits vulgaires qui se suivent comme des moutons, & se reposent de tout sur la bonne foy d'autruy. Et c'est à cause de cela sans doute que Themistius & Ciceron ont declaré si nettement, le premier qu'il croiroit plutôt à ce que Platon lui feroit entendre d'un signe de téte, qu'à ce que tous les autres Philosophes lui affirmeroient avec serment : & le dernier que la seule autorité de Platon sans aucune preuve briseroit toute l'incredulité de son esprit. (2)

(1) *Pluris est oculatus testis unus, quàm auriti decem*, Plaut.

(2) *Ut enim rationem Plato nullam afferret, vide quid homini tribuam, ipsâ autoritate me frangeret*, Tusculan. 1.

§. XLVIII.

## §. XLVIII.

*Qu'il ne faut pas juger en Philosophie par la pluralité des voix.*

JE n'approuve pas ces manieres, mais j'en reviens toûjours là, qu'il ne faut pas conter les voix, qu'il faut les peser, & que la methode de decider une controverse à la pluralité des voix, est sujette à tant (1) d'injustices, qu'il n'y a que l'impossibilité de faire autrement qui la rende legitime en certains cas. Vous voyez assez d'où nait cette impossibilité, c'est qu'il n'y a personne sur la terre qui puisse determiner au juste combien un suffrage vaut plus que l'autre, qui ait ni la jurisdiction ni les lumieres necessaires pour reduire les opinions des membres d'une compagnie, chacune à son juste prix, de sorte qu'il faut necessairement tolerer que l'une vaille autant que l'autre dans certains cas. Mais puis que les Controverses de Philosophie ne sont pas de cette espece, il nous est fort permis de conter pour rien les suffrages d'une infinité de gens credules & superstitieux, & d'acquiescer plutôt aux raisons d'un petit nombre de Philosophes. Ainsi Mr. sans avoir egard à vôtre

(1) *Sed hoc pluribus visum est, numerantur enim sententiæ non ponderantur, nec aliud in publico consilio potest fieri, in quo nihil est tam inæquale, quam æqualitas ipsa, nam cum sit impar prudentia, par omnium jus est,* Plinius epist. 12. l. 2.

*vox Po-*

*Populi, vox Dei*, qui autoriseroit les pensées les plus ridicules, si on y vouloit deferer ; je serois fort d'avis qu'on examinast premierement s'il est vrai que les années qui ont suivi de prés les Cometes ayent toûjours été remarquables par des evenemens plus tragiques que ceux qu'on voit arriver dans d'autres tems. Si on trouvoit que la chose fust ainsi, on pousseroit ses recherches plus loin, & on examineroit quelle peut être la cause de la liaison de ces evenemens tragiques avec les Cometes. Si on trouvoit que la chose fust autrement, on tacheroit de desabuser le monde de ses fausses imaginations sur ce point là, & on ne sairoit pas plus de cas de la fausseté, sous pretexte qu'elle seroit repanduë partout le monde, que si elle n'étoit que la maladie de deux ou de trois personnes, aussi bien comme le remarque Ciceron, n'y a-t-il point d'apparence de faire cas d'un jugement rendu par une multitude de personnes, dont chacune prise à part est si peu capable de connoître la chose, que son sentiment n'est d'aucune consideration.

*An quicquam stultius quàm quos singulos, sicut operarios, barbarosque contemnas, eos aliquid putare esse universos? Tusculan. Quæst. 5.*

§. XLIX.

## §. XLIX.

*Combien il est ridicule de chercher les causes de ce qui n'est point.*

CEt ordre est assurement plus naturel, & d'une plus grande commodité, que celui par lequel on cherche *ce que c'est qu'une chose*, avant que d'avoir vu de la question, *si elle existe veritablement.* Il y a tant de choses effectives dont la recherche peut occuper nôtre étude, qu'on ne sauroit trop blamer ceux qui employent leur tems à trouver la raison de ce qui n'est pas, & qui se plaisent à faire diversion des forces de leur esprit au prejudice de la verité, comme ce (1) Philosophe qui apprit avec chagrin que la laine qu'on voyoit sur des figues apportées sur la table, venoit de quelques brebis qui s'étoient accrochées à un buisson planté au pied du figuier, parce qu'il perdoit par là le fruit d'une asses longue reverie, & la gloire d'avoir imaginé à force d'y penser une raison qui montrast comment cette laine avoit été produitte par un arbre. Je voudrois pour l'amour de Plutarque qu'il eust répondu à la question, *Pourquoi les poulains qui ont été courus du loup deviennent meilleurs cou-*

(1) *Voy. les Essais de Mont. liv. 2. ch. 12. où cecy est attribué à Democrite un peu autrement.*

coureurs *que les autres*, ce que (1) l'Auteur de l'art de penser, lui fait dire fort spirituellement, que c'est parce que peut être cela n'est pas vrai. Mais ayant leu & releu l'Original du 8. chap. du 2. livre des propos de table, dans lequel cette question est examinée, je n'y ay point trouvé cette réponse. C'est dans (2) Seneque que j'ay trouvé quelque chose de fort approchant sur un sujet assez curieux, savoir sur la superstition des habitans de Cleone ville du Peloponnese, qui commettoient certaines personnes pour prendre garde s'il devoit greler, afin d'en avertir le public, parce que sur l'avis qui en étoit donné, chacun offroit promptement quelque sacrifice, ou se faisoit quelque incision à la main, & detournoit ainsi la grele de dessus son champ. On raisonnoit sur cela & quelques uns se tourmentoient fort pour trouver la cause qui faisoit qu'une petite incision contraignoit les nues à reculer ou à se detourner, (3) *de combien valoit il mieux* (dit Seneque) *soûtenir que c'étoit une fourberie, & une fable.*

Montagne, de qui Mrs. de Port-Royal qui ne sont gueres de ses amis, disent (4) quelque part, *que n'ayant jamais connu les veritables grandeurs de l'homme, il en a assez bien connu les defauts;*

(1) Part. 3. ch. 18.

(2) Lib. 4. natural. quæst. cap. 7.

(3) *Quanto expeditius erat dicere, mendacium & fabula est.*

(4) Dans l'art de penser, 3. part. ch. 19.

*fauts*; est en cecy du sentiment de Seneque. Ecoutez le parler en son vieux Gaulois, qui a souvent plus de graces, que les periodes les plus etudiées de nos Puristes. (1) *Je revassois presentement comme je fais souvent, sur ce, combien l'humaine raison est un instrument libre & vague. Je vois ordinairement que les hommes, aux faits qu'on leur propose, s'amusent plus volontiers à en chercher la raison, qu'a en chercher la verité. Ils passent par dessus les presuppositions, mais ils examinent curieusement les consequences. Ils laissent les choses & courent aux causes. Plaisans Causeurs. Ils commencent ordinairement ainsi, comment est ce que cela se fait? Mais, se fait il, faudroit il dire? Je trouve quasi par tout qu'il faudroit dire, il n'en est rien, & employerois souvent cette réponse, mais je n'ose*, &c.

(1) *Essais liv. 3. ch. 11.*

Il y a bien de gens qui font ce que dit Montagne, qui laissent les choses, & courent aux causes ; c'étoit le defaut d'Avicenne, grand Medecin en raisonnement, mais sans experience. Pourveu qu'une chose ne lui parust point impliquer contradiction, cela lui suffisoit pour en faire l'objet de ses études, encore qu'elle n'eust jamais été. Il y avoit du tems de Galien plusieurs Medecins frappez de la même maladie, qui raisonnoient & qui disputoient à perte de veüe sur des choses qui ne furent jamais. Par exemple, ils se donnoient bien de la peine pour trouver la raison qui faisoit qu'il ne se forme point de cal aux fractures de la tête. (1) *Vous êtes bien de loisir*, leur dit Galien, *& bien ridicules, de rendre raison d'une chose qui n'arrive pas, car il est faux que ces fractures ne se reprennent & ne se rendurcissent point.*

(1) Πω-ρῶται μὲν γὰρ ἃ βέλτιςοι. κỳ ὑμεῖς ὅτως ἐςὶ ληρώδεις ὥςε τῶν ἐκ ὄντων λέγειν αἰ-τίας. Galen. l. 6. μεθοδ. θεραπ.

### §. L.
*Superstitions des Anciens pour les eclipses.*

JE croyois avoir tout dit, mais je m'apperçois que j'ay oublié une remarque tres-essentielle, agréez donc que je ne vous laisse pas si tôt. Le fait est qu'on se forme encore aujourd'huy une idée affreuse des eclipses, comme si c'étoient les presages des plus funestes afflictions. Les anciens Payens avoient là dessus d'étranges pensées. Vous en verrez des exemples dans la suitte où j'en parle par occasion, mais en voicy qui ne sont destinez qu'à cela.

Nicias General de l'Armée que les Athe-

Atheniens avoient envoyée en Sicile, se vit reduit aprés plusieurs pertes à prendre le parti de s'en retourner en Grece. Toutes choses ayant été sagement preparées pour lever l'ancre sans que les ennemis s'en apperçeussent, il survint une eclipse de Lune. (1) Nicias au lieu de profiter d'une occasion aussi favorable de faire sa retraitte à l'insceu des Ennemis, se trouva saisi de tant de crainte superstitieuse, qu'il n'osa branler de son poste. Il fût d'avis au contraire qu'avant que de partir on laissast passer toute une revolution du cours entier de la Lune, ce qui étoit beaucoup plus que n'en demandoient les Devins, qui se contentoient pour l'ordinaire qu'on fust trois jours sans rien entreprendre aprés les eclipses. Mais Nicias qui s'imaginoit apparemment que les influences de la Lune prenoient tout à la fois leur pli ou pour un mois ou pour quinze jours, comme presque tout le monde se l'imagine encore, pretendant que le tems qu'il fait, quand on a nouvelle Lune ou pleine Lune, reigle toute la lunaison, Nicias, dis-je, ne crut point que trois jours suffisent pour eviter la persecution de l'eclipse. Il eût sujet de s'en repentir, car toutes les voyes de se retirer lui furent fermées. Il fût pris lui-même,

(1) *Plutarch. in ejus vita.*

même, & toutes ses troupes ruïnées en diverses façons.

Tous les beaux discours qu'Agathocles (1) fit à ses soldats lors qu'ils furent debarquez en Affrique, ne pouvoient les rassurer contre la terreur qui les avoit saisis, pour avoir veu le soleil eclipsé pendant leur voyage. Par bonheur Agathocles se trouva moins superstitieux que Nicias, & plus en état par consequent de se servir de son esprit. Il se rendit l'interprete du prodige, & avoüa à ses Trouppes que si l'eclipse fût survenüe avant leur embarquement, le presage leur auroit été desavantageux; mais qu'étant survenüe aprés leur depart, le presage se tournoit contre ceux à qui on alloit faire la guerre. Il ajouta que les eclipses presagent toûjours le changement de l'état present des choses, si bien que quant à eux ils avoient lieu d'esperer que leurs affaires qu'ils avoient laissées en tres mauvaise posture en Sicile, s'accommoderoient, & que celles de Carthage qui étoient tres florissantes, seroient ruïnées. Il calma leur frayeur par ce moyen. Cent autres exemples encore plus exprés montrent evidemment, que les eclipses ont été regardées comme des presages funestes.

(1) *Justin. Hist. lib. 22.*

§. LI.

§. LI.

*Superstition des Modernes pour les eclipses.*

C'Est encore le sentiment du grand nombre. Les Historiens ne font guere mention des eclipses sans ajouter qu'elles pronostiquerent la mort d'un tel Roy, la sedition d'une telle Province, ou quelque malheur semblable qu'ils rencontrent dans leur chemin. Depuis les Astrologues faiseurs d'Almanachs, jusqu'à ceux qui ne se melent que des Horoscopes de Qualité, il n'y en a point qui ne vous dise que les eclipses presagent la guerre, la famine, la peste, les inondations, la mort d'un Grand & telles autres choses, & ils trouvent en cela beaucoup plus de creance, que lors qu'ils predisent simplement la pluie ou le froid. L'eclipse de soleil qui arriva le 12. Août 1654. devoit à leur dire mettre tout sans dessus dessous. Quelques uns ne couchoient pas de moins que d'un Deluge semblable à celui qui arriva du tems de Noë, ou plutôt d'un Deluge de feu qui nous devoit ameiner la fin du monde. D'autres se contentoient d'un bouleversement considerable du monde,

monde, & de la ruïne entiere de Rome. On avoit si bien epouvanté les Gens que ceux qui se contentoient de se vouloir enfermer dans des caves ou dans des chambres bien closes, bien echauffées & bien parfumées pour se mettre à l'abri des mauvaises influences, par l'ordre des Medecins, croyoient être en droit de se moquer des esprits timides, & de trancher quant à eux des Esprits forts. En effet en comparaison de tant d'autres qui craignoient la fin du monde, c'étoit une grande force d'esprit. La consternation étoit si grande qu'un Curé de la Campagne ne pouvant suffire à confesser tous ses Paroissiens, qui en croyoient mourir, fût contraint de leur dire au Prone, *qu'ils ne se pressassent pas tant, & que l'eclipse avoit été remise à la quinzaine.* C'est ce que vous pourrez voir dans un livre de Mr. Petit (1) Intendant des Fortifications, qui étoit habile homme sans superstition, & qui se batit contre l'erreur populaire avec beaucoup de courage.

Voila donc les Anciens & les Modernes, les Payens & les Chrêtiens parfaitement unis à penser que les eclipses presagent de grands malheurs. Cependant c'est une pensée tres fausse, I. parce

(1) *Dissertat. sur les Comet.* p. 113.

ce que les eclipses ne peuvent point faire de mal. II. parce qu'elles n'en peuvent pas être un signe.

## §. LII.

*Que les Eclipses ne peuvent point causer de mal.*

JE dis qu'une eclipse soit de Lune soit de Soleil ne peut point faire de mal, parce qu'elle ne fait tout au plus qu'empecher que la terre ne soit illuminée pour un peu de tems, ce qui ne peut etre d'aucune consequence. Vous savez qu'elle a été sur cela la pensée de Pericles, l'un des premiers hommes de l'antiquité. Il étoit pret à faire partir pour une grande expedition la Flotte dont il étoit General, lors qu'une eclipse de Soleil epouvanta si fort son Pilote qu'il ne savoit plus où il en étoit, ni ce qu'il y avoit à faire: (1) Pericles qui avoit été delivré de toutes ces vaines aprehensions par le Philosophe Anaxagoras, étendit son manteau devant les yeux de son Pilote, & lui demanda s'il trouvoit que ce fût un mal. Non répondit le Pilote. Ce n'est donc point un mal, reprit Pericles, que le Soleil soit eclipsé, car toute la difference qu'il y a entre mon manteau qui te derobe la lumiere du

(1) *Plutarch. in ej. vita.*

du Soleil, & le corps qui cause l'eclipse, c'est que celui là est plus grand que mon manteau. Cette reflexion est tellement de la competence de tout le monde, qu'il y a lieu de s'étonner du peu de gens qui la font.

Il n'y a personne qui ne soit capable de comprendre que sans faire aucun prejudice à sa santé, on peut être des jours entiers dans des lieux beaucoup plus obscurs que les tenebres de la plus grande eclipse, & qu'on pourroit couvrir sous des tentes fort epaisses un poirier ou un pommier pendant trois ou quatre heures sans craindre que les fruits ou les feuilles s'en ressentissent pour tout le reste de l'année. Il n'y a point de Paysan qui ne voulût quelquefois allonger les nuicts de quelques heures, afin que l'ardeur du Soleil ne vinst pas si tôt dessecher les biens de la terre. On demeure d'accord que des nues tres epaisses qui obscurcissent l'air pendant cinq ou six jours de suitte plus qu'une eclipse de Soleil de cinq ou six doigts qui arrive sans aucun nuage, sont quelquefois tres utiles à la recolte. On comprend que si la Lune s'amusoit à demeurer un jour entier avec le Soleil lors qu'elle est nouvelle, en sorte que pendant 24. heures elle n'eust aucune

clar-

clarté pour la terre, cela ne cauferoit aucun dommage. Perfonne n'ignore qu'on peut fouffrir pour un jour le retranchement du boire & du manger, ou en tout ou en partie, fans qu'on en meure, ou qu'on en tombe malade, ou qu'on s'en fente à deux jours de là, & d'ailleurs on fait fort bien que les alimens font plus neceffaires à la vie que le Soleil, puis qu'il y a des Nations qui paffent commodement plufieurs mois de fuitte fans que le Soleil fe leve fur leur Horizon. Cependant parmi toutes ces lumieres on ne veut ou on ne peut comprendre, que la Lune ou l'ombre de la terre puiffent intercepter pour tres peu de tems les rayons du Soleil, fans qu'il en arrive des defordres infinis. On s'imagine méme que la malignité de ces tenebres va choifir un Roy au milieu de toute fa Cour, & le diftinguant de toutes les autres perfonnes, luy caufe à lui feul une maladie mortelle, ce qui eft d'une abfurdité inimaginable. Y a-t-il rien de moins fenfé que de voir des gens qui fe retranchent contre les rayons du Soleil par toute forte d'artifices, derriere des fenetres, des volets, & des rideaux, qui n'oferoient fortir que de nuit, ou fans fe couvrir d'un mafque & d'un parafol,

trem-

trembler neanmoins à la pensée d'une eclipse, qui n'est à proprement parler pour certaines saisons de l'année, qu'un bon office que la Lune rend à la terre en lui servant de parasol?

## §. LIII.
*Que les Eclipses ne peuvent pas être le signe d'aucun mal.*

Voyons maintenant si à tout le moins les eclipses peuvent être un signe des maux qui affligent le monde. Je dis que non Mr. & c'est icy que je vous attens, car je sai que c'est la derniere ressource de ceux qui tiennent pour la malignité des eclipses & des Cometes. Je me contente pour les chasser de ce dernier retranchement de dire deux choses. La I. est que les eclipses sont un effect d'un ordre si naturel, qu'il n'y a si petit Astrologue qui ne predise l'heure, le jour & l'endroit du ciel où elles arriveront, plusieurs siecles avant qu'elles arrivent. La II. est qu'il en arrive en tout tems, & en tout Pays; quelque fois plus de quatre dans une même année; souvent à des heures où personne ne s'en apperçoit, excepté des gens payez pour cela; souvent aussi lors que

les

les nues empechent tout le monde de les obſerver.

Je trouve bien forte la I. de ces deux raiſons, car enfin Mr. ſi les eclipſes ſont une ſuitte neceſſaire & naturelle du mouvement des Aſtres, elles arrivent independemment de l'homme & ſans aucune relation à ſes merites ou à ſes demerites, & par conſequent elles arriveroient tout de meme, ſoit que Dieu ne vouluſt point chatier les hommes, ſoit qu'il vouluſt les chatier, de ſorte que ce ne peut point étre un ſigne precurſeur de la juſtice divine. De plus il faut renoncer à la raiſon ou demeurer d'accord, qu'un effet de la Nature ne peut étre le ſigne de quelque choſe ſi ce n'eſt lors qu'il produit cette choſe là, ou qu'il en eſt produit lui méme, ou qu'ils dependent tous deux d'une méme cauſe. Nous examinerons ailleurs les autres manieres de ſignifier. Pour le preſent je me contente de dire que les eclipſes ne ſignifient point les maux à venir, en aucune de ces manieres, puis que j'ay montré qu'elles ne ſont point la cauſe d'aucun mal. Ce ſeroit abuſer de la patience d'un habile homme que de luy expliquer cecy plus au long. Mais comme je me ſouviens d'un paſſage de (1) Plutarque qui porte que les Philoſophes

(1) en la vie de Pericles.

phes ont tort de penser qu'en expliquant la cause naturelle d'un effect, on lui ôte toute sa vertu significative, j'en toucherai ici quelque chose.

### §. LIV.
*En quel sens un effet naturel est un signe de quelque chose.*

JE dis donc que pourveu que les Philosophes n'excluent pas les evenemens qui dependent de cette même cause naturelle, ils ont raison. Par exemple si ayant trouvé la veritable cause des mouvemens de certaines bêtes que l'on dit presager la pluïe, ils trouvoient que cette même cause produit la pluïe, ou qu'elle a une laison necessaire avec celle qui produit la pluïe, ils auroient tort de nier, que les mouvemens de ces bêtes presagent la pluïe; autrement ils fairoient fort bien de le nier, car c'est sur ce pied là que l'on a raison de rejetter les superstitions des anciens Payens, qui s'imaginoient que le vol d'un oiseau presageoit le gain ou la perte d'une bataille. Plutarque ajoute que l'industrie des hommes fait divers ouvrages pour signifier quelque chose, comme il paroit par l'exemple des quadrans: d'où on peut inferer qu'encore que

que l'on sache comment une chose se fait, on ne doit pas nier qu'elle n'ait été faite pour être le signe d'une autre. La réponse est aisée. Les hommes peuvent convenir d'un certain signe comme bon leur semble, & se servir pour cela des qualitez naturelles d'un corps, desquelles ils savent le Principe, mais ce n'est qu'à l'egard des choses qui dependent d'eux. Par exemple, ils peuvent se servir de l'ombre d'un quadran, pour signifier qu'il faut aller au sermon. Ce n'est pas la même chose pour les evenemens qui ne sont pas en leur puissance, comme sont la peste, la famine, les victoires, &c. Il n'y a que Dieu qui puisse nous en donner des presages, ou en nous faisant connoitre les causes d'où ces evenemens dependent necessairement, ou en nous avertissant que telle chose nous est montrée pour nous avertir de tel malheur. Si donc les eclipses étoient des presages des maux à venir, il faudroit que Dieu nous les eust données pour signes, ou en nous faisant connoitre que ces maux dependent des eclipses comme de leur cause naturelle, ou en nous disant qu'il veut que nous soyons avertis de nos malheurs par le moyen des eclipses. Dieu n'a fait ni l'un ni l'autre, par consequent les eclipses

ne

ne sont point des signes. Il est clair que Dieu ne nous a point fait connoître que les eclipses soient la cause des evenemens qui les suivent, car jamais homme n'a conceu clairement qu'un peu d'obscurité soit capable de troubler toute la terre. Il est clair aussi que Dieu ne nous a point avertis qu'il vouloit que les eclipses nous servissent de presages, non seulement parce que cela n'a point été revelé, mais aussi parce que les eclipses n'ont rien qui nous porte raisonnablement à les prendre pour des signes, & c'est ma seconde raison.

## §. LV.

*Remarques pour connoitre si une chose est un signe envoyé de Dieu.*

EN effet quelle apparence que Dieu ait choisi pour les signes de ses châtimens, une chose qui arrive des quatre & cinq fois l'année, & qui le plus souvent ne vient à la connoissance de personne? Il faut que ces signes pour avoir dequoi faire impression sur des creatures raisonnables, soient rares, soient destinés non pas à presager les incommoditez ordinaires qui traversent la vie de l'homme tous les ans, mais à denoncer les fleaux dont Dieu visite les hommes

dans

dans sa plus grande colere. Il faut qu'ils ne paroissent pas dependre purement & simplement du cours naturel des causes secondes, & qu'ils ne se produisent pas sous des nuages, ou de nuict pendant que les hommes sont couchez. Comment ne voit on pas qu'une chose qui arrive tous les ans ne peut pas moins être prise pour un signe de bonheur, que pour un signe de malheur ? Si un Historien s'en vouloit donner la peine, ne trouveroit-il pas des eclipses à sa poste pour leur faire presager le mariage de son Prince, les feux de joye allumez dans tous ses Etats pour la naissance de ses enfans, les victoires remportées sur les Ennemis, les renouvellemens d'Alliance, les Traittez de paix, la cessation de la peste, la guerison des personnes de la famille Royale, & tout ce qu'on appelle des prosperitez publiques. J'ai deja raporté (1) qu'Origene fait mention d'un Philosophe qui fit un livre pour montrer que la plus part des Cometes avoient presagé de grands bonheurs : il seroit encore plus aisé de montrer la même chose touchant les eclipses, & comme on dit qu'un (2) Auteur fort versé dans l'Astrologie ayant dressé l'Horoscope de tous les grands hommes de l'antiquité a fait voir que par les regles

(1) Cy-dessus § 45.

(2) Sextus ab Heminga.

gles de l'art ils devoient être tout autres que l'Histoire ne les represente: il seroit facile de montrer que les eclipses ont été suivies par des evenemens tout differens de ceux qui les devoient suivre selon ces mêmes regles. *Si vous voulez deviner* (disoit autrefois Martianus) *dites justement le contraire de ce que disent les Astrologues.*

## §. LVI.

*Application aux Cometes de ce qui a été dit touchant les eclipses.*

SI vous y prenez garde, Mr. je n'ay rien dit contre les eclipses, qui ne porte coup contre les Cometes, & c'est la raison pourquoi j'en ay tant dit. Voulez vous vous reduire à soutenir que les Cometes ne causent point les malheurs qui les suivent, mais seulement, qu'elles les presagent, j'y consens, je ne demande pas mieux, & je vous prepare une belle Tablature sur cela. En attendant permettez moi de remarquer, comme j'ay fait touchant les eclipses, que les Cometes sont accompagnées de quelques circonstances qui les empechent d'être des presages.

Elles sont fort frequentes. On en conte sept depuis l'an 1298. jusqu'à l'an l'an 1314. Vint & six depuis l'an 1500. jusqu'à l'an 1543. Quinze ou seize depuis l'an 1556. jusqu'à l'an 1597. Il en a paru tous les ans pendant plusieurs années de suite. Ce n'est point une chose fort rare d'en voir deux dans une même année, soit en differens mois, soit à differentes heures d'un même jour. On en vit quatre tout à la fois l'an 1529. On en conte huit ou neuf pour la seule année 1618. Nous croyons nous autres qui ne sommes pas Astronomes qu'il n'en a point paru depuis l'an 1665. jusqu'à 1680. Cependant il en a paru aux Astronomes dans les années 1668. 1672. 1676. & 1677. Il y a des Cometes qui se vont plonger dés le second jour dans les rayons du Soleil, & ne paroissent plus. Il est probable même qu'il y en a qui font toute leur promenade sans se faire voir, à cause qu'elles se tiennent toûjours aupres de cet astre. De ce nombre étoit celle dont parle Seneque, que l'on vit par hazard pendant une éclipse de Soleil, & qu'on n'eust point veüe sans (1) cela.

*Voyez le Traitté de Mr. Comiers, de la nouvelle science des Cometes.*

(1) *Multos Cometas non videmus, quod obscurantur radiis solis, quo deficiente, quemdam Cometen apparuisse quem sol vicinus obtexerat, Possidonius tradit,* Seneca lib. 7. natural. Quæst. cap. 20.

Avoüez moi, Mr. que ces circonstances ne conviennent gueres à un signe que Dieu fait exprez pour nous avertir de nos malheurs. Faut-il que les signes soient si frequens? Ne perdent ils

ils pas leur force dés qu'on s'y accoutume? Et si les hommes n'ont pas laissé de croire que ce sont des signes, quoi qu'ils en ayent veu vingt-six dans l'espace de quarante-trois ans, n'est-ce pas à cause qu'ils ne font aucun usage de leur raison? Faut-il que Dieu nous envoye des signes, qui ne sont reconnus pour signes, que parce que l'homme est ignorant? Pourquoi tant de Cometes en une méme année? N'est ce pas assez qu'il paroisse un signe d'une certaine espece en même tems? Mais sur tout pourquoi ces Cometes, qui ne sont veües que par deux ou trois Astronomes? N'est-ce pas un signe perdu que celui-là, & qui frustre la Providence des fins que l'on dit qu'elle se propose? Comment se peut-on imaginer que Dieu envoye aux hommes des signes invisibles, ou que voulant les faire connoître à deux ou à trois personnes, il choisisse justement des Astronomes qui n'y ont aucune foy, & qui assurement n'exhorteront personne à la repentance? Pourquoi souffrir que des signes qui ne peuvent servir aux usages ausquels on les destine, qu'entant qu'ils sont veus de tout le monde, se jettent à corps perdu dans un endroit du ciel où le Soleil les rend invisibles? Examinez bien tout cecy, Mr.

Mr. & vous verrez que la Providence de Dieu infiniment sage ne fait pas des inutilitez comme celles-là.

Ne m'allez pas dire que ce n'est pas à nous à gloser sur ce que Dieu fait ; car je vous avertis que c'est une chicane toute pure, comme je vous le montrerai dans la suitte. Reconnoissez plutôt que pour se tirer des difficultez que je viens de vous proposer, il faut croire que les Cometes sont des ouvrages de la Nature, qui sans aucun raport au bonheur ou au malheur de l'homme, sont portez d'un lieu en un autre selon les loix generales du mouvement, & qui s'approchent plus ou moins du Soleil, & paroissent en un tems plutôt qu'en un autre, parce que la rencontre des autres corps à laquelle Dieu accommode son concours, le demande ainsi. Et comme vous ne sauriez soûtenir que les Cometes qui ont paru à deux ou à trois personnes seulement, ayent été des signes, avoüez qu'il y a des Cometes qui ne signifient rien. D'où il s'ensuit qu'il n'y en a aucune qui présage quelque chose, parce que la difference qu'il y a entre une Comete qui ne paroit pas au public, & une Comete qui paroit à tout le monde, consiste uniquement en ce que l'une est plus éloignée

née de nous, ou plus petite, ou plus proche du Soleil que l'autre, ce qui ne fait pas une diversité de nature. Au premier jour je vous écrirai quelque chose qui sera plus de vôtre ressort.

*A . . . ce 25. de May, 1681.*

## §. LVII.
### VII. Raison, tirée de la Theologie.

*Que si les Cometes étoient un présage de malheur, Dieu auroit fait des miracles, pour confirmer l'Idolatrie dans le monde.*

JE pourrois, Mr. me servir de toutes ces raisons & de plusieurs autres encore, & les fortifier contre toutes les objections qu'on me pourroit faire: mais j'y renonce puis que vous n'êtes prenable que par des argumens Theologiques. En voicy un que je ne me souviens pas d'avoir jamais leu, & qui me vint dans l'esprit l'un de ces jours en réveillant les vieilles idées de la Comete de 1665.

Un Ecclesiastique de mes amis qui avoit souvent essayé en vain de me persuader, que ce Phénomene étoit de mauvais augure, n'eût pas plutôt sceu la mort de Philippe IV. Roy d'Espagne,

qu'il

qu'il me vint voir exprez pour m'accabler de cette grande objection, & débuta par me demander d'un air triomphant, *si j'aurois encore l'opiniatreté de soûtenir aprés un tel exemple, que les Cometes ne font aucun mal au monde?* Il y a beaucoup d'apparence qu'il n'eust pas été fâché de me pouvoir dire, pour fortifier son objection, ce que Mr. de Bassompierre écrivit à Mr. de Luines, l'an 1621. peu aprés la mort du Roy Philippes III. *Il me semble que la Comete, dont nous nous mocquions à St. Germain, ne s'est pas moquée, d'avoir mis par terre en deux mois un Pape, un Grand Duc, & un Roy d'Espagne*; car comme on a dit des railleurs de profession, qu'ils aiment mieux perdre un ami qu'un bon mot, ceux qui sont entêtez des présages, pourroient bien souhaiter plutôt la mort de deux ou de trois Souverains, que de voir la nullité de leurs propheties, à l'exemple de ces Medecins qui voyent de mauuais œil la guerison des malades qu'ils avoient abandonnez.

*Bassomp. Ambass. d'Esp.*

Je répondis à mon Ami, pour m'accommoder à sa Profession, que Dieu ne faisant rien en vain, n'avoit point sans doute montré des Cometes, ou pour avancer la mort du Roy d'Espagne,

pagne, ou pour la préfager ; qu'un Prince accablé de maux & d'infirmitez, & qui ne vivoit depuis aſſez long tems qu'à force de chicaner le terrain contre la Nature, par toutes les inventions de la Medecine, pouvoit aſſurement mourir, ſans qu'il fuſt beſoin afin de lui ôter la vie, d'allumer dans les cieux un corps cent fois plus grand que la terre, & rempli, comme la boëte de Pandore, de toute ſorte de maledictions ; & qu'il étoit ſi peu neceſſaire que Dieu avertit le monde qu'il vouloit retirer le Roy d'Eſpagne, que toute l'Europe s'étonnoit qu'il euſt peu reſiſter ſi long tems à ſes maladies. On n'eût rien à me repliquer. Faiſant reflexion l'autre jour ſur cette penſée, il me vint dans l'eſprit que ceux qui ſoûtiennent les préſages des Cometes font faire à Dieu des choſes non ſeulement tres inutiles, mais auſſi tres indignes de ſa ſainteté. Voici comment je le prouve.

## §. LVIII.

*Que les Cometes ne peuvent préſager le mal qu'en qualité de ſignes.*

IL eſt de Foy que la liberté de l'homme eſt au deſſus des influences des Aſtres, & qu'aucune qualité phyſique ne la porte necessairement au mal. Je conclus de là que les Cometes ne sont point la cause des guerres qui s'allument dans le monde, puis que le dessein de faire la guerre, aussi bien que les actes d'hostilité qui se commettent en consequence, sont tous effects du libre arbitre de l'homme. Ainsi les Cometes ne peuvent étre tout au plus qu'un signal des maux, qui sont prêts à fondre sur la terre, lequel Dieu étale aux yeux de l'Univers, afin de porter les hommes à prévenir par leur penitence, l'horrible tempête dont ils sont menacez; car je ne vois point qu'on puisse seulement soûtenir que les atomes d'une Comete ayent la vertu de produire la peste, la famine, ou quelque autre alteration dans nos Elemens. Ma premiere raison le prouve d'une maniere invincible. Soit donc conclu, *que les Cometes ne sont qu'un signe des maux à venir.*

## §. LIX.

*Que les Cometes ne peuvent être des signes du mal à venir sans être formées miraculeusement.*

IL s'ensuit de là que ce sont des corps formez extraordinairement, & hors de l'enchainure des causes secondes. Car s'ils étoient produits par la vertu & selon le progrez naturel des causes secondes, ils ne pourroient signifier pour le tems à venir, que les effects que nous connoîtrions avoir une liaison necessaire avec eux, & ainsi ils ne présageroient ni la guerre, ni la peste, ni la famine, parce qu'il est de foi, que les actes libres de l'homme, tels que sont les guerres, n'ont point de liaison necessaire avec les qualitez d'aucun corps, & que la raison ne nous fait appercevoir dans la peste ni dans la famine aucune dépendance necessaire des Cometes. C'est donc Dieu qui forme miraculeusement les Cometes, afin qu'elles avertissent les hommes des malheurs qui leur sont préparez s'ils ne se repentent, & qui leur donne une élevation & un mouvement qui les rendent visibles à tous les Peuples de la Terre, afin qu'il n'y ait personne qui en puisse prétendre cause d'ignorance.

## §. LX.

*Etrange consequence qui naîtroit de ce que les Cometes seroient formées par miracle.*

OR voyez un peu, Mr. la terrible consequence qui nait de cela; c'est que

que Dieu a fait quantité de miracles des plus insignes, pour ranimer presque par toute la terre le zele languissant des Idolâtres, & pour les obliger à offrir des sacrifices, des vœux, & des prieres à leurs fausses Divinitez avec plus de dévotion qu'ils n'avoient accoutumé de faire. Car comme avant l'établissement du Christianisme, Dieu n'étoit connu que dans un petit coin de la Judée, & qu'il avoit (1) abandonné toutes les autres Nations du monde dans les voyes de leur égarement, on ne savoit dans le monde ce que c'étoit que d'appaiser le vrai Dieu quand il paroissoit irrité. Tout ce qu'on savoit faire dans cette consternation, c'étoit de se prosterner devant les Idoles, de leur immoler des victimes, de consulter les Démons, & de faire par leur conseil tout ce qui étoit le plus desagreable à Dieu. De sorte qu'allumer des Cometes dans les Cieux, n'étoit à proprement parler, que faire redoubler les actes d'Idolatrie ; & naturellement parlant c'étoit tout ce que Dieu s'en devoit promettre.

Je ne nie pas qu'il n'y ait eu des gens de bon sens parmi les Payens, qui ont reconnu, que le veritable moyen de plaire à la Divinité, n'étoit pas d'offrir de somptueuses Hecatombes en

(1) *Act. Apostol. Cap.* 14. v. 15.

son honneur, mais de vivre justement, & que c'étoit là le veritable sacrifice qui appaisoit le Ciel irrité.

(1) Horat. Od. 23. l. 3.

(1) *Immunis aram si tetigit manus,*
*Non sumptuosa blandior hostia,*
*Mollibit aversos Penates*
*Farre pio & saliente mica.*

Mais quoi qu'il en soit, ce n'étoit pas à cela qu'ils avoient recours, quand ils vouloient desarmer la colere de Dieu. Ils ne s'avisoient pas de renoncer à leur orgueil & à la haine qu'ils avoient pour leurs ennemis; de pardonner les injures qu'ils avoient receües; de mortifier leur convoitise; de rompre avec leurs Maîtresses; de s'humilier interieurement devant Dieu par une vive douleur de n'avoir pas été vertueux; de promettre une conversion de cœur, & une réforme generale de leurs pensées, de leurs discours, & de leurs actes. C'étoient des choses trop difficiles, & qui ne s'achettent pas. Ils aimoient mieux qu'il leur en coutast de l'argent à faire construire des Chapelles, à remplir de dons & d'oblations les Temples des Dieux, & à contribuer aux frais de toutes les expiations que les livres Sybillins, ou les Oracles, ou les Augures,

ou

ou les Prêtres en general ordonneroient. Et c'est la raison pourquoi les Demons qui par des Jugemens de Dieu que nous devons adorer avec humilité, se joüoient de la credulité des Peuples, excitoient le plus qu'ils pouvoient de Phénomenes extraordinaires, voyant bien qu'à coup seur cela fomenteroit l'Idolatrie, & maintiendroit en vigueur les sacrifices, les fêtes, & la superstition du Paganisme.

## §. LXI.

*Les Demons entretenoient la superstition en produisant des prodiges.*

SI Brennus à la tête des Gaulois eut pillé le Temple de Delphes, le zele de tous les Peuples à consulter le Demon qui y rendoit des Oracles, & à lui faire des presens magnifiques, eust été fort exposé au peril d'un grand relâchement. Aussi le Diable ne s'épargna t-il pas pour prévenir ce rude coup. Il fit dire par la Prétresse, qu'il n'abandonneroit point la deffense de son poste, (1) *& qu'il se chargeoit de tout ce soin-là, avec les vierges blanches*, entendant les neiges horribles qu'il devoit faire tomber sur les Gaulois. On ne peut rien voir de plus affreux que les

(1) Cicero lib. 1. de Divinat.

de-

descriptions qui nous ont été laissées de tous les prodiges qui se firent en cette occasion. La terre trembla & s'ouvrit en mille lieux sous les Assiegeans : le tonnerre fit un fracas si épouvantable, qu'on eust dit que toute la machine du monde alloit éclater en morceaux : la foudre tomboit de toutes parts : il se détachoit du Parnasse des rochers d'une grosseur énorme qui écrasoient par leur chûte une infinité de Gaulois : (1) Brennus se tua luy même de desespoir : ce qui se pût sauver de ses gens perit peu apres de faim, de froid & de misere : en un mot, la Divinité de Delphes ne pouvoit pas plus hautement soutenir ses interêts, ni confondre la temerité de Brennus, d'un air qui sentit mieux sa Divinité. Il étoit arrivé quelque chose d'approchant, lors que Xerxes envoya des troupes, pour piller le même Temple. Pourquoi tout cela ? Ce n'étoit pas afin que les hommes devinssent sages & vertueux, & qu'ils conceussent de l'horreur pour le vice, & de l'amour pour la sainteté. Le Diable eust plutôt laissé piller tous les Temples du monde, que de faire la moindre chose pour produire ce changement dans les esprits. Qu'étoit-ce donc ? C'est qu'il vouloit des sacrifices,

&

(2) Justin. Hist. l. 24.

& nourrir dans l'ame des hommes la superstition & l'Idolatrie. Se souciant fort peu qu'on se repentist des veritables crimes, au contraire tâchant de l'empécher de toute sa force, il vouloit qu'on regardast avec horreur & avec tremblement, le manque de respect pour les ceremonies de la Religion, & pour les choses consacrées aux fausses Divinitez.

Que n'a-t'il point fait pour se faire sacrifier des enfans? (1) Denys d'Halicarnasse nous raconte que Jupiter & Apollon affligerent les Pelasgiens de la maniere la plus désolante. Leurs fruicts & leurs grains'étoient tout gâtez avant que de meurir. Leurs fontaines tarissoient, ou devenoient si puantes, qu'on n'en pouvoit boire. On ne voyoit que des avortemens, ou des femmes qui mouroient en travail d'enfant, elles & leur fruict, ou qui ne mettoient au monde que des enfans estropiez, aveugles & contrefaits. Les hommes & les bêtes perissoient de toutes parts de diverses maladies inconnuës. En voulez-vous savoir la raison? C'est que les Pelasgiens ayant voüé à ces Dieux là par un tems de stérilité, la dîme de tous leurs fruicts, oublierent en s'acquittant de leur vœu de sacrifier la dîme de leurs enfans. Ce fût

(1) *Lib.* 1.

sans

sans supercherie, car ils n'avoient jamais eu intention de voüer la dime de cette sorte de fruicts. Mais comme ils avoient à faire à plus fin qu'eux, on leur fit chicane sur un mot, on leur declara que qui dit tout, n'excepte rien, & par consequent que la disme de leurs enfans devoit être aussi sacrifiée, à quoi ils se soûmirent pour avoir la paix.

L'Histoire ancienne est pleine de faits (1) semblables qui établissent clair comme le jour, que le moyen le plus efficace dont les Demons se soient servis pour fomenter le culte sacrilege des Idoles, & pour étendre les ceremonies superstitieuses des Gentils jusqu'aux crimes les plus affreux, a été d'épouvanter le monde par des prodiges, & d'accoutumer les hommes à juger que c'étoit une denonciation des maux à venir, & un reproche de negligence dans le service des Dieux; qu'il falloit donc multiplier les ceremonies Religieuses, ordonner des processions & des vœux solemnels, tel qu'étoit celui qu'on appelloit *ver sacrum*, faire couler le sang d'une infinité de victimes, bâtir des Temples & des Autels, instituer des Fêtes & des Jeux publics en l'honneur des Dieux, & faire venir de nouvelles Divinitez, comme quand les Romains en-

(1) *Voi. Peucer. de Divination. generibus, p* 15.

envoyerent chercher à (1) Epidaure le Dieu Esculape en suite d'une cruelle peste ; & à (2) Pessinunte, la Deesse Cybele en suite de quelques pluïes de pierre qu'on avoit veu tomber en Italie.

(1) *L'an de Rome* 461. Livius lib. 10.
(2) *L'an de Rome* 548. Livius dec. 3, lib. 9.

§. LXII.

*Que les Payens ne faisoient rien qui pust appaiser la colere de Dieu, quand ils voyoient des prodiges.*

IL s'ensuit de là que tout ce que faisoient les Payens à la veüe des prodiges, pour appaiser le courroux de Dieu, n'étoit aucunement propre à appaiser le vrai Dieu, & ne diminuoit en façon du monde l'empire du peché dans le cœur de l'homme, (car si cela eust été, les Demons se fussent bien gardez de tenir la conduitte qu'ils tenoient à cet égard) & par consequent que les prodiges qui épouvantoient ces peuples Idolatres, n'étoient aucunement propres à les porter à une penitence qui pust detourner les fleaux de la justice divine ; mais qu'au contraire ils étoient tres propres à les porter à tout ce qui enflamme d'avantage la colere de Dieu. D'où il resulte evidemment que Dieu n'a point creé des Cometes dans la veüe d'étonner

ner les Peuples, & de leur déclarer que s'ils n'expioient leurs fautes, ils feroient punis feverement.

## §. LXIII.

*Les Demons faisoient prendre pour des prodiges, plusieurs effets de la Nature.*

IL est si vrai que les prodiges n'étoient propres qu'à soûtenir le culte des fausses Divinitez, que les Demons, qui travailloient à la propagation de l'Idolatrie par toute sorte de voyes, s'attachoient principalement à faire prendre pour des prodiges annonciateurs du courroux du Ciel, le plus de choses qu'ils pouvoient. Etoit-il né à la Campagne quelque monstre, un chien à deux têtes, un veau à six pieds, par exemple ? C'étoit dequoi assembler tout ce qu'il y avoit de Prêtres dans la ville Capitale, pour aviser aux moyens de détourner les malheurs que cela signifioit. Il falloit voir quel Dieu ou quelle Déesse n'avoit pas eu son conte, & reparer la negligence passée par quantité de sacrifices; autrement on eust crû faire passer la victoire dans le parti des ennemis, & exposer les affaires publiques aux dernieres infortunes. Les em-
bra-

brasemens du mont Etna, ou du Vesuve; les tremblemens de terre; les meteores un peu rares, comme le tonnerre en tems serain; les éclipses du Soleil & de la Lune; la chûte de la foudre, tout cela passoit pour des présages de malheur si infaillibles, qu'on n'épargnoit rien pour parer le coup. Un ouragan pareil à celui qu'on vit dans la Champagne, & en Pologne l'année passée, eust occupé deux ou trois mois tous les Colleges des Augures & des Haruspices, eût fait consulter les Oracles, les sorts de Préneste, les livres des Sybilles, les vieux bouquins où étoit contenüe la Discipline des Hétruriens, & tout ce qui eust peu apprendre la maniere de conjurer la tempete pronostiquée. Les inondations des fleuves étoient aussi des choses de mauuais augure, comme il paroit par le dénombrement (1) qu'Horace nous a laissé des prodiges qui suivirent la mort de Cesar, & qui firent craindre que Jupiter n'envoyast un second Déluge sur la terre; car apres avoir parlé de la neige, de la grele, & de la foudre, il passe aux débordemens du Tybre. Virgile témoigne la méme chose, faisant le méme dénombrement avec beaucoup plus de particularitez, car il y fait entrer des spectres & des fantômes, des hurlemens de

(1) *Vidimus flavum Tyberim retortis, &c.* Horat. Od. 2. lib. 1.

de loups, des cliquetis d'armes entendus dans l'air, des bêtes parlantes, des sources de sang, des statuës couvertes de sueur, des Cometes, & plusieurs autres choses que je vous prie de relire, tant elles me paroissent bien exprimées. Vous y verrez les (1) debordemens du Po. Lisez aussi le Commentaire de Servius sur ces paroles de Virgile, vous y verrez que les debordemens des rivieres ne sont pas seulement à craindre à cause du mal present qu'ils apportent, mais aussi à cause de ce qu'ils présagent pour l'avenir, ce que l'on debitoit aussi dans Paris l'an 1649. au sujet d'une furieuse crüe de la Seine. (2) Plutarche, (3) Tacite, (4) T. Live & plusieurs autres, font foi que les debordemens du Tybre passoient pour de tres-mechans présages.

Je voudrois qu'il vous plust aussi de lire la fin du premier livre de la Pharsale de Lucain, & le commencement du second, parce que vous y verriez une confirmation fort exacte de tout ce que j'ay à prouver en cet endroit. Vous y verriez que la guerre civile de Cesar & de Pompée eut pour avant-coureurs une infinité de prodiges menaçans, dont les Dieux remplirent la mer, le ciel & la terre. Vous y verriez des Cometes,
& plus

(1) *Proluit insano contorquens vortice sylvas, Fluviorum Rex Eridanus, &c.* Virgil. Georgic. lib. 1.
(2) *In vitâ Othon.*
(3) *Annal. l. 1.*
(4) *Lib. 5. & 7. & 30.*

& plus de meteores ignées que vous n'en avez dictez dans vôtre celebre Cours de Philosophie. Vous y verriez des éclipses, des embrasemens du mont Etna, des tremblemens de terre, des inondations, des statuës parlantes & suantes, des tombeaux gemissans, des monstres, des apparitions d'Esprits, des Enthousiastes, & plusieurs autres telles choses. Vous y verriez que l'effect de tout cela fut, non la réformation des mœurs, & l'abolition des fausses créances touchant le service divin, qui sont les seules choses que Dieu demande de nous par les signes qu'il nous donne de sa colere : mais des consultations de Devins, dont le plus vieux impose pour toute penitence aux Romains, quelques processions autour de la ville, & quelques traits de superstition, comme de faire main basse sur tous les monstres. Vous y verriez que le vieux Devin & une Fanatique ayant remply la ville de consternation, celui là par les funestes présages qu'il trouva dans le sacrifice qu'il offrit aux Dieux ; celle-cy par les prédictions qu'elle publia dans les ruës ; furent cause que les femmes coururent en foule à l'adoration des statuës, pendant que les hommes murmuroient contre la cruauté du destin.

Tou-

Toutes choses, comme vous voyez, directement opposées à la volonté de Dieu. Silius Italicus fait un pareil dénombrement de prodiges sur la fin du 8. livre de la guerre de Carthage, prétendant que la République Romaine fut avertie par là des rüines effroiables qu'Annibal lui devoit causer. Stacé fait un semblable dénombrement dans le septieme livre de la Thebaïde. Claudien n'en fait pas moins dans sa seconde invective contre Eutropius. Et Petrone ce fameux Debauché & cet insigne Libertin, fait pis que tous les autres dans ce modele ou dans cet essai de Poëme sur la guerre civile, qu'I a inferé dans son ouvrage. Ils prétendent tous que les desordres de l'Etat furent préfagés par ces prodiges, mais ils ne nous aprennent pas que personne devint pour cela plus sainct.

## §. LXIV.

NE m'allez point dire, que j'ay tort de me prévaloir du temoignage des Poëtes, aprés l'avoir décrié dés le commencement. Car je ne vous l'allegue pas pour prouver que tous ces prodiges sont effectivement arrivez, mais seulement pour prouver que les Peuples regar-

*Pensées diverses.*

gardoient ces sortes de choses comme des mauvais présages, & qu'ils en devenoient plus criminels. Outre cela je puis vous dire, qu'il me seroit aussi aisé de vous alleguer le temoignage des plus celebres Historiens, que celui des Poëtes. Et de plus il est d'une si grande notorieté publique que les Payens regardoient comme des présages de mauvais augure, & dont il faloit détourner l'effet par mille ceremonies de leur fausse Religion, cent choses qui arrivent naturellement, & qui sont tout à fait indifferentes, qu'il n'est pas necessaire de le justifier par leurs livres, ni de renvoyer personne à Julius Obsequens, bon & fidele compilateur en cette matiere.

## §. LXV.

*Comment les hommes eussent peu d'eux memes prendre certaines choses pour des prodiges.*

JE remarquerai seulement, que les Demons n'avoient pas beaucoup de peine à persuader aux hommes, qu'il y avoit du mystere & du prodige par tout. Car il faut avoüer à la honte de nôtre espece, qu'elle a un penchant naturel à cela. Et apparemment le terroir étoit

*Facile crat vin-cere non repugnantes.*

étoit si bon pour cette sorte de fruicts, qu'il en eust produit en abondance sans être cultivé. Je comprens fort bien que les hommes plongez dans l'ignorance, se fussent portez d'eux mêmes à craindre pour l'avenir, en voyant des éclipses de Soleil & de Lune, & que l'idée naturelle que nous avons d'un Dieu dispensant par sa Providence les biens & les maux, les eust fait penser que cette lumiere celeste qui se cachoit ainsi à la terre, leur signifioit quelque indignation qui éclateroit dans la suite. Je comprens aussi que les tonneres & les foudres les eussent remplis de terreur, & pour le present, & pour l'avenir, dans la pensée que le Maitre du monde declaroit par ce bruit horrible dont ils ignoroient les causes, qu'il n'étoit pas content du genre humain.

(1) Petronius.

(1) *Primus in orbe Deos fecit timor, ardua cælo*
*Fulmina cùm caderent, discussaque mansa flammis*
*Atque ictus flagraret Athos.*

Je dis la même chose des tremblemens de terre, des inondations, des ouragans, des tempêtes, & des feux sortans impetueusement d'une montagne. Et

Et parce que des esprits saisis de frayeur pour des sujects qui le meritent, sont facilement ébranlez par d'autres qui ne le meritent pas tant, il me semble aussi que les hommes ayant été une fois saisis de peur pour ces grands spectacles, eussent peu s'étonner dans la suite pour de moindres choses, & insensiblement passer dans une crainte generale de tout ce qui n'eust pas été commun; ne sachant pas, faute d'étre bons Philosophes, que les effects peu ordinaires, comme la production des monstres, sont aussi bien de purs effects de la Nature, que ceux qui se produisent journellement; de sorte que la même loi naturelle qui fait qu'en certaines circonstances il nait un chien d'une chienne, fait qu'en d'autres circonstances il nait d'une chienne un animal monstrüeux.

### §. LXVI.

*Que ce qu'on appelle des prodiges, est souvent aussi naturel que les choses les plus communes.*

Ceux qui savent cela se tirent aisément d'affaire, & voyent bien que soit qu'un animal produise un monstre, soit qu'il produise son semblable, l'Auteur de la Nature va toûjours son grand chemin

chemin, & suit la loy generale qu'il a établie. D'où ils concluent que la production d'un monstre n'est pas une marque de sa colere, puis que cette production est tellement dans l'ordre de la loy qu'il a établie, que pour empécher qu'elle n'arrivast, il eût fallu déroger à cette loi, c'est à dire faire des miracles. Ce qui fait voir que la production de ce monstre est aussi naturelle que celle d'un chien, & qu'ainsi l'une ne nous menace pas plus que l'autre de quelque calamité. La meme chose se peut dire des éclipses: car il n'est pas plus naturel à la Lune d'illuminer la terre dans les circonstances où elle l'illumine, & de se trouver dans ces circonstances lors qu'elle s'y trouve, qu'il luy est naturel d'étre sans lumiere lors qu'elle n'en a point, & d'étre dans la situation qui la prive de lumiere, lors qu'elle est dans cette situation; & je ne doute nullement qu'il n'y eust eu des éclipses de Soleil & de Lune, quand meme les hommes n'auroient jamais peché: d'où s'ensuit que ce ne sont pas là des menaces faites à l'homme. Cela est si vray, que quand Dieu a voulu que le Soleil rendist temoignage par ses tenebres aux mysteres adorables de la passion de Jesus Christ, il a choisi un tems où ces tenebres ne pouvoient étre

natu-

naturelles. Mais comme il faut de la Philosophie pour s'élever à ces sortes de connoissances, je comprens aisément que le Peuple se fust porté de luy-même à l'erreur & à la superstition, en voyant des effets de la Nature moins communs que les autres.

## §. LXVII.

*De la prodigieuse superstition des Payens sur le chapitre des prodiges.*

POur revenir aux dispositions superstitieuses que le Diable a trouvées dans l'esprit humain, je dis que cet ennemi de Dieu & de nôtre salut a tellement poussé à la roüe, & tellement profité de l'occasion, pour faire de ce qu'il y a de meilleur au monde, sçavoir de la Religion, un amas d'extravagances, de bizarreries, de fadaises, & de crimes énormes, qui pis est, qu'il a précipité les hommes par ce penchant là, à la plus ridicule & à la plus abominable Idolatrie qui se puisse concevoir.

Ce ne lui a pas été assez que les hommes regardant pour des signes malencontreux, les éclipses, les orages & les tonnerres, ayent établi plusieurs faux cultes de Religion, dans la veüe d'éviter le mal dont ils croyoient avoir des présages : il a voulu encore les rendre ingenieux à inventer des ceremonies superstitieuses, & à multiplier le nombre des Dieux à l'infini, en leur faisant trouver par tout matiere de bien & de mal, en leur suggerant qu'un tel Dieu déclaroit sa volonté par le vol des oiseaux, un autre par les entrailles des betes, un autre par la rencontre d'une corneille à droite ou à gauche, un autre par un éternuement, par un mot dit à l'aventure, par un songe, par le cri d'une souris & par une infinité d'autres moyens qu'il seroit ennuyeux de dire ; de sorte que ce n'étoit jamais fait. Le songe d'une femme tourmentée, peut-être, des maux de mere, faisoit faire cent consultations de Religion, & obligea une fois le (1) Senat de Rome à ordonner la réparation d'un Temple de Junon. La nouvelle du moindre prodige mettoit quelquefois en défaut le grand Pontife & tous ses Prêtres, car il arrivoit qu'aprés avoir bien égorgé des victimes, selon qu'ils l'avoient trouvé à propos, une disgrace survenüe à l'armée apprenoit que l'expiation n'avoit pas été faitte, & qu'il falloit recommencer. Annibal ayant gagné la bataille de Thrasymene, le Dictateur Fabius Maximus representa au Senat, que ce malheur avoit

(1) Cicero lib. 1. de Divinat.

été attiré sur la Republique bien plus par la negligence des ceremonies de la Religion, que par la temerité, ou par l'incapacité du General de l'armée. Sur quoi les livres des Sybilles ayant été consultez, on trouva que le voeu solemnel qui avoit été fait au Dieu Mars, n'avoit pas été executé dans les formes, & qu'il faloit y revenir tout de nouveau, & meme avec plus d'appareil, & faire plusjeurs autres actes de Religion, dont le détail se peut voir dans le 22. livre de Tite Live.

Il y avoit outre cela tant de choses qui pouvoient empêcher l'expiation, qu'il est étonnant qu'on ait peu vaquer à autre chose qu'au culte des fausses Divinitez. (1) Plutarque nous asseure que les Romains firent recommencer tout de nouveau une de ces Processions solemnelles, où l'on trainoit par la ville sur des Brancars les Images des Dieux, & autres Reliques sacrées, parce que d'un côté l'un des chevaux de l'equippage s'arrêta en un certain endroit sans tirer, & de l'autre que le Chartier prit les rênes de la bride de la main gauche. Qu'en une autre rencontre ils refirent trente fois un même sacrifice, parce qu'ils crurent qu'il y étoit toûjours survenu quelque manque de formalité.

(1) *in vita Coriolani.*

Que (1) Q. Sulpitius fut déposé de sa Prélature, parce que le chapeau sacerdotal luy étoit tombé de dessus la tête en sacrifiant, & que C. Flaminius, qui avoit été nommé Colonel de la Cavalerie par le Dictateur Minutius, fut destitué, parce qu'au moment que le Dictateur le nommoit, on ouït le bruit d'une souris. On peut voir plusieurs exemples de cette force dans le même Auteur, & dans d'autres livres non suspects, sans qu'il soit besoin de recourir à ce beau passage (2) d'Arnobe, qui tourne si bien en ridicule les Payens, quoi qu'il n'outre point la matiere, & qu'il ne dise rien qui ne se trouve en substance dans la harangue de Ciceron *de Haruspicum responsis.*

Vous voyez, Mr. quel étoit l'esprit de la Religion Payenne. Tout lui paroissoit rempli de signes & de prodiges, & on eut raison à Rome, lors que Ventidius y fut fait Consul, de muletier qu'il étoit auparavant, de faire courir

(1) *Idem Plutarch. in vita Marcel.*
(2) *In cærimoniis vestris rebusque divinis populationibus locus est, & piaculi dicitur contracta esse commissio, si per imprudentiæ lapsum, aut in verbo quippiam, aut sympusio deerrarit, aut si cursu in scenicis ludis, curruculisque divinis: commissum omnes statim in religiones climatis sacras, si ludius constitit, aut Tibicen repente conticuit, aut si patrimus ille qui vocatur puer omisit per ignorantiam lorum, aut terram tenere non potuit.* Arnob. lib. 4. adverf. Gent.

un (1) Vaudeville qui exhortoit tous les Augures & tous les Aruspices à s'assembler en diligence, pour voir ce qu'une avanture si prodigieuse signifioit; car ils s'assembloient à moins, & ordonnoient des purifications pour des sujets de plus petite conséquence. Mais je m'étonne qu'ils ne se soient pas regardez eux mêmes comme un prodige, ou comme disoit (2) Caton, qu'ils ayent peu s'empécher de rire quand ils s'entre-regardoient. Je m'étonne qu'ils n'ayent pas pris la crédulité de tant de grands personnages pour un monstre qui demandoit les plus rafinées expiations. En effet, c'est un déreiglement de la Nature beaucoup plus monstrueux, de voir le Senat de Rome composé de tant de Héros & de Personnes illustres par leur esprit, par leur courage & par leur sagesse, approuver toutes les ridicules superstitions qui regardoient l'art des augures, que de voir naître un chien à deux têtes. Il faut donc demeurer d'accord, que les artifices du Démon ont fait de merveilleux progrés dans l'esprit de l'homme pour combler la mesure de sa crédulité naturelle, & pour luy faire trouver par tout dequoi craindre le ressentiment des Dieux Immortels.

(1) Concurrite omnes Augures, Aruspices. Portentum inusitatum constitutum est recens, Nam mulus qui fricabat, Consul factus est. A. Gellius noct. Attic. lib. 15. cap. 4.
(2) Mirari se aiebat quod non riderent aruspex, aruspicem cum vidisset, Cicero l. 2. de Divinat.

§. LXVIII.

§. LXVIII.

*Artifices du Démon pour fomenter la superstition des Payens.*

AFin que ce tour d'esprit ne s'effaçast pas, il faloit entretenir les hommes dans la pensée, que les effets de la Nature qui avoient quelque chose de remarquable, venoient immédiatement du Ciel, & faire bien valoir tous les tremblemens de terre, tous les débordemens des fleuves, tous les feux qui apparoissoient de nouveau sur nos têtes, &c. c'est aussi ce qui a été fait, comme je l'ay justifié.

Il faloit outre cela exciter dans l'occasion plusieurs de ces Phénomenes quand la Nature n'en fournissoit pas, ou plutôt quand elle en fournissoit déja quelques-uns : car jamais les hommes ne sont plus faciles à prendre les effets de la Nature pour des miracles, que lors qu'en divers endroits & en même tems il arrive plusieurs choses extraordinaires. Chacun se met aisément dans l'esprit, que ce concours & ce concert ne peut venir que d'enhaut : & quoi qu'en toute autre chose le moyen de n'être pas cru soit d'en dire trop ; sur le fait des miracles tout au contraire, le moyen

moyen de persuader, c'est de ne garder aucune mesure. Plus on en dit, & plus on persuade que c'est le doigt de Dieu. C'est pourquoi dés que la chose avoit été mise une fois en train par les favorables conjonctures que la Nature avoit fournies, il importoit extrémement de produire en divers lieux plusieurs effects extraordinaires, en appliquant la vertu des causes secondes ; ou à tout le moins de se servir de l'imagination foible de plusieurs personnes, qui croyent voir souvent dans les nuës des armées en bataille, & entendre des bruits & des hurlemens effroiables où il n'y en eut jamais ; il importoit, dis-je, extrémement de se servir de tout cela pour répandre par tout la nouvelle d'une infinité de prodiges. C'est aussi ce que les Démons ont pratiqué fort adroitement. Quand ils ont peu bouleverser la Nature fort à propos pour leurs fins, ils l'ont fait, du tems de Brennus par exemple. Quand ils ont veu que les causes secondes avoient déja donné le branle à la superstition, s'ils n'ont pas peu y ajouter quelque chose d'effectif par leur industrie, à tout le moins ont-ils fait répandre le bruit de mille prodiges imaginaires, qui, tout imaginaires qu'ils étoient, ne laissoient

*Applicando activa passivis.*

soient pas de se fortifier les uns les autres, & par la creance qu'ils trouvoient dans les esprits, de faire naître l'envie au monde d'en publier encore d'aussi mal fondez. Il y eût à (1) Rome (c'est Tite Live qui parle) & aux environs de Rome plusieurs prodiges pendant cet hyver, ou du moins on en raporta & on en crut beaucoup fort légerement, comme c'est la coûtume, quand une fois les esprits ont tourné les choses du côté de la religion... On publia cette année beaucoup de prodiges, & plus on trouvoit des gens simples & dévots qui y ajoutoient foy, plus aussi on en publioit. Voila sans doute la (2) raison qui a fait dire à Claudien, qu'aussi tôt que quelques prodiges ont peu éclorre, tous les autres s'empressent de naître, pour ne pas laisser échapper leur saison.

(1) *Rome autem, & circa Urbem multa ea hyeme prodigia facta, aut, quod evenire solet, motis semel in religionem animis, multa nunciata & temerè credita sunt... Prodigia eo anno multa nunciata sunt, quæ quò magis credebant simplices ac religiosi homines, eò etiam plura nunciabantur*, T. Liv. lib. 1. dec. 3. (2) *Utque semel patuit monstris iter, omnia tempus nacta suum properant nasci.* Claud. lib. 2. in Eutrop.

§. LXIX.

§. LXIX.
*Que les Payens attribuoient leurs malheurs, à la négligence de quelque cérémonie, & non pas à leurs vices.*

MAis de peur que ce même tour d'esprit ne portast les hommes à honorer la Divinité de la maniere que la droite raison nous enseigne, c'est à dire en renonçant au vice, & en pratiquant la vertu ; il falloit entiérement appliquer la dévotion des Peuples à cette pensée, que les signes de la colere des Dieux ne témoignoient pas qu'ils fussent fâchez contre le déreiglement des mœurs, mais seulement contre la négligence ou le non-usage de quelque sacrifice, ou de quelque cérémonie, & qu'ainsi la seule chose qu'il falloit faire pour les appaiser, étoit de remettre en vigueur la cérémonie, ou d'en inventer quelques autres, sans se mettre en peine de corriger ses passions. C'est aussi à quoi les Démons se sont particuliérement étudiez, & avec un succés dont ils ont eu lieu de s'applaudir. Car il est clair par toute l'Histoire profane, que les Payens raportoient la source des châtimens que les Dieux leur envoioient, à l'oubli de quelque superstition, & non pas à l'impureté de leur vie, & que dans cette veüe ils croyoient avoir assez fait, pourveu qu'ils eussent rétabli le culte qui avoit été oublié.

Les (1) Carthaginois se voyant batus par Agathocles Roy de Syracuse, & assiegez dans leur ville, ne crurent pas avoir merité cette disgrace pour aucune autre raison, si ce n'est parce qu'ils avoient changé la cruelle coûtume d'immoler à Saturne de leurs propres enfans au chois du sort, en celle d'immoler des enfans achetez ou nourris secretement pour cela. Si bien que pour réparer leur faute, & pour appaiser le Ciel irrité, ils rétablirent la vieille coûtume par le sacrifice public de deux cens jeunes garçons de Qualité (2) tirez au sort. Et cette coûtume s'affermit si bien dans ce pays là, qu'elle y étoit encore pratiquée en secret du tems de (3) Tertullien, quoi que Tybere se fût servi pour l'abolir d'un moyen fort efficace, qui fût de faire attacher en croix les Prêtres qui immoloient ces innocentes victimes. Pendant qu'Annibal faisoit trembler l'Italie, le sort destina son fils ainé à cette barbare immolation. Mais sa mere qui n'avoit peut-être jamais fait reflexion sur l'énormité de cette coûtume, la comprit alors, & la répresenta si vivement, que le Senat de Car-

(1) *Denys d'Halicarnass. liv.* 1.

(2) *Lactant. de fals. relig. lib.* 1. *cap.* 21.
(3) *Apologet. cap.* 9.

Carthage, qui étoit fort embarrassé entre la crainte des Dieux & celle d'Annibal, & qui franchement craignoit plus de l'irritation de l'un, qu'il n'esperoit de l'appaisement des autres, n'osa passer outre, & dépêcha vers Annibal pour savoir sa volonté. Annibal ne voulut point que son fils mourust, & dit qu'il valoit mieux le conserver pour le service de la patrie ; qu'il auroit soin de faire perir tant de Romains, que les Dieux n'auroient pas sujet de se plaindre de ce qu'il leur avoit détourné une victime. Il les appelle au spectacle du carnage qu'il s'en va faire,

(1) *Vos quoque Dii patrii quorum delubra piantur*
*Cædibus, atque coli gaudent formidine matrum,*
*Hæc lætos voltus totasque advertite mentes,* &c.

(1) *Silius Italicus, lib. 4.*

Je vous fatiguerois trop Mr. si je vous citois tous les exemples que j'ay leus sur cette matiere ; & d'ailleurs l'Histoire Ecclesiastique, que vous savez si parfaitement, vous en fournit assez pour me dispenser de cette compilation. On y voit que les Payens accusoient incessamment les Chrétiens d'être la cause de tous les malheurs qui affligeoient l'Empire, parce qu'ils prêchoient contre le culte des Dieux, & le faisoient cesser dans les lieux où ils étoient les plus forts. Le Tyran Maximin leur fait ce reproche dans ses Edicts, comme nous l'apprenons (1) d'Eusebe. *Se faut-il étonner*, dit (2) Porphyre, *si la ville est affligée de peste depuis si longtems, puis qu'Esculape & les autres Dieux en ont été chassez ; depuis qu'on adore Jesus, nous ne pouvons tirer aucune assistance des Dieux.* Le but général de St. Augustin dans son livre de la Cité de Dieu, est de répondre aux Payens qui se plaignoient, que le saccagement de Rome, & tous les ravages que les Goths avoient faits dans l'Empire, avoient eu pour cause le mépris que l'on faisoit des Idoles. L'irruption de (3) Radagaise dans l'Italie à la tête de 200. mille hommes fit murmurer d'une étrange sorte contre la Religion Chretienne. On exaggeroit les désordres qui arrivoient sous les Empereurs Chretiens, & la félicité de Rome Payenne ; & c'est à quoi l'éloquent Symmaque s'employoit de tout son cœur. Il osa (4) bien écrire à des Empereurs Chrétiens, que la famine & les autres incommoditez qui désoloient l'Etat, étoient le chatiment du mépris

(1) Lib. 9. cap. 7. Hist. Eccles.
(2) apud Eusebium de Præpar. Euangel.
(3) Sigebert. Gemblac. in Chron. ad an. 407.
(4) Epist. 54 l. 10.

que l'on avoit pour les Dieux & pour leurs Ministres; qu'il n'en falloit point accuser ni les influences des Astres, ni la rigueur des hyvers, ni la sécheresse des étez, mais la colere qu'avoient les Dieux de voir qu'on avoit retranché aux Prêtres & aux Vestales les pensions qui servoient à les nourrir. Les mêmes Empéreurs Chrétiens ayant fait cesser les sacrifices que les Egyptiens Idolatres offroient solemnellement au Nil, lors que ses eaux ne se répandoient pas sur leurs terres, se virent sur le point d'avoir sur les bras une furieuse sédition en ce pays là, les Egyptiens voulant à toute force recommencer leurs sacrifices, persuadez qu'ils étoient, que l'interruption de cette saincte cérémonie leur attiroit la stérilité en les privant des inondations du (1) Nil.

(1) Histor. tripart l. 9. c. 42.

## §. LXX.

*Application des remarques précedentes à la raison tirée de la Theologie.*

QUe direz-vous de cette longue digression Mr. assurément vous croirez que j'y tout à fait oublié mon argument Theologique. Mais donnez vous un peu de patience, vous verrez que je me retrouverai sur les voyes, & que la course que j'ay faite dans les Pays Idolatres, ne m'aura pas été infructueuse. Car ayant établi comme j'ay fait, I. Que les choses que l'on prenoit pour des signes de la colere du Ciel, n'étoient propres qu'à fomenter le culte sacrilege des Idoles, bien loin de mortifier le peché dans le cœur de l'homme; II. Que les Démons ne trouvoient pas un meilleur secret pour étendre l'Idolatrie, que celui d'étonner les Peuples par des prodiges veritables ou supposez; III. Que l'apparition vraye ou fausse d'un prodige faisoit toûjours rendre de nouveaux honneurs aux faux Dieux; ayant, dis-je, établi tout cela, j'ay prouvé manifestement que si Dieu avoit formé par miracle ces grandes & vastes Cometes, qui passoient pour des signes de la colere du Ciel, il eust concouru par ses miracles avec les Démons pour abrutir de plus en plus les hommes dans la superstition Payenne, ce qui ne se peut dire ni penser sans impieté. Encore un coup Mr. allumer des Cometes dans les Cieux, veu comme les Payens étoient faits, n'étoit, à proprement parler, que faire redoubler les actes d'Idolatrie par toute la terre, excepté peut-être un petit coin de la Palestine; & naturellement

ment parlant, c'étoit tout ce que Dieu s'en devoit promettre.

## §. LXXI.
*De l'horreur que Dieu a pour l'Idolatrie.*

JUgez un peu si cette conduite se rapporte à l'idée que nous avons de Dieu, & s'il est possible que le même Dieu qui déclare par ses Prophetes, que rien ne luy est plus abominable que le culte des Idoles; qui temoigne plus d'indignation contre son Peuple, lors qu'il sacrifie sur les montagnes & sous le feuillage des arbres, & qu'il honore les Divinitez des Gentils, que lors qu'il tombe dans le larcin, dans le meurtre, & dans l'adultere; qui commence sa loy par une double défense de servir aucun autre Dieu que lui ; qui pour donner plus de poids à sa défense se propose sous l'idée d'un Dieu tout-puissant & jaloux, étendant la punition des rebelles jusqu'aux enfans de la quatriéme generation, & sa bonté pour les Peres obeïssans jusqu'aux enfans de la milliéme ; c'est à dire que pour temoigner combien il veut être obeï dans ce point là, il prend les hommes par l'endroit le plus sensible, par la menace d'un d'un Dieu jaloux, (dont l'idée ne peut réveiller que la frayeur d'une vengeance également prompte & sévere) & par les promesses d'une misericorde incomparablement plus étendüe que la rigueur de la jalousie; qui pour faire voir combien le crime des Idolatres surpasse tous les autres, prend le soin en le défendant, d'accompagner sa défense de tout ce que je viens de dire; au lieu qu'il se contente de défendre simplement le meurtre, le larcin, l'impudicité, la calomnie; qui punit l'adoration du veau d'or par le plus funeste de tous les châtimens, puis que ce fut en abandonnant son Peuple à servir à l'armée des Cieux, par où il s'attira les miseres d'un éxil & d'une captivité lamentable, comme nous l'asseure le glorieux premier Martyr de l'Evangile (1) St. Etienne; qui enfin ne veut pas seulement souffrir que l'on mange des choses sacrifiées aux Idoles; Considérez, dis-je, Monsieur, s'il est possible que le même Dieu, qui a fait toutes ces choses, ait fait neanmoins luire dans le ciel des nouveaux Astres de tems en tems, pour intimider tous les Peuples de la terre, & pour les porter infailliblement par là à tous les actes d'Idolatrie que chacun regardoit comme plus propres à expier ses crimes

(1) Actor. c. 7. v. 41.

crimes, & à désarmer la colére de Dieu, les Gaulois & les Carthaginois par exemple, à sacrifier des hommes en quantité : abomination exécrable que Dieu déteste si fort par la bouche de ses Prophetes dans le Peuple Juif, qui à l'imitation de plusieurs autres, faisoit brûler des enfans à la gloire des Idoles, & pour laquelle il chastia si exemplairement les Roys Achas & Manassé.

## §. LXXII.

*Que la raison pourquoy les Cométes ne pouvoient pas être des préfages, avant la venuë de Jesus Christ, subsiste encore ?*

SI cette raison prouve que les Cométes qui ont paru avant la publication de l'Evangile, n'ont pas été formées extraordinairement, pour avertir les hommes de la part de Dieu des malheurs qu'il leur préparoit en sa colére ; il est évident que celles qui ont paru depuis ce tems-là, n'ont pas été non plus des productions miraculeuses destinées à préfager les maux à venir.

Premiérement, parce que si les Cométes, avant la vocation des Gentils, n'ont pas été des signes envoyez de Dieu, elles

elles ont été des effects de la Nature tout purs, aussi bien que les éclipses & les tremblemens de terre. Et si cela est, il seroit tres ridicule de dire, que dépuis la conversion des Payens les Cometes ont changé d'espece, & ne sont plus des ouvrages de la Nature, mais des signes miraculeux; comme il seroit tres ridicule de prétendre que depuis ce tems là les éclipses sont devenües des effets surnaturels. Or si les Cometes sont de purs ouvrages de la Nature, il est évident qu'elles ne sont point un signe des maux à venir, tant parce qu'elles n'ont aucune liaison naturelle avec les maux à venir, comme je l'ay déja fait voir, & comme je le montrerai plus à fond dans la suite, que parce qu'il n'y a aucune revelation qui nous apprenne que Dieu les ait établies pour signes des maux à venir, à peu prés comme il a établi l'Arc-en-ciel pour nous étre un avertissement qu'il n'y aura plus de Déluge.

Secondement, parce que la raison qui prouve pour le tems qui a précedé la Religion Chretienne, prouve aussi pour les siecles du Christianisme, à cause que malgré tous les admirables progrés de la Croix du Fils de Dieu, la plufpart des hommes sont demeurez Idoladolatres, ou se sont faits Mahometans. A présent même que le Christianisme est si répandu, & qu'il s'est fait jour dans le nouveau monde, il est certain que la plufpart des Peuples de la terre sont encore plongez dans les affreuses tenebres de l'infidelité. De sorte que si Dieu se proposoit d'annoncer les fleaux de sa colere par des Cometes, il seroit vrai de dire qu'il auroit pour but de ranimer presque par tout le monde la fausse & la sacrilege dévotion ; d'augmenter le nombre des Pelerins de la Meque, & des offrandes que l'on y consacre incessamment au plus infame Imposteur qui fut jamais ; de faire bâtir de nouvelles Mosquées ; de faire inventer de nouvelles superstitions aux Torlaquis & aux Dervisches ; en un mot de faire commettre un plus grand nombre de choses abominables qu'on n'en commettroit. Car quoi qu'on ne connoisse plus ni Jupiter, ni Saturne, on ne laisse pas d'être aussi prostitué qu'anciennement dans les plus extravagantes & les plus criminelles Idolatries.

LXXIII.

## §. LXXIII.
*De l'abominable Idolatrie des Payens d'aujourd'hui.*

SAns parler de toutes les abominations qui se commettoient dans le Perou & dans le México il n'y a pas bien long tems, & de ces sacrifices d'hommes que l'on (1) martyrisoit pour honorer les Idoles, & que les Espagnols ont fait cesser dans les lieux où ils se sont établis ; qui ne sait que les Indiens, les Chinois, & les Japonnois, sont dans les plus effroyables égaremens qui se puissent dire sur le chapitre de la Religion ; qu'ils adorent des singes & des vaches ; qu'ils consultent le (2) Démon dans des montagnes brûlantes ; qu'ils honorent leurs faux Dieux jusqu'à s'enterrer tout vivans, ou à se noyer, par la dévotion qu'ils leur portent, ce qui est un degré pour monter à la Canonisation ; qu'ils batissent des Temples au Diable, & au Prince des Diables nommément & directement (ce que les anciens Payens ne faisoient pas) qu'ils se portent enfin à tous les excez qu'une aveugle & furieuse superstition peut inspirer ? Or comme vous savez, Mr. il y a une si grande liaison entre croire que

(1) *Voy. Vigenere annotat. sur Cesar pag 317. Essays de Montag. liv. 1. ch. 29.*

(2) *Voy. la Relat. du Japon, par la Compag. Hollandoise.*

que le Dieu qu'on adore est irrité, & lui rendre avec plus d'attachement le culte établi par la coûtume, qu'il est impossible de vouloir qu'une Nation Idolatre connoisse que le Ciel est en colere, sans vouloir qu'elle exerce avec un zele redoublé les exercices de sa Religion. Et par conséquent si Dieu formoit des Cométes, afin d'apprendre aux hommes qu'il est irrité contre eux, & que s'ils n'appaisent sa juste indignation, il les châtiera séverement, il voudroit que tous les Peuples infidelles recourussent avec une nouvelle ardeur, chacun à ses cultes & à ses cérémonies abominables : ce qui étant faux & impie, nous sommes obligez par des principes de Religion à dire, que dans l'intention de Dieu les Cométes ne peuvent présager aucun mal. Bien entendu, que s'il y a quelque part des feux extraordinaires, visibles seulement ou à quelque ville, ou a quelque Pays qui connoisse le vrai Dieu, comme il en parût autrefois sur la ville de Jérusalem, on peut les prendre pour des signes envoyez par une providence toute particuliere.

§. LXXIV.

§. LXXIV.

*Que les Cometes ont des Caracteres particuliers, qui montrent qu'elles ne sont point des signes.*

MAis de s'imaginer qu'un Astre qui fait le tour du monde chaque jour, & qui ne paroit pas en vouloir plutôt aux Chrétiens qu'aux Infideles, aux François qu'aux Espagnols, soit un prodige, que chaque Nation soit obligée de croire que Dieu a fait tout exprés, pour lui annoncer son mal à venir, c'est ce qui ne se peut pas: parce qu'outre mes autres raisons, il est impossible que chaque Nation soit obligée de craindre des adversitez à la veüe des Cometes. Car il paroit par l'Histoire, & même par la consideration de ce qui arrive dans le monde pendant qu'on y est, que Dieu ne chatie pas tous les hommes en meme tems. Les afflictions les plus generales épaignent des Nations toutes entieres. La Providence Divine dispense ses biens & ses maux de telle sorte, que chacun y a part à son tour. Mais on n'a jamais veu depuis le Déluge, un châtiment general tout à la fois; on n'a jamais veu une profusion de bonne fortune generale

en

en même tems par toute la terre. Il faudroit que Dieu bouleversast tout le train de sa Providence pour agir autrement. Or comme l'experience d'un tres grand nombre de Cometes qui ont paru ne nous aprend pas que Dieu ait jamais usé d'une conduite si extraordinaire, il n'y a point lieu de s'imaginer, quand on voit de ces nouveaux Astres, que Dieu veut faire plus qu'il n'a jamais fait en pareilles occasions. Nous savons par les évenemens qui ont suivi les Cometes, que quand il en a paru, le dessein de la Providence n'a pas été de plonger toutes les Nations du monde dans un abyme de maux. Bien loin de là, nous savons qu'elle a eu dessein de combler de prosperitez plusieurs Peuples de la terre. Par conséquent tous les Peuples de la terre n'ont pas été obligez de juger en voyant les Cometes qu'ils alloient étre accablez de maux ; & il n'est pas même possible, veu le train de la Providence, qu'ils soient tous obligez à croire cela, car la pluspart du tems Dieu se sert d'une Nation pour châtier l'autre, donnant à celle-cy les biens qu'il ôte à celle-là. Si dans le tems que les Perses devoient craindre la destruction de leur Empire, les Macedoniens eussent craint le renversement de
leur

leur Royaume, n'est-il pas vrai qu'ils eussent été dans l'erreur ? J'insére de là, que si c'étoit l'intention de Dieu que tous les Peuples qui voyent des Cometes crussent leur ruïne prochaine, l'intention de Dieu seroit que plusieurs Peuples se trompassent ; ceux, par exemple, qu'l destine à conquerir les Royaumes que sa sagesse trouve à propos de renverser. Or comme ce seroit une impieté de croire que Dieu a de telles intentions, il est impossible que les Macedoniens, par exemple, ayent été obligez sous peine de peché mortel, à croire que la Comete qui parut au commencement du Regne d'Alexandre, les menaçoit d'une ruïne épouvantable. Ainsi Dieu n'étant pas capable d'obliger les hommes à juger faussement des choses, il est impossible qu'il prétende engager tous les hommes du monde à juger qu'une Cométe est un signe de leur malheur. Ce seroit neanmoins son intention, si l'opinion commune estoit véritable. Donc c'est une opinion fausse & qu'on ne peut excuser d'impieté, que sous le bénéfice du peu de réflexion que font les hommes sur les circonstances des Cométes, lors qu'ils les prennent pour un signe de malédiction.

Il y a beaucoup d'apparence qu'on ne les prendroit pas pour des prodiges envoyez de Dieu, si on considéroit avec un esprit solide I. Qu'elles n'ont rien de particulier, qui fasse connoitre aux Peuples, que c'est à eux nommément que l'on s'adresse. II. Que si elles ont quelque charge de dénoncer la colere de Dieu, elles la dénoncent généralement à tous les Peuples de la Terre, aussi bien à ceux que Dieu veut benir, qu'à ceux qu'il veut châtier. III. Que ce sont des signes fort équivoques, qui ne peuvent, par exemple, avoir présagé la ruïne de l'Empire Grec, sans présager la prosperité des Ottomans : la mort d'un Pape, sans présager l'élévation de son Successeur : la mort d'un Conquerant, sans présager les feux de joye qui s'allument dans tous les Pays qui craignoient de tomber sous le pésant joug de sa puissance. IV. Que ce sont des signes si généraux & si obscurs, qu'on n'y voit aucune marque de ce qui doit effectivement arriver, plutôt que de ce qui n'arrivera jamais. V. Enfin que ce sont des signes accompagnez de plusieurs circonstances indignes de la sagesse & de la sainteté de Dieu. J'en ay touché quelques-unes en parlant des éclipses, & mon argument Théologique ne porte que sur cela.

Vous en penserez ce que vous voudrez Mr. mais pour moi je ne sçaurois me mettre dans l'esprit, que Dieu se propose autre chose dans la formation des Cométes par raport à nous, que ce qu'il se propose dans tous les effects de la Nature. Tous ceux qui s'élévent à Dieu par la connoissance des choses naturelles, entrent assurément dans les veües que Dieu s'est proposées en faisant les Créatures. Mais je ne sçaurois comprendre, qu'un homme qui prend pour un miracle ce qui ne l'est point, donne dans la fin que Dieu s'est proposée, parce qu'il ne me semble pas que Dieu puisse jamais avoir pour but de nous faire faire de faux jugemens. Et sur ce pied-là je crois que si Dieu vouloit avertir les hommes des malheurs qui les menaçent, il le feroit par des moyens, qui non seulement seroient tres-intelligibles à ceux qu'il voudroit menaçer, mais aussi qui ne menaçeroient pas ceux qu'il auroit dessein de favoriser de ses graces. Cela suffit pour dégrader les Cométes du rang qu'on leur donne parmi les prodiges dénonciateurs de la colere de Dieu,

car

car il n'appartient qu'à la fabuleuse Divinité de Pan & d'Apollon, de jetter des fausses allarmes dans les esprits, & de ne s'expliquer que par des énigmes.

## §. LXXV.

*En quel sens on peut dire que Dieu menace ceux qu'il ne veut pas fraper.*

I. JE sçai bien ce qu'on a dit de la (1) foudre, qu'elle frappe peu de gens, quoi qu'elle en épouvante plusieurs. Je sçai aussi que cela se pratique fort sagement dans le supplice d'une troupe de (2) séditieux. Mais cela ne prouve autre chose, sinon que les fleaux que Dieu envoye sur un Peuple, doivent faire craindre sa justice à tous les Peuples voisins, & les induire à mériter par leurs bonnes œuvres la continuation de la prosperité dont ils joüissent : ce qui est bien eloigné de l'erreur où se portent ceux qui affirment, qu'un certain effet de la Nature est un miracle fait exprés, pour prédire de la part de Dieu à tous les Peuples de la terre leur prochaine destruction ; à quoi néanmoins Dieu ne pense pas : car quelquefois c'est alors qu'il prépare à plusieurs Nations des joyes

(1) *Cùm feriant unum, non unum fulmina terrent,* Ovid. 3. de Pont eleg. 2.

(2) *Statuerunt ita majores nostri, ut si à multis esset flagitium rei militaris admissum, sortitione in quosdam animadverteretur, ut metus videlicet ad omnes, pœna ad paucos pervenret.* Cicer. pro Cluent.

joyes & des triomphes. Joignez à cela, que la foudre est si à portée de nous faire du mal, & qu'elle en fait si souvent de terribles auprés de nous, qu'il n'y a point d'erreur à croire qu'il nous en peut arriver du préjudice ; au lieu que nous n'avons aucune raison de penser qu'une Comete ait jamais fait, ou ait jamais peu faire le moindre mal. Outre que ce seroit un jugement faux & tres-incapable de passer pour une œuvre méritoire, que de dire que la foudre a été formée nommément & expressément pour châtier les pécheurs.

### §. LXXVI.

*Qu'il est faux, que les Peuples qui sont heureux aprés l'apparition des Cometes, ayent mérité cette distinction par leur pénitence.*

II. Quant à ceux qui pourroient dire, que les Cometes menacent tous les Peuples du monde, parce qu'en effet Dieu a dessein de les punir tous ; mais qu'il y en a quelques-uns dont la repentance désarme sa colere : je ne leur répons autre chose, sinon qu'ils se trompent manifestement. Ils m'obligeroient

geroient fort de me montrer par quelle mortification les Macedoniens ont appaisé la Justice Divine, & mérité les richesses & les couronnes de Darius, au lieu des châtimens qui leur étoient destinez par la (1) Cométe dont j'ay déja fait mention.

(1) Cy-dessus p. 192.

Je serois bien aise aussi qu'ils m'apprissent les actes de dévotion & de pénitence, qui sauverent Mahomet II. des infortunes, dont il devoit avoir sa part en vertu des Cométes qui parurent sous son Regne. C'étoit le plus grand Athée qui fût sous le Ciel : ses Troupes commettoient les crimes les plus énormes qui se puissent commettre, & cependant elles ne cessoient de subjuguer des Royaumes & des Empires dans la Chrétienté.

Avoüons donc, que ce n'est pas le dessein de Dieu, quand il fait paroitre des Cométes, de châtier tous les Peuples du monde. Sa Providence trouve plus à propos de les punir successivement les uns par les autres. Les Macedoniens n'étoient pas plus gens de bien que les Perses ; cependant parce que le tems étoit venu où Dieu vouloit ruïner la Monarchie des Perses, il les soûmit aux Macedoniens. Ceux-cy ayant fait leur tems, succomberent à leur tour à l'épée victorieuse des Romains, qui entassant victoire sur victoire, & subjuguant au long & au large Royaumes & Républiques, sans être plus gens de bien que ceux que Dieu leur assujettissoit, filoient leur corde, pour ainsi dire, & accumuloient les Jugemens de Dieu sur leur tête, comme le remarque (1) St. Augustin, en faisant voir aux Idolatres, qui accusoient les Chrétiens d'être la cause des calamitez publiques, que tous les malheurs de la République Romaine étoient des suites de leurs vices & de leurs déreiglements. Quoi qu'il en soit, l'Empire Romain qui s'étoit formé par des usurpations violentes, a été démembré par une semblable voye ; la providence Divine faisant voir de tems en tems parmi les hommes ce qui se fait tous les jours parmi les causes nécessaires, dont les unes ramassent en un corps, qui nous cache tout le ciel, plusieurs nuages separez, & les autres divisent cette grande nuë en une infinité de petits nuages.

Ce que j'ay dit, que les Peuples sont punis chacun à son tour, sans que ceux qui

(1) *De Civitate Dei.*

qui sont les premiers chatiez soient les plus coupables, n'est pas une simple conjecture : c'est Dieu lui-même qui nous l'apprend par la bouche de (1) Jeremie. *C'est moi,* (dit-il) *qui ay fait la terre, & qui l'ay donnée à qui bon m'a semblé ; c'est moi qui ay livré tous ces Pays-cy à Nabuchodonosor Roy de Babylone mon serviteur, & toutes les Nations lui seront sujettes, à lui, & à son Fils, & au Fils de son Fils,* JUSQUES A CE QUE LE TEMS AUSSI DE SON PAYS VIENNE. Il seroit absurde de s'imaginer, que le Roi de Babylone étoit plus sainct & plus dévot que celui des Juifs, & que c'est à cause de sa pieté qu'il conquit un puissant Empire. Il étoit peut-être plus méchant que les Rois que Dieu lui assujettit : mais parce que le tour des Caldéens n'étoit pas encore venu, son ambition fut un crime heureux, dont Dieu se servit pour châtier les Peuples dont il ne vouloit plus différer le châtiment. Le tour des Caldéens vint aussi quelque tems aprés. Les Medes & les Perses aussi méchans qu'eux, mais postérieurs en date dans le livre de la Providence, les désolerent & les subjuguerent, pour être désolez & subjuguez à leur tour. Souvenons-nous de la déclaration ex-

(1) *Chap.* 27. v. 5. *& suiv.*

presse du Fils de (1) Dieu, sur ceux qui se trouverent accablez sous les ruïnes d'une tour, ou égorgez en sacrifiant, & nous n'entreprendrons pas de dire, que ceux qui châtient les autres, sont plus gens de bien que ceux qui sont châtiez. J'avoüe que la patience de Dieu laisse souvent combler la mesure aux pecheurs, avant que de leur faire sentir les rigueurs de sa justice : d'où il semble que l'on pourroit inférer, que les Nations épargnées n'ont pas encore comblé la mesure, comme celles qui sont punies; mais il ne faut pas juger par le comble de cette mesure, qu'une Nation est plus ou moins criminelle qu'une autre. Etre arrivé à ce comble signifie seulement que l'on est arrivé à l'heure fatale où Dieu veut punir. Or qui doute que cette heure fatale ne soit attachée tantôt à une plus petite mesure de pechez, tantôt à une plus grande, selon que Dieu trouve à propos de diversifier les événemens, & de faire paroître sa souveraine liberté ? Il y a des gens qui croyent avoir remarqué dans l'Histoire, que le changement des Etats se fait reguliérement aprés un certain nombre d'années, & ils nous (2) citent je ne sai combien de révolutions arrivées

(1) E-vang. de St. Luc, ch. 13.

(2) Peucer. de præc. Divinat. generibus, p. 30.

rivées cinq cens ans les unes aprés les autres. Je ne m'amuse pas à réfuter toutes ces puerilitez; & peu s'en faut que je ne me repente de les avoir déja (1) réfutées en passant. Mais je souhaitte bien que l'on sache, que je défie tous les hommes du monde de me faire voir dans l'Histoire, qu'aprés une certaine mesure déterminée de tolérance, Dieu n'a pas manqué de faire éclater les effects de sa justice. Rien n'est plus infini que la diversité qui se rencontre dans les manieres de Dieu.

(1) Cy-dessus, n. 25.

## §. LXXVII.

III. Dira-t-on, qu'à tout le moins il y a eu quelques bonnes ames, qui par leurs priéres & par leurs bonnes œuvres, ont délivré leur Nation de la part qu'elle devoit avoir aux châtimens présagez par les Comètes? Je consens qu'on le dise, & qu'on le croye à l'égard des Peuples qui sont dans la vraye Religion. Car quoi qu'il semble, que si Dieu se laisse fléchir en faveur de tout un Peuple, aux priéres d'un petit nombre de gens, qui passent toute leur vie dans les exercices de la pieté, il ne forme pas aussi le dessein d'exterminer ce Peuple, pendant

dant que ce petit nombre de gens le soûtiennent : quoi qu'il semble que si l'effet des Cométes peut être détourné par la pénitence des hommes, ce n'est que par la pénitence des méchans qui ont irrité la colere du Ciel, & non pas par les macérations des bonnes ames toûjours agreables à Dieu, & qui n'attendent pas à le servir dévotement, qu'il paroisse des prodiges : quoi qu'il semble que si un petit nombre de Dévots, est capable de défarmer le bras de Dieu en faveur de toute la Nation, jamais les Peuples qui sont dans la véritable Eglise ne sentiroient les pésans coups de la vengeance celeste, ni ne se ruïneroient jamais les uns les autres, comme ils font, parce qu'il y a toûjours parmi ces Peuples un résidu de bonnes & de sainctes ames : quoi qu'il semble, dis-je, qu'on puisse m'opposer ces raisons; je veux bien pourtant convenir que les bonnes œuvres de ce petit nombre de Chrétiens qui se consacrent entiérement à Dieu, peuvent attirer les graces du Ciel sur toute la Nation. Je sai que la victoire passoit du côté de Josué, ou du côté des ennemis, à mesure que (1) Moyse élevoit ses mains vers le Ciel, ou qu'il ne les élevoit pas. Je sai qu'on a dit

(1) *Exod. Cap.* 17.

dit, que du fond des grottes & des solitudes, où les Saints faisoient leur retraite, ils élevoient jusques au Ciel par leurs jûnes & leurs oraisons, la matiere des foudres qui accabloient les ennemis de la Chrétienté : & je ne doute point qu'on ne puisse dire, que les bonnes ames en se consacrant à Dieu se devoüent pour la patrie, & qu'elles lui procurent les mêmes avantages que la superstition Payenne s'imaginoit faussement devoir au sacrifice d'un Codrus & d'un Decius. Mais ce seroit une impieté que d'attribuer la même vertu aux priéres des Vestales, & aux macérations des Infideles. Tant s'en faut que cela puisse expier les pechez des autres hommes, qu'il est seur que les sacrifices des Payens, & les autres actes de leur Idolatrie, doivent être mis en tête de tous les crimes qui leur ont attiré la malédiction de Dieu. La pensée de Caton, qui disoit de la mere d'un fort mal-honnête homme, *Que quand elle prioit les Dieux pour la vie de son fils, ce n'étoit pas tant des priéres qu'elle faisoit, que des imprécations contre Rome*, se peut étendre généralement sur toutes les priéres adressées aux Idoles ; quoi qu'en ait voulu dire (1) Symmaque dans les reproches

(1) *Epist.* 54. *l.* 10.

proches qu'il a faits à des Empereurs Chrêtiens, qu'en privant de leurs pensions les Vestales & les Prêtres du Paganisme, ils s'en étoient pris à des personnes qui soûtenoient l'éternité de l'Empire par l'assistance & par la protection du Ciel, dont ils attiroient la (1) benediction sur les armées Romaines.

## §. LXXVIII.

IL reste quelques autres difficultez à éclaircir qui pourroient diminuer la force de ma septiéme Raison, si je n'en donnois pas un éclaircissement bien solide. Aussi prétends-je le donner dans une juste étenduë. Mais auparavant je prendrai la liberté de faire une digression, quand vous devriez renouveller le reproche que vous m'avez fait assez souvent, d'être le plus grand Coureur de Lieux communs qui soit au monde.

(1) *Quid juvat saluti publicæ castum corpus dicare, & imperii æternitatem cœlestibus fulcire præsidiis, armis vestris, aquilis vestris amicas applicare virtutes, pro omnibus efficacia vota suscipere, & jus cum omnibus non habere?*

§. LXXIX.

## §. LXXIX.

**VIII. Raison :** *Que l'opinion qui fait prendre les Cometes pour des présages des calamitez publiques, est une vieille superstition des Payens, qui s'est introduite & conservée dans le Christianisme par la prévention que l'on a pour l'antiquité.*

JE destine cette digression à recueillir de tout ce que j'ay remarqué, la véritable cause de la prévention qui regne dans le monde, *que les Cometes sont des signes de malheur.* Je dis donc que ce sentiment est un reste des superstitions Payennes, qui s'est perpétué de pere en fils depuis la conversion des Payens, tant parce qu'il avoit jetté de profondes racines dans l'ame de tous les hommes, que parce que, généralement parlant, les Chrêtiens sont aussi frappez que les autres hommes, de la maladie de se faire des présages de tout.

§. LXXX.

§. LXXX.

*De la grande paſſion qu'ont les hommes de ſavoir l'avenir, & des effets qu'elle a produits.*

IL eſt facile de comprendre que les Payens croioient fortement que les Cométes, les éclipſes, &c. préſageoient de grands malheurs, ſi on conſidére le penchant naturel de l'homme à ſe tourmenter pour l'avenir, ſa curioſité inſatiable de ſavoir l'avenir, & la coûtume qu'il a de trouver du myſtere & du merveilleux dans tout ce qui n'arrive pas ſouvent. Cette inſatiable curioſité de l'avenir a fait naitre je ne ſai combien de manieres de Divination toutes chymeriques & ridicules, dont neanmoins les hommes n'ont pas laiſſé de ſe payer. Quand quelqu'un a été aſſez malicieux pour vouloir profiter de la foibleſſe de l'homme, & qu'il a eu aſſez d'eſprit pour inventer quelque choſe qui puſt ſervir à ce deſſein, il n'a pas manqué de donner là dedans, c'eſt à dire de ſe vanter de la connoiſſance des choſes futures. C'eſt de là qu'eſt venuë l'Aſtrologie Judiciaire. Ceux qui commencerent à étudier

dier les mouvemens des Cieux, n'avoient autre chose en veüe que de s'instruire d'un effet aussi admirable : & comme c'étoient apparemment des esprits plus touchez de l'amour des sciences, que de celui des biens du monde, ils ne prétendoient pas faire de l'Astrologie un art de Filou. Mais il s'est trouvé de mal-honnêtes gens dans la suite, qui ayant remarqué le foible de l'homme, en ont voulu profiter ; & pour cet effet ils ont débité par tout, que la science des Astres apprend ce qui est, ce qui a été, & ce qui sera. Desorte que pour de l'argent chacun pouvoit apprendre sa bonne aventure. Pour mieux duper les gens, on leur a fait croire que les Cieux sont un livre où Dieu a écrit l'Histoire du Monde, & qu'il n'y a qu'à savoir lire l'écriture dont Dieu s'est servi, qui n'est autre que l'arrangement des étoiles, pour apprendre cette Histoire-là. De tres savans hommes, Plotin & Origene entre autres, ont donné dans ce panneau, jusques là (1) qu'Origene voulant confirmer son sentiment par quelque chose de bien fort, se couvre de l'autorité d'un livre Apocryphe attribué au Patriarche Joseph, où l'on fait dire au Patriarche Jacob

(1) *vide Euseb. præp. Euang. l. 6. c. 9.*

cob s'adreſſant à ſes enfans, (1) *J'ay leu dans les Regîtres du Ciel tout ce qui vous arrivera, & à vous, & à vos fils.* On a profité ſur tout de l'apparition des Cométes, & de la peur qu'elles faiſoient par leur longueur demeſurée. Les Aſtrologues n'ont pas manqué de dire que c'étoient des Aſtres mal-faiſans ; ils l'ont dit ſur tout, aprés avoir éprouvé qu'ils ſe rendoient en quelque façon néceſſaires par ce moyen-là, chacun voulant ſavoir d'eux, comme d'un Oracle, quels étoient dans le détail les malheurs préſagez par les Cométes. Les éclipſes leur ont fourni de pareilles occaſions de faire valoir leur talent. D'autres ont pris occaſion de là, de ſe vanter de pluſieurs autres ſortes de Divination, de la Geomance, de la Chiromance, de l'Onomance ; & inſenſiblement le monde s'eſt trouvé ſi plein de ſuperſtition, qu'on croyoit que toutes choſes étoient des préſages de l'avenir, particuliérement lors qu'on euſt fait une affaire de Religion de cette ſorte de Diſciplines, & que le fort du ſervice divin ſe trouva placé dans la connoiſſance des augures. Ceux qui pour ſe rendre néceſſaires, avoient beſoin de faire peur de la colere des Dieux

(1) *Legi in tabulis cœli quæcunque contingent vobis & filiis veſtris.*

Dieux au Peuple, ne manquoient pas d'appuyer sur les Cométes, & de mettre en proverbe qu'on n'en avoit jamais veu qui n'eust apporté du mal. Ils savoient pêcher en eau trouble, comme nous l'apprend T. Live : car à l'occasion d'une maladie contagieuse qui de la Campagne se répandit dans la Ville aprés une grande secheresse l'an de Rome 326. il raporte que la maladie passa jusques à l'esprit, par l'adresse de ceux qui s'enrichissent de la superstition des autres, & qu'on ne voyoit par tout que de nouvelles (1) cérémonies. Le Démon, qui faisoit là beau jeu, & qui trouvoit que la superstition des Peuples lui étoit un moyen infaillible de se faire adorer sous le nom des faux Dieux en cent manieres différentes, toutes criminelles, toutes détestées du souverain Maître de toutes choses, ne manquoit pas de faire valoir son art trompeur, toutes les fois qu'il paroissoit des méteores, ou dés étoiles non communes, à persuader aux Idolatres, que c'étoient des signes de la colere des Dieux, & que tout étoit perdu, si on ne les appaisoit par des sacrifices d'hommes & de bétes, &c.

(1) *Nec corpora modo affecta tabo, sed animos quoque multiplex religio, & pleraque externa invasit, novos ritus sacrificando, vaticinandoque, inferentibus in domos, quibus quæstui sunt capti superstitione animi,* Livius l. 4. Dec. 1.

§. LXXXI.

§. LXXXI.

*Que les Politiques ont fomenté la superstition des présages.*

LA Politique s'est aussi mêlée du soin de faire valoir les présages, afin d'avoir de bonnes ressources, ou pour intimider les sujets, ou pour les remplir de confiance. Si les Soldats Romains eussent été des Esprits Forts, Drusus fils de Tybere n'eust pas eu le bonheur de calmer la mutinerie des Légions de la Pannonie, qui ne gardoient plus aucune mesure. Mais une éclipse qui survint fort à propos étonna tellement ces mutins, que (1) Drusus qui se prévalut en habile homme de leur terreur panique, en fit tout ce qu'il voulut. Une éclipse de Lune épouvanta si fort l'armée d'Alexandre le Grand quelques jours avant la bataille d'Arbelles, que les Soldats s'imaginant que le Ciel leur donnoit des marques de son courroux, ne vouloient point passer outre. Leurs murmures alloient à une sédition toute ouverte, lors qu'Alexandre fit commandement aux Devins Egyptiens, qui étoient les mieux versez en la science des Astres, de dire leur sentiment sur cette

(1) *Tacit. Annal. lib.* I.

cette éclipse en présence des Officiers de l'armée. Les Devins, sans s'amuser à expliquer le secret de leur Physique, qu'ils tenoient caché au Vulgaire, se contenterent d'assurer le Roy que le Soleil étoit pour les Grecs, & la Lune pour les Perses, & qu'elle ne s'éclipsoit jamais, qu'elle ne les menaçast de quelque calamité : sur quoy ils raporterent plusieurs vieux exemples des Roys de Perse, qui aprés les éclipses de Lune avoient eu les Dieux contraires lors qu'ils avoient combatu. *Rien n'est si puissant*, poursuit (1) Q. Curce, *que la superstition pour tenir en bride la populace. Quelque effrenée & inconstante qu'elle soit, si elle a une fois l'esprit frappé d'une vaine image de Religion, elle obeira mieux à des Devins, qu'à ses Chefs. La réponse donc des Egyptiens étant divulguée parmi les troupes, releva leur espérance & leur courage*, &c. Le même (2) Alexandre ayant remarqué en se préparant au passage du Granique, que la circonstance du tems, qui étoit le mois de Desius, que l'on disoit avoir été malheureux de toute ancienneté aux entreprises des Macedoniens, décourageoit son armée, fit publier qu'on appelleroit ce mois dangereux,

(1) Liv. 4. chap. 10.

(2) Voy. les supplemens de Freinshem. sur Q. Curce l. 2. ch. 5.

du

## §. LXXXI.
*Que les Politiques ont fomenté la superstition des présages.*

LA Politique s'est aussi mêlée du soin de faire valoir les présages, afin d'avoir de bonnes ressources, ou pour intimider les sujets, ou pour les remplir de confiance. Si les Soldats Romains eussent été des Esprits Forts, Drusus fils de Tybere n'eust pas eu le bonheur de calmer la mutinerie des Légions de la Pannonie, qui ne gardoient plus aucune mesure. Mais une éclipse qui survint fort à propos étonna tellement ces mutins, que (1) Drusus qui se prévalut en habile homme de leur terreur panique, en fit tout ce qu'il voulut. Une éclipse de Lune épouvanta si fort l'armée d'Alexandre le Grand quelques jours avant la bataille d'Arbelles, que les Soldats s'imaginant que le Ciel leur donnoit des marques de son courroux, ne vouloient point passer outre. Leurs murmures alloient à une sédition toute ouverte, lors qu'Alexandre fit commandement aux Devins Egyptiens, qui étoient les mieux versez en la science des Astres, de dire leur sentiment sur cette

(1) Tacit. *Annal.* lib. I.

les machines de la Religion, supposa des Oracles, & fit dire au Peuple par les Prêtres, que Minerve avoit quitté la Ville, prenant le chemin du Port. Philippe Roy de Macedoine, l'homme du monde qui s'entendoit le mieux à vaincre ses Ennemis par des intelligences ménagées à force d'argent, avoit des Oracles de Delphes à sa poste autant qu'il en vouloit : & de là vint que Démosthéne soupçonnant avec raison que la Prêtresse se laissoit suborner par les présens de Philippe, railla vivement sur la partialité qu'elle témoignoit pour lui, comme l'a remarqué Minucius Felix, aprés Ciceron.

Il est aisé de comprendre, que les mêmes maximes d'Etat, qui ont fomenté la superstition des Peuples à l'égard des autres prodiges, l'ont aussi fomentée à l'égard des Cométes. Car il n'y avoit rien de plus aisé, quand il paroissoit une Cométe, & qu'on vouloit faire la guerre à quelque Prince voisin, que de faire débiter par les Astrologues, que cette Cométe menaçoit particuliérement ce Prince-là ; que de faire dire fort sérieusement ce que Vespasien disoit (1) peut-être pour rire d'une Cométe qui parut

(1) Xiphilin.
Aur. Victor in epit.

parut sous son regne, *Que c'étoit le Roy des Parthes avec sa longue chevelure, qui en étoit menacé plutôt que lui, qui portoit les cheveux courts.* C'étoit en même tems donner bonne espérance à son parti, & étonner l'autre. Il paroit par la 6. Satyre de Juvenal, que cela se pratiquoit ainsi. Car en nous donnant le caractere d'une femme Nouvelliste, il nous la représente débitant dans les Compagnies, *Qu'il paroissoit des Cometes qui menaçoient le Roy d'Armenie & le Roy des Parthes, & que leurs Pays & leurs Villes étoient ravagez par des inondations des fleuves, & par des tremblements de terre;* ce qui, comme vous savez Mr. passoit pour un présage (1) fâcheux, outre le mal présent qu'il causoit.

(1) *Voi. cy-dessus p. 16.*

*Instantem Regi Armenio, Parthoque Cometen*
*Prima videt: famam rumoresque illa recentes*
*Excipit ad portas, quosdam facit isse Niphatem*
*In populos, magnoque illic cuncta arva teneri*
*Diluvio, nutare urbes, subsidere terras,*

*Quo-*

*Pensées diverses.*

*Quocunque in trivio, cuicunque est obvia, narrat.*

Vous voyez là l'esprit d'un Nouvelliste Pensionnaire, toûjours informé d'un grand nombre de malheurs qui désolent le Pays ennemi, ou celui qui le va devenir, & de plusieurs présages funestes qui le menacent.

Qui doute que les amis de Cesar n'ayent affecté de dire par tout, que la Cométe qui parut aprés sa mort, étoit une marque du courroux du ciel contre ses meurtriers, & un présage de la protection que les Dieux accorderoient à ceux qui en poursuivroient la vengeance? Vous avez leu sans doute que Mahomet gagna un Astrologue de réputation, pour annoncer par tout qu'il devoit arriver un grand changement dans le monde, & qu'un grand Prophete établiroit une nouvelle Religion. Pourquoi cela? Afin de préparer les esprits à ne point s'opposer à des événemens qu'ils regarderoient comme prédestinez & inévitables. Mais si les Grands ont contribué à faire croire que les Cométes sont des présages de mauvais augure, les Peuples y ont contribué aussi

de

de leur côté, non seulement parce qu'ils se portent de leur naturel à traitter de présages les moindres choses, mais aussi par une certaine malignité, qui les porte à s'imaginer facilement, que ceux qui gouvernent ne s'en acquittent pas au contentement de Dieu ; & là dessus c'est à gloser sur ce qu'on a fait cecy, sur ce qu'on n'a point fait cela. Desorte qu'il est arrivé enfin, que la Politique a trouvé de méchans côtez dans la prévention des Peuples, parce qu'on s'est enfin faussement imaginé, que les Cométes menaçoient sur tout les Rois & les Princes.

## §. LXXXII.
### *Que les Panegyristes ont contribué à fomenter la superstition des présages.*

IL faut ajouter à toutes ces causes de la prévention générale, la flaterie des Poëtes & des Orateurs. Quand ces Mrs. là font l'éloge de leurs Héros, ils se servent entre autres Lieux communs de celui-cy, *Que toute la Nature le respecte, qu'elle applique toutes ses forces pour lui, qu'elle s'afflige de ses malheurs, qu'elle le promet au monde ; que quand le monde s'est rendu indigne de le posseder, le Ciel qui*

qui le redemande, allume de nouveaux feux, &c. Mr. de Balzac ne manqua pas de régaler de cette hyperbole le Cardinal de Richelieu, & de dire, *que pour voir un Premier Ministre pareil à lui, il est besoin que toute la Nature travaille, & que Dieu le promette long-tems aux hommes, avant que de le faire naître.* Il en fut critiqué, mais il se (1) défendit, en faisant voir que d'autres avoient été encore plus loin que lui ; cet Ancien par exemple, qui a dit de certaines ames, *que tout le Ciel étoit occupé à faire leur destinée* ; & cet illustre Italien du tems de nos Peres, qui a écrit, *que l'Entendement Eternel étoit en une haute pensée & avoit un grand dessein, lors qu'il fit le Cardinal Hypolite d'Est.* Je m'étonne qu'il n'ait fait aussi venir sur les rangs ce Pretre qui dit un jour à l'Empereur Constantin, *que la Providence Divine ne s'étoit pas contentée de l'avoir rendu digne de l'Empire du monde, qu'elle avoit encore travaillé à lui donner des vertus qui méritoient qu'après cette vie il regnast avec le Fils de Dieu dans le Ciel.* C'est apparemment le mauvais succés de cette flaterie profane, qui a empêché Mr. de Balzac de se justifier par un tel exemple ; car (1) Eusebe raporte

(1) *Mr. de Balz. disc. 2. au Card. Bentivogl.*

(1) *l. 4. de vita. Const. c. 48.*

te que Constantin fit taire cet impertinent Harangueur.

En général on peut dire que les flateurs se sont servis de tous les effets surprenans de la Nature pour relever le mérite de leur Héros, & pour plaire aux Grands du Monde. Ainsi les Poëtes de la Cour d'Auguste tâchoient à l'envie de persuader, que la mort de César étoit cause de tous les prodiges qui la suivirent. Horace le dit expressément dans l'Ode que j'ay déja (1) citée, pour faire voir que les débordemens des fleuves passoient dans le Paganisme pour des présages de malheur. Il prétend que le Tybre n'avoit fait tant de ravages, que par complaisance pour sa femme Ilie, qui vouloit venger la mort de Cesar son parent. Il fait comprendre aussi que tous les autres malheurs qui avoient affligé, ou qui alloient affliger l'Empire, étoient l'éffet de l'assassinat de cet Empereur. Si nous en croyons (2) Virgile, le soleil fut tellement affligé de la mort du même César, qu'il en prit le deüil, & qu'il offusqua sa lumiere de telle sorte, qu'on craignit de ne le voir plus. Cependant on n'eut pas plutôt veu luire une Cométe peu aprés la mort de César, que d'autres

(1) *cy-dessus p.* 161.

(1) *Georg. l.* 1.

## Pensées diverses.

tres flateurs dirent que c'étoit son ame receüe au nombre des Dieux, & pour cette raison on consacra un (1) Temple à cette Cométe, & on représenta César avec une étoile sur le front.

(1) *Sueton. in Cæs. cap.* 88.

On ne peut pas voir des contradictions plus évidentes : car si l'ame de César a été receüe au nombre des Dieux, si elle a brillé dans le Ciel parmi les étoiles, pourquoi est-ce que le soleil s'afflige ? Pourquoi se couvre-t-il de tenebres ? Ne doit-il pas prendre plus de part à la gloire du Ciel, lui qui est de ce Pays-là qu'aux malheurs de Rome ? Assurément Virgile fait sa cour d'une maniere bien singuliere, puis que pendant que les autres disent que le Ciel se voit honoré de la possession d'une nouvelle étoile par la mort de César, il asseure lui que le soleil se couvre d'obscurité. S'il eust eu moins de bon sens, il eust accommodé sa pensée avec celle des autres, en disant que le soleil étoit si fâché de voir parmi les Astres une nouvelle étoile à qui le Ciel faisoit plus d'honneur qu'à lui, qu'il se cachoit de honte. Mais il étoit trop judicieux pour se servir d'un éloge qui, n'en déplaise au galant Mr. de Voiture, & à son Sonnet sur une Dame qui s'étoit baignée

baignée à soleil couchant, eust paru froid selon toutes les apparences, à celui pour qui se faisoit la fête; car, au dire d'un (1) bel esprit de sa Cour, il ressembloit à ces chevaux qui ruent, quand on les caresse de mauvaise grace. Mais que dirons-nous d'Ovide, qui finissant ses Métamorphoses par celle de César en Cométe, nous assure qu'entre plusieurs prodiges qui précederent la mort de cet Empereur, on vit le soleil d'une pâleur extraordinaire, & la lune teinte de sang ?

Voicy, Mr. le véritable moyen de dénoüer toutes ces difficultez. Ces beaux Esprits n'avoient tous qu'un même but, qui étoit de faire leur cour à force d'encens à l'Empereur Auguste : car pour César qui n'étoit plus en état de reconnoître la flaterie, il n'eust pas fait faire beaucoup de vers, s'il n'avoit eu pour successeur une personne tres affectionée à sa gloire. Ainsi on ne loüoit César qu'à cause de son successeur. Or soit qu'on dist que le soleil s'étoit obscurci avant la mort de César, soit qu'on dist que ce fut aprés, c'étoit toute la même chose pour la gloire de ce Prince. C'est pourquoi Virgile l'a dit d'une façon, Ovide

(1) *Cui malè si palpere, recalcitrat, undique tutus.* Horat, Sat. 1. l. 2.

Ovide d'une autre, & tous deux ont a-
droitement conclu par loüer Auguste
d'une maniére fort adroite, & poussée
aussi loin qu'on peut.

## §. LXXXIII.

*A combien de choses on a fait servir une
même Cométe.*

ON peut voir par là qu'une même
Cométe a servi à plusieurs fins. Auguste par des veües de Politique fut bien
aise qu'on crust que c'étoit l'ame de César ; car c'étoit un grand avantage pour
son parti, de croire qu'on poursuivoit les
meurtriers d'un homme qui étoit alors
parmi les Dieux. C'est la raison pourquoy il fit bâtir (1) un Temple à cette (1) *Pli-*
Cométe, & déclara publiquement qu'il *nius, l.* 2.
la regardoit comme un tres heureux pré- *c.* 25.
sage. Ceux qui étoient dans son parti,
& qui n'avoient pas assez de crédulité
pour se persuader ces conversions d'a-
mes en étoiles, croioient à tout le moins,
ou faisoient accroire aux autres, que les
Dieux témoignoient par cette Cométe,
combien ils étoient en colere contre
Brutus & Cassius. Ceux qui étoient encore Républicains dans l'ame, disoient

au contraire que les Dieux témoignoient par là, combien ils désaprouvoient qu'on n'appuyast pas le parti des Libérateurs de la Patrie ; qui sans doute ne s'oublioient pas de leur côté, pour mettre à quelque usage cette Cométe selon la superstition d'alors. Enfin les Poëtes trouvoient là, non seulement dequoy faire de magnifiques descriptions, & dequoy intéresser toute la Nature à la gloire de leur Héros Deïfié : mais aussi dequoy flatter leur Heros vivant, ce qui étoit le bon de l'affaire.

Ce n'est point par conjecture que j'en parle. Prenez la peine de jetter les yeux sur le passage de Virgile que je vous ay cité ; vous verrez que sa conclusion est, *Qu'à tout le moins il plaise aux Dieux, qui avoient bien eu le cœur de voir deux fois les plaines de Thessalie inondées du sang des Romains, de ne pas empêcher qu'Auguste releve l'Empire qu'ils avoient laissé périr : qu'il y a long-tems que le Ciel porte envie à Rome, de la possession d'Auguste, & qu'il se plaint de son attachement à triompher sur la terre.* Voyez aussi le dernier chapitre des Métamorphoses d'Ovide, vous y verrez que si César a été élevé au rang des Dieux, il en a l'obligation au mérite
de

de son successeur qu'il avoit adopté, autant qu'à son mérite propre. Mais pour vous épargner le chagrin de chercher tous ces passages, en voicy un d'une délicatesse consommée, qui parle de l'ame de César,

(1) *Simul evolat altiùs illa*
*Flammiferumque trahens spatioso limite crinem,*
*Stella micat: Natique videns benefacta, fatetur*
*Esse suis majora, & vinci gaudet ab illo.*
*Hic sua præferri quamquam vetat acta paternis,*
*Libera fama tamen, nullisque obnoxia jussis,*
*Invitum præfert, unaque in parte repugnat.*

(1) Ovidius Metamorph. lib. 15.

Si je ne craignois de vous fatiguer par un trop grand nombre de citations, je vous alleguerois la flaterie dont on se servit envers l'Empereur Adrien mortellement affligé de la mort de son mignon Antinoüs, dont on lui dit que l'ame avoit été changée en une étoile qui parut de nouveau en ce tems-là. Je vous citerois (2) Claudien, qui tire un heureux

(2) De 4. consul. Honor.

reux présage pour l'Empereur Honorius, de ce qu'une étoile apparut en plein jour environ le tems de sa naissance. J'ajoûterois que l'on a dit (3) que le ciel avoit annoncé par deux admirables Cométes la future grandeur de Mithridate, l'une ayant brillé l'année qu'il vint au monde, & l'autre l'année qu'il commença de regner. Je n'oublierois pas que les Augures étant consultez sur le débordement du Tybre qui arriva la propre nuit, dont Octave avoit receu le surnom d'Auguste, le jour, (1) répondirent que c'étoit un signe de la grande élévation où il parviendroit. Ce qui montre que les Poëtes n'étoient pas les seuls qui accommodoient la Nature à la passion des Grands. En un mot je raporterois cent autres faits, qui nous montrent que l'envie de plaire, de flater, de donner du merveilleux aux choses, a fait prendre des effets purement naturels pour des prodiges extraordinaires. Un Roy ou une Reyne mouroient-ils peu aprés qu'il avoit paru une Cométe ? On ne manquoit pas de dire tout aussi-tôt, qu'au préssentiment de ce grand malheur toute la Nature s'étoit remuée pour former des nouveaux Astres, & à force

(3) Justin. Histor. l. 37.

(1) Dion Cassius l. 53.

de le dire, on a porté les hommes à croire, que quand il paroit des Cométes, c'est un signe que la Nature a quelque semblable préssentiment. Avoit-il aussi paru quelque Cométe à la naissance d'un Prince devenu puissant & victorieux ? Les Panegyristes épluchant, selon les preceptes de la Rhétorique, les signes *antecedens* & *concomitans* de cette naissance, ne manquoient pas de faire sonner haut la nouvelle étoile. Enfin il étoit impossible que la Cométe fust prise pour ce qu'elle étoit, c'est à dire pour un effet naturel, y ayant tant de gens qui se mêloient d'en faire un miracle.

Plus on étudie l'homme, plus on connoit que l'orgueil est sa passion dominante, & qu'il affecte (1) la grandeur jusques dans la plus triste misere. Chétive & caduque créature qu'il est, il a bien peu se persuader qu'il ne sauroit mourir, sans troubler toute la Nature, & sans obliger le Ciel à se mettre en nouveaux frais, pour éclairer la pompe de ses funérailles. Sotte & ridicule vanité ! Si nous avions une juste idée de l'Univers, nous comprendrions bientôt, que la mort ou la naissance d'un Prince, est une si petite affaire, eu égard à toute la Nature des choses,

(1) *Adeo velsummus similis fastum & pompam amamus, quasi mortales mori non possint, vsi rerum natura perturbetur, ac coelum ipsum lucti tosum funeri faciendo accendit. Curtius.*

choses, que ce n'est pas la peine qu'on s'en remuë dans le Ciel. Nous dirions avec celui de tous les Philosophes (1) de l'ancienne Rome, qui a eu les plus sublimes pensées, qu'à la verité les soins de la Providence descendent jusques à nous, & que nous y entrons pour nôtre part, mais que leur but est bien autrement considérable que nôtre conservation, & qu'encore (2) que les mouvemens des cieux nous aportent des grandes utilitez, ce n'est pas à dire pourtant que ces vastes corps se meuvent pour l'amour de la terre. Pardonnez moi cette petite approbation d'une pensée, qui ne passera jamais pour Orthodoxe parmi ceux qui prenent les Cométes pour des prodiges. Tant de gens se sont mêlez de leur conférer cette qualité, que l'erreur a été inévitable.

Si vous ajoutez à cela, que le cours du monde fournissant une infinité de révolutions & de malheurs, on en voyoit arriver souvent à la suite des Cométes ; Qu'il arrive plus de grands maux dans le monde, que de grandes & d'insignes

(1) *Quamquam majus illis propositum sit majorque actus sui fructus, quàm servare mortalia, tamen in nostras quoque utilitates à principio rerum præmissa mens est, & is ordo mundo datus, ut appareat curam nostri non inter ultima habitam,* Senec. de Benef. l. 6. c. 23.

(2) *Non enim nos causa mundo sumus: nimis nos suspicimus, si digni nobis videmur, propter quos tanta moveantur.* Id. de ira, l. 2. c. 27.

prosperitez ; Que les hommes retiennent mieux le souvenir du mal, que le souvenir du bien ; Que sur le chapitre des prédictions ils se laissent plutôt tromper par une qui a réüssi, que detromper par vingt qui ont été fausses ; Qu'ils ont donc fait plus d'attention aux Cométes qui ont été suivies de malheur, qu'à celles qui n'en ont pas été suivies ; Qu'il meurt plus de tetes Couronnées, qu'il n'y en a qui deviennent des Mithridates : si, dis-je, vous ajoutez tout cela aux autres réfléxions que j'ay faites, vous comprendrez aisement Mr. que les Payens ont deu etre généralement préoccupez de la pensée, que les Cométes sont un signe de malheur.

## §. LXXXIV.

*Pourquoi les Chrétiens sont dans la même prevention que les Payens sur le sujet des Cométes.*

MAintenant il ne faut plus s'étonner que les Chretiens soient dans la meme prévention, puis qu'ils sont la posterité des Payens, & qu'à l'Idolatrie prés, ils donnent dans les mêmes foiblesses que les Payens. Le grand ouvrage de la prédication des Apôtres a été de faire connoitre le vray Dieu, & son Fils Dieu & homme, mort & résuscité pour nous, & de remplir le cœur de l'homme de l'amour de Dieu & de celui de la sainteté, de faire cesser le culte des Idoles, & de ruïner l'empire du vice. C'est à quoi tendoit la publication de l'Evangile. Du reste, Dieu ne s'est pas proposé en retirant les Payens de leurs ténébres, & en les introduisant dans le Royaume de sa merveilleuse lumiere, pour me servir des expressions de l'Ecriture, de les rendre meilleurs Philosophes qu'ils n'etoient, de leur apprendre les secrets de la Nature, de les fortifier de telle sorte contre les préjugez & contre les erreurs populaires, qu'ils fussent incapables d'y tomber. L'experience nous le montre manifestement; on ne voit pas que les personnes à qui Dieu communique les plus riches thrésors de sa grace, qu'il remplit de la plus ferme foy, & de la plus ardente charité, soient les génies les plus pénétrans, raisonnent avec le plus de force, & se mettent au dessus de mille faux jugemens, qui ne sont d'aucune conséquence contre le salut de l'ame. Si bien qu'on peut dire que les Payens

Payens sont passez dans la Religion Chrétienne, avec tous les préjugez qu'ils avoient eus dans le Paganisme à l'égard des choses de la Nature, ou en général à l'égard de tout ce qui ne détruit point les véritez de la foy.

Vous étés trop savant, Mr. pour avoir besoin que je vous apprenne cette remarque, & vous la sauriez assez, quand même vous n'auriez leu de vôtre vie que les ouvrages de Mr. Nicole; car voici comme il s'exprime dans ce chef-d'œuvre, qu'il n'appelle *qu'essais de Morale*, par une modestie tout à fait Chretienne, (1) *Encore que Jesus Christ fust plein de toute vérité, comme dit St. Jean, on ne voit point qu'il ait entrepris d'oter aux hommes d'autres erreurs que celles qui regardoient Dieu & les moyens de leur salut. Il savoit tous leurs égaremens dans les choses de la Nature. Il connoissoit mieux que personne en quoi consistoit la véritable éloquence. La vérité de tous les évenements passez lui étoit parfaitement connuë. Cependant il n'a point donné charge à ses Apôtres, ni de combatre les erreurs des hommes dans la Physique, ni de leur aprendre à bien parler, ni de les desabuser d'une infinité d'erreurs de fait dont leurs Histoires toient remplies.*

(1) *Vol.* 1. *Traité* 4. 1 *part.* n. 42.

Il paroit par les ouvrages des Peres qui s'étoient convertis du Paganisme, que s'ils avoient été Platoniciens, ils retenoient l'air & l'esprit de cette Secte. Il n'y a donc point lieu de douter, que ceux qui avoient cru que les éclipses, les Comètes, les tremble-terres, & choses semblables, sont des Phénomenes de mauvais augure, ne l'ayent encore cru aprés leur conversion, s'imaginant que pourveu qu'ils attribuassent à leurs pechez & à la colere de Dieu, ce qu'ils avoient attribué à l'omission de quelque cérémonie superstitieuse, & à quelque fausse Divinité offensée, il n'y avoit rien à redire dans leur sentiment. Par ce moyen la societé des fideles s'est trouvée de génération en génération imbuë des erreurs populaires qui s'étoient établies dans le Paganisme, à la réserve de celles qui choquent manifestement les Mysteres de la Religion : car dés qu'on a veu qu'une opinion n'étoit pas condamnée comme hérétique, on a suivi sans façon le torrent de ceux qui en étoient préoccupés. (1) Peu de gens s'amusent à examiner si les opinions générales sont vrayes, ou fausses. N'est-ce pas assez, dit-on en son esprit, qu'elles viennent de nos Peres.

(1) *Fieri malunt alieni erroris accessio, quàm sibi credere*, Minucius Felix.

§. LXXXV.

## §. LXXXV.

*Introduction de plusieurs cérémonies Payennes dans le Christianisme.*

IL est même vrai, que quand on se fut apperceu dans l'ancienne Eglise, que la trop grande simplicité du culte que les Apôtres avoient enseigné, n'étoit pas propre pour le tems où la ferveur du zéle s'étoit un peu ralentie, & qu'ainsi il étoit de la prudence Chrétienne d'introduire dans le service divin l'usage de diverses cérémonies; on s'arrêta sur tout à celles qui avoient eu le plus de vogue parmi les Payens : soit parce qu'en général on les trouva propres à inspirer du respect aux Peuples pour les choses saintes, soit parce qu'on crut que ce seroit le moyen d'apprivoiser les Infideles, & de les attirer à Jesus Christ, par un changement en quelque façon imperceptible. Quand les Huguenots nous reprochent la conformité qui se trouve entre nos Cérémonies, & celles des anciens Payens, & qu'ils la prouvent même par de bons passages, il y a plusieurs de nos Controversistes qui leur disent tout net que cela est faux, que ce sont toutes calomnies forgées

gées par les Ministres, pour décrier nôtre Religion. Mais ceux qui sont tout ensemble & habiles, & de bonne foy, avoüent (1) la dette, & ne manquent pas de bonnes raisons, pour justifier l'adoption que nous avons faite de plusieurs coûtumes du Paganisme. Ils disent, que c'est employer les richesses des Egyptiens à la fabrique du Tabernacle, comme firent les Juifs : Que c'est imiter Salomon, qui emprunta d'un Roy Idolâtre les materiaux & les Architectes du Temple du vrai Dieu : Que David (2) ne fit point scrupule de se parer de la couronne d'or grelée de pierreries, qu'il avoit fait arracher de dessus la tête de l'Idole Melchom : Que Dieu permettoit bien aux Juifs de se marier avec leur Captives, & de changer des Moabites en filles de Sion, pourveu qu'ils leur rognassent les ongles, qu'ils leur rasassent les cheveux, & qu'ils pratiquassent à leur égard diverses purifications : Qu'ainsi aprés les retranchements, & les purifications nécessaires, nous ne devons pas faire difficulté de nous accommoder des depoüilles du Paganisme, comme le remarque St. Jerôme. Le Cardinal Baronius demeure d'accord

(1) *Memoiers de Mr. de Marolles* part 2 p. 209. *Du Boulay Thea. des antiq. Rom.* p. 581. 587. &c.

(2) *Lib. 2. Reg. cap.* 12.

cord que l'Eglise s'en est souvent accommodée, car aprés avoir avoüé fort ingenûment, que la Fête de la Chandeleur est tout à fait Payenne dans son origine, il ajoute (1) *qu'il est arrivé la même chose à plusieurs autres superstitions des Gentils, c'est à dire qu'elles ont été louablement introduittes dans l'Eglise, ayant été expiées & sanctifiées par un usage sacré.* Jugez Mr. si les erreurs & les préjugez des Payens sur le chapitre des présages, n'ont pas eu beaucoup de facilité pour entrer dans la Religion Chrêtienne, pourveu seulement que l'on n'attribuast rien aux fausses Divinitez, puis que les Cérémonies de leur fausse Religion ont été favorablement accüeillies, aprés avoir été deüement purifiées.

(1) *Idem in multis aliis Gentilium institutis contigit ut superstitionis eorum usus sacris ritibus expiatus, ac sacro-sanctus redditus, in Dei Ecclesiam laudabiliter introductus sit.* Not, in Martyrol. Rom. 2. Februar.

## §. LXXXVI.

*Que les fausses conversions des Payens ont transporté bien des erreurs dans le Christianisme.*

IL y a une autre chose qui a contribué au transport des erreurs du Paganisme dans l'Eglise Chrêtienne : c'est le grand nombre des faux convertis. Car combien

bien croyez-vous Mr. qu'il y eut de Payens qui firent semblant d'abjurer l'Idolatrie sous les Constantins, & sous les Théodoses, lors que la Religion Chrêtienne étoit la Religion Dominante, & que pour bien faire sa cour à celui de qui on attendoit sa fortune, il faloit être baptizé? Peut-etre n'y en eut-il pas beaucoup, pendant que les Empereurs Chrêtiens se crurent obligez par raison d'Etat à ménager les Payens. Mais je suis fort trompé, si quand Théodose se fut mis tout de bon dans l'esprit le dessein d'extirper le Paganisme, il n'y eut beaucoup d'Idolatres, qui sans autre motif que celui d'être de la Religion du Prince, entrerent dans le giron de l'Eglise. Je dis la même chose des François qui étoient Payens, lors que Clovis se convertit à la foy. Il est fort probable que Dieu en illumina quelques-uns, & que sa Providence, qui trouve souvent à propos de se servir de nos passions pour nous retirer de nos égaremens, se servit de l'impression forte que l'exemple d'un grand Roy peut faire sur les esprits, pour ouvrir les yeux à quelques Seigneurs de cette Cour. Mais il est aussi fort probable, qu'il y en eut plusieurs, qui se firent

firent baptiser uniquement afin d'être du côté des plus forts. Si les Philosophes Payens qui assisterent à la Harangue que Constantin prononcea devant les Peres du Concile de Nicée pour défendre la Divinité de Jesus Christ, furent plus touchez de ce discours, que de toutes les Apologies qu'ils avoient leües: si jamais la Religion Chrétienne ne leur a paru plus plausible, que quand un Empereur revêtu de toute sa Majesté parla pour elle ; n'est-il pas bien apparent que la veüe d'un grand Roy qui embrasse l'Evangile, & que la force d'un si grand exemple, déterminerent quantité de gens de Cour, à faire comme luy, sans examiner la chose plus amplement ? On peut donc dire, qu'en ces tems de prosperité, l'exemple des uns servoit de conviction aux autres de Province en Province ; & qu'ainsi plusieurs personnes de tout état, & de toute condition entroient dans l'Eglise sans aucune véritable vocation, & y apportoient tous leurs préjugez.

§. LXXXVII.

§. LXXXVII.

*Du penchant que les hommes ont à être de la Religion dominante, & du mal que cela fait à la vraye Eglise.*

(1) *Abregé Chronol. Anno* 1562.

MR. de (1) Mezerai raporte une chose touchant Catherine de Medicis, qui me paroit considérable. A la bataille de Dreux le parti du Roy ayant eu du pire dans le commencement, il y eut des fuyars qui piquerent jusqu'à Paris, où ils publierent que tout étoit perdu. Catherine de Medicis sans s'émouvoir autrement, se contenta de dire, *He bien, il faudra donc prier Dieu en François*, & se mit à caresser fort les amis du Prince de Condé, & des nouvelles opinions. On voit par là qu'elle étoit toute résignée à la ruine de la Religion Catholique dans ce Royaume, & toute prête à la sacrifier au parti de la nouvelle Religion, s'il fut devenu le plus puissant. Cette trouppe de Filles d'honneur, qu'elle employoit à lui faire des Créatures, au dépens de tout ce qu'il vous plaira, n'eust pas été non plus fort mal-aisée à persuader qu'il faloit prier Dieu en François, si le Prince de Condé victorieux

rieux les euſt mariées avantageuſement à des Seigneurs Huguenots : & ainſi à proportion chacun à l'exemple de la Reyne Mere ſe fuſt accommodé à la nouvelle Religion, ou pour conſerver ſes charges, ou pour en obtenir quelqu'une par le crédit du Prince. Si bien qu'il ne tint qu'à une bataille gagnée par les Royaux, que la Religion Dominante ne devinſt la Religion tolérée & diſgraciée, que l'on euſt quitté par trouppes pour s'avancer plus aiſément. C'euſt été la même choſe trente ans aprés, ſi Henri IV. euſt peu terraſſer la Ligue par la force de ſes armes. En ce cas-là, je vous répons qu'il n'y euſt point eu de Conférences de Sureine, point de promeſſes de ſe faire inſtruire ; le Roy victorieux n'euſt eu aucun doute ſur ſa Religion. Il l'euſt miſe ſur le trône, & c'euſt été un grand bonheur pour les Catholiques d'obtenir un Edit de Nantes pour être à tout le moins tolérez. On les euſt traittez haut à la main, & parce que les Huguenots avoient parmi eux en ce tems-là beaucoup de ces ardens Zelateurs, qui courent la mer & la terre pour faire des Proſelytes, comme nous en avons à preſent un tresgrand nombre par la grace de Dieu & du Roy,

Roy, on n'eust entendu parler d'autre chose que de Conversions. Tous les Intendans de Province eussent été des Marillacs, & je ne sai ce que nous serions à présent vous & moi, mon pauvre Mr. Il me paroit fort probable, que Mr. vôtre grand Pere qui avoit une belle charge & beaucoup d'enfans, se fust fait Huguenot, pour conserver cette charge, & pour pousser sa famille. Si bien, Mr. que peut-être vous seriez Ministre de Paris à l'heure qu'il est : car Mr. vôtre Pere voyant la belle naissance que vous aviez pour les lettres, & vôtre naturel dévot, n'eust pas manqué de vous destiner à l'Eglise. Pour mes Ancêtres, je crois franchement qu'ils eussent fait ce que je vois faire tous les jours aux Huguenots de mon voisinage, qui pour se délivrer une fois pour toutes des importunitez pieuses & dévotes des Curez & des Moines, & pour se procurer les avantages du ciel & de la terre qu'on leur promet, francs & quittes de toutes les avanies, & de toutes les injustices qui leur sont faites souvent par un zele fort déreiglé, (ce que je ne dirois pas devant tout le monde) font semblant de se faire Catholiques.

Or

Or il est bien asseuré, que toutes ces conversions prétendües de nos Anciens, n'eussent pas empêché leur dévotion secrete pour Nôtre Dame, pour les Saincts, pour les Reliques, pour les Images, pour le Scapulaire, &c. ni araché de leur cœur la pieuse crédulité qui leur avoit été inspirée dés le berceau, pour les miracles, pour le Purgatoire, & ce qui s'ensuit. Nous en tiendrions encore quelque chose vous & moi & nos semblables, tout Calvinistes que nous serions. C'est pour vous dire, que quand on n'entre dans une Religion que par Politique, on y entre avec tous ses préjugez : & c'est ce qu'ont fait plusieurs Payens en embrassant la profession du Christianisme.

## §. LXXXVIII.

*Réfléxion sur les conversions présentes des Huguenots.*

JE suis bien aise d'être tombé sur ce discours, parce que cela me donne lieu de vous demander ce que vous pensez de tant de conquêtes que nous faisons incessamment sur la Religion prétendüe Réformée. Je sai que vous êtes étes un Catholique fort zélé, & je connois peu de gens qui vous égâlent en cela. Si bien que je pourrois facilement croire, que vous étes si sensible aux victoires que nous remportons sur le parti Huguenot, qu'il ne vous reste point de tems pour en examiner les suites & les circonstances. Mais comme je sai d'ailleurs, que vôtre zéle ne vous empêche pas d'avoir l'esprit fort solide, je puis m'imaginer que vous portés vôtre veüe beaucoup plus loin que les autres. C'est pourquoi ne voyant pas clair dans vôtre esprit sur cette affaire, je vous prie de m'apprendre ce que vous en pensez. S'il ne faut que vous montrer le chemin, pour vous engager à une confidence de cette nature, l'affaire est faite, car voici dans le vrai ce que je pense sur cela.

Je ne trouve point que ce soit entrer dans le véritable esprit du Christianisme, que d'extorquer des conversions à force d'argent, & à force de rendre malheureuse la destinée de ceux qui ne se convertissent point. J'avoüe que dans l'état où sont aujourd'hui les Calvinistes de France, ces moyens-là sont tres propres à les faire changer de Religion, parce qu'ils ont perdu ce premier feu & cette ardeur

ardeur qui accompagne tous les grands changemens, & qui à cause de cela se trouvoit avec une grande force dans leurs Ancêtres. Mais franchement, je ne crois pas que ce soit le vrai moyen d'en faire de bons Catholiques; & c'est pourtant à cela qu'il faudroit uniquement travailler. Car nous avons tant de mal-honnêtes gens & tant de scélérats dans nôtre Corps, qu'au lieu d'en grossir le nombre par cette multitude de faux convertis & de Ministres Sociniens qui s'y joignent de jour en jour, il faudroit prier Dieu de chasser de son Eglise tous ceux qui la deshonorent par leur conduite déreiglée.

Vous me direz sans doute, que l'intention de ceux qui travaillent à l'extirpation du Calvinisme, n'est pas d'augmenter le nombre des mal-honnêtes gens qui sont parmi nous. Je le croi aussi, Mr. Mais vous savez bien ce que l'on dit en Philosophie contre ceux qui boivent beaucoup, & qui protestent neanmoins qu'ils n'ont pas intention de s'enyvrer. On leur dit, que s'ils n'ont pas cette intention *formellement*, ils l'ont du moins *interprétativement*, c'est à dire qu'ils ont une intention qui peut être raisonnablement

blement interpretée, par celle de s'enyvrer. Difons le même de nos convertifleurs; ils ne veulent pas *formellement* que les Huguenots deviennent méchans Catholiques, mais ils le veulent *interprétativement*, puis qu'ils veulent des chofes qui meinent tout droit à une fauffe converfion. Car ils veulent que les Huguenots foient pauvres, s'ils perfiftent dans leur Religion; qu'ils perdent leurs charges, & leurs emplois; qu'ils foient expofez à mille infultes; qu'ils ne puiffent s'affembler qu'avec mille peines. On leur offre mille douceurs, s'ils abjurent leur créance : on les délivre d'un joug fort péfant : on leur facilite l'entrée des biens & des honneurs. Il faut être bien ignorant de ce qui fe paffe dans l'homme, pour ne pas favoir, qu'il y a une infinité de gens dans ce fiécle-cy, qui à ce prix-là feroient profeffion de croire tout ce qu'on voudroit.

Comme nous avons deux fortes de convertiffeurs, les uns de robe courte, & les autres de robe longue, je ne croi pas qu'il faille faire un même jugement de tous. Ceux de robe longue me paroiffent moins excufables que les autres, tant parce qu'ils ont infpiré au Roy toutes

tes ces maniéres de convertir, que parce qu'ils ont leu dans l'Histoire Ecclesiastique la condamnation de ces maniéres : au lieu que les convertisseurs de robe courte ne font qu'obeïr aux ordres du Roy, & ne sont pas de profession à savoir ce que disent les Anciens Peres. Permettez-moi de vous citer un passage de Socrate, qui fait voir en même tems que ces maniéres de convertir étoient blâmées par les anciens Chrétiens, & engageoient une infinité de personnes à abjurer la profession de leur créance. Je sai bien que vous n'ignorez pas ce passage; mais vous ignorez peut-être que je le sai: ainsi je m'en ferai honneur, s'il vous plait, auprés de vous. Voici donc ce que dit (1) Socrate, *Pour ce qui est de la trop grande cruauté, qu'on avoit employée sous l'Empire de Diocletien, l'Empereur Julien ne s'en voulut pas servir,* (2) *mais il ne laissa pas de persécuter l'Eglise* (remarquez bien ces paroles) CAR J'APPELLE PERSECUTION, LORSQUE DES GENS QUI SE TIENNENT EN REPOS, SONT INQUIETEZ DE QUELQUE MANIERE QUE CE SOIT. Or il inquieta les Chrétiens de cette façon. Il fit

(1) *Hist. Eccles. lib. 3. cap. 12, et 13.*

(2) Οὐ μὴν πάντη τοῦ διώκειν ἀπόρχετο· διωγμὸν δὲ λέγω τὸ ὁπωσοῦν παρατάττειν τοὺς ἡσυχάζοντας.

fit une loi qui leur défendoit d'étudier, de peur, disoit-il, que par le secours des sciences, ils ne répondissent plus aisément aux Philosophes Payens. Il les éloigna aussi de tout emploi militaire dans le Palais, & de tout Gouvernement de Province; & en partie par ses caresses, en partie par ses liberalitez, il en attira beaucoup au culte des Dieux. On vit alors, comme à l'épreuve du Creuset, qui estoient les faux Chrétiens, & qui estoient les véritables. Car les véritables Chrêtiens se défirent gaiement de leurs charges, prêts à endurer toutes choses, plutôt que de renoncer à la foi. Mais ceux qui au lieu d'être véritablement Chrétiens, préferoient les richesses & les honneurs du monde à la vraye félicité, ne balancerent pas à sacrifier aux Idoles. Il parle en suite d'un Sophiste nommé Ecebolius, qui est le véritable portrait d'une infinité de gens. Il estoit toûjours de la Religion des Empereurs. Sous l'Empire de Constantius il fit semblant d'avoir un zéle merveilleux pour l'Evangile; mais sous Julien il parut excessivement attaché aux superstitions Payennes. Aprés la mort de Julien, le Christianisme étant remonté sur le thrône, le Sophiste ne manqua pas de reprendre la profession de Chrétien. Enfin Socrate nous aprend

aprend, que sous cet Empereur Apostat, les Chrétiens furent obligez de payer des sommes immenses pour se racheter de l'obligation de sacrifier aux Dieux.

Il n'y a point d'honnête homme qui ne condamne cette maniére de convertir; & si les Dieux de Julien eussent été raisonnables, ils eussent détesté les Chrétiens qui ne leur eussent offert des sacrifices, qu'afin de se sauver de la taxe qu'on leur faisoit payer rigoureusement. Quel cas croyons-nous donc que Dieu fasse de tant de Huguenots qui se convertissent pour du pain; Dieu, dis-je, qui est infiniment plus digne d'être servi à cause de lui-même, que les Divinitez du Paganisme?

Je suis presque seur que vous ne me croyez pas assez versé dans l'Histoire Ecclésiastique, pour avoir ouï parler d'un Evesque Grec, nommé Asterius, qui vivoit sur la fin du quatriéme siécle. Il est néanmoins vrai que je connois ce nom-là, & que j'ay leu son Homilie contre l'avarice, où j'ay trouvé un passage qui ne sera pas mal placé en cet endroit. *Qui est-ce*, s'écrie-t-il, *qui a obligé des Chrétiens à s'abandonner au culte des Démons? N'est-ce pas le desir des Richesses? N'est-ce pas l'espérance &*

la promesse que les impies leur ont faite, des biens & des dignitez du monde, qui a porté ces misérables à changer de Religion comme d'habit ? Nous nous souvenons encore des exemples des premiers tems, & nous en avons veu de nos jours de bien funestes. Car lors que l'Empereur (Julien) levant tout d'un coup le masque, découvrit ce qu'il avoit dissimulé fort long-tems, & sacrifia publiquement aux Dieux, & incita les autres par diverses récompenses à faire le même, combien y en eut-il qui abandonnerent l'Eglise pour se ranger à la communion des Idolâtres ? Combien y en eut-il qui attirez par différens leurres, avalerent le hameçon de l'impieté ?

Il ne faut pas douter que les Gentils ne dissent à peu prés les mêmes choses, lors que les Empereurs Chrétiens attiroient les Idolâtres à la vraye Religion par l'espérance de faire fortune ; & il ne faut pas douter non plus, qu'ils n'eussent raison de soûtenir, qu'un trés grand nombre de gens les quittoient par complaisance pour le Prince. Car il est seur, comme je l'ay déja remarqué, que du tems des Constantins, des Theodoses & des Clovis, la plus grande partie des Payens qui vouloient être bons Courtisans,

sans, ou qui n'avoient point de conscience, ou qui croyoient qu'on peut plaire à Dieu par toute sorte de cultes, se jetterent dans la bonne Religion. Dieu sait le gré que l'Evangile leur en devoit savoir, & le préjudice que la vérité en a souffert. Ces faux convertis ont été un germe de superstitions & d'erreurs, dont peut-être l'Eglise se sent encore. Nous avons présentement à craindre tout le contraire de nos faux convertis, savoir un germe d'incrédulité qui sappera peu à peu nos fondemens, & qui à la longue inspirera du mépris à nos Peuples pour les Dévotions qui ont le plus de vogue parmi nous. Or si nous changeons dans ces points-là, que deviendront les fondemens de nôtre foi, qui ne subsistent que dans la supposition de l'infaillibilité, & par conséquent de l'immutabilité de l'Eglise? Ne me dites pas, que quand même les nouveaux Catholiques nous amèneroient peu à peu l'abolition de certains cultes, les Décisions des Conciles demeureroient hors de toute atteinte. Car quoi qu'en dise Mr. de Condom, on ne peut guere sauver l'infaillibilité de l'Eglise, si on abandonne aux Protestans les Dévotions qui les choquent.

quent. Je trouverai peut-être l'occasion de vous parler plus amplement de cela avant que de finir. Je ne la chercherai point : mais si elle se présente, je vous promets de ne la point laisser échaper.

*Vol. 3 a. VVindet de vitâ functorum statu, p. 256.*

Quand je songe à la remarque que font les Rabins, que les Idolâtres qui suivirent en trés grand nombre, & en qualité de Proselytes, le Peuple de Dieu sortant du Pays d'Egypte, furent les premiers Auteurs de la fonte du Veau d'or, & de tous les murmures de ce Peuple dans le désert, je tremble pour l'Eglise Catholique ; m'imaginant que tous ces nouveaux Convertis exciteront cent murmures dans l'occasion contre plusieurs choses, qui leur paroîtront d'autant plus choquantes, qu'ils les regarderont de prés : Dieu sur tout. Il

(1) *Ricaut Etat de l'Emp. Ottom. liv. 2. ch. 12.*

y a des gens fort (1) sensez, qui croyent que le nombre prodigieux de Sectes qui se voient parmi les Turcs, vient de ce qu'il y a eu plusieurs personnes de différente Religion, qui ont embrassé le Mahometisme ou par intérest, ou par force. Les Grecs qui l'ont fait, étant d'un Pays qui a été l'Ecole des arts & des sciences, ont mêlé les anciennes opi-

opinions des Philosophes avec les rêveries de l'Alcoran, dont ils n'étoient pas trop contens. Les Russiens, les Moscovites, les Circassiens, & autres Nations semblables, y ont aussi ajoûté quelque chose du leur : & c'est ce qui a multiplié les Sectes à l'infini. Ce que je viens de dire après les Rabins est assez conforme à (1) l'Ecriture, qui remarque en deux endroits, qu'il y eut une grande multitude de gens qui sortirent d'Egypte avec les enfans d'Israël ; & en un autre lieu, que ce furent eux qui commencerent le murmure. Mais c'est trop m'écarter de mon sujet ; revenons-y.

(1) *Exode ch. 12. v. 38. & Nombr. chap. 11. v. 4.*

## §. LXXXIX.
*Preuves de fait de la transplantation des erreurs du Paganisme dans le Christianisme.*

SI les remarques que j'ay faites ne suffisent pas pour prouver que les Payens ont conservé diverses erreurs en entrant dans le Christianisme, lesquelles en suite se sont perpétuées par tradition ; je m'en vais aporter une preuve contre laquelle il n'y a pas le mot à dire, puis que c'est une preuve fondée sur des faits incontestables.

Il paroît par les Sermons des anciens Peres de l'Eglise, que les Chrêtiens de leur tems s'imaginoient, qu'en jettant des cris de toute sa force, on soulageoit la Lune éclipsée, & qu'on la faisoit revenir comme d'un évanoüissement, qui lui eust été mortel, si on n'eust bien crié. (1) St. Ambroise; l'Auteur du Sermon 215. *de tempore*, qui est parmi ceux de Saint Augustin ; Saint Eloy Evesque de Noyon, ont parlé fortement contre cet abus ; ce qui fait voir qu'il étoit en usage parmi ceux à qui ils parloient. Il paroit aussi par les Homilies de St. Chrysostome, & par les livres de St. Basile, de St. Augustin, &c. que les Chrêtiens de leur tems fondoient divers présages sur ce que quelcun éternuoit en certaines circonstances ; sur ce qu'on rencontroit en son chemin un chat, ou un chien, une femme de mauvaise vie, une fille, un borgne, ou un boiteux ; qu'on heurtoit contre quelque chose, ou qu'on étoit retenu par le manteau en sortant de son logis ; qu'un membre venoit à tressaillir, &c. St. Eloy pour délivrer ses Peuples de semblables superstitions, leur dé-

(1) *Voy. Mr. Thiers Trait. des superst. ch. 23.*

déclare que c'est être Payen en partie, que de prendre garde en sortant de chés soy, ou en y entrant, à ce que l'on rencontre, ou aux voix que l'on entend, ou au chant des oiseaux, ou à ce que les autres portent. Il n'y a qu'à lire le Traitté de Mr. Thiers pour être pleinement convaincu par l'autorité des Papes, des Conciles Provinciaux, des statuts Synodaux, des Peres, & d'autres graves Auteurs. I. Que les superstitions mentionnées cy-dessus, & plusieurs autres, se trouvent parmi les Chrêtiens. II. Que c'est un reste du Paganisme.

Quand nous n'aurions pas l'aveu de tant de grands personnages, il seroit bien facile de prouver, qu'en effet c'est une maladie originairement venüe du Paganisme. Car outre que ceux qui ont prêché la Religion de Jesus Christ, n'ont enseigné rien de semblable, il paroît par les monumens de l'Antiquité qui nous restent, que toutes ces superstitions étoient en vogue parmi les Gentils. C'étoit une opinion fort générale parmi eux, que les éclipses de Lune procedoient de la vertu magique de certaines paroles, par lesquelles on arrachoit la Lune du Ciel, & on l'attiroit vers la terre, (1) pour la contraindre de jetter de l'écume sur les herbes, qui en suite devenoient plus propres aux sortiléges des Enchanteurs. Pour delivrer la Lune du tourment qu'elle souffroit, & pour éluder la force du charme, il faloit, disoit-on, empécher qu'elle n'en oüit les paroles, dequoi on venoit à bout en faisant un bruit horrible. Et voila la cause pour laquelle on s'assembloit avec des instrumens d'airain, des trompétes & des clairons, comme à présent pour faire un Charivari. Les Perses pratiquent encore cette ridicule cérémonie, au raport de Pietro della Valle. Elle est aussi en usage dans le Royaume de (2) Tunquin, où l'on s'imagine que la Lune se bat alors contre un dragon. Vous ferez réfléxion sans doute en lisant cecy, à ce qui est dit dans le livre des Pseaumes, que l'Aspic bouche son oreille, afin de ne pas oüir la voix de l'Enchanteur, & vous m'accorderez, je m'asseure, que les Chrétiens qui prétendoient soulager la Lune par leurs cris, avoient puisé leur erreur dans le Paganisme.

Je ne perdrai point de temps à faire voir, que toutes les autres superstitions censu-

(1) *Et patitur cantu tantos depressa labores, Donec suppositas propior despumet in herbas.* Lucan. lib. 6.

(2) *Voy. les nouv. Relat. de Mr. Tavernier.*

censurées par les Peres de l'Eglise, étoient en usage parmi les Payens, parce que c'est une chose trop manifeste. Mais je remarquerai, que c'est d'eux que nous tenons la prétendüe vertu brûlante de la Canicule, dont les Poëtes nous ont donné à l'envi des descriptions si élaborées ; la prétendüe signification de plusieurs malheurs, que nous attribuons aux éclipses, & toutes les chymeres de l'Astrologie. D'où il s'ensuit, que l'erreur où nous sommes sur les présages des Cométes, vient aussi de la même cause ; & par conséquent que c'est une espéce de superstition. Je ferai cette remarque sur la Canicule avec vôtre permission, Mr. c'est que les Romains étoient si persuadez de la malignité de ses influences, que pour l'appaiser, ils lui ( 1 ) sacrifioient tous les ans des chiens rous assez prés de la Porte *Catularia*, qu'on appelloit ainsi, ou du nom de l'astre auquel se faisoit le sacrifice, ou du nom de la victime qui lui étoit offerte, ou plutôt à cause de l'un & de l'autre : car il n'étoit gueres possible de faire en cela quelque distinction, puis que la raison pourquoy on immoloit un chien préférablement à toute autre espéce de victime, n'étoit

( 1 ) *Festus* ; *Ovidius Fast.* 5

que

que la conformité des noms. Les autres (1) Peuples, qui offroient des sacrifices à la Canicule, n'y cherchoient pas tant de finesse. Nous ne lisons pas qu'ils immolassent des chiens, plutôt que toute autre chose ; & c'étoit une erreur de moins. Car qu'y a-t-il de plus ridicule, que de s'imaginer qu'une étoile fait plus de cas d'une bête, que d'une autre ? Neanmoins tous ces Peuples étoient & Superstitieux & Idolâtres : & les Chrétiens se sont contentez de rejetter le dernier de ces deux maux, aussi bien à l'égard des Cométes, qu'à l'égard du reste.

(1) *A-pollonius l. 2. Valer. Flaccus l. 1.*

§. XC.

*Pourquoi les S. Peres n'ont pas condamné ceux qui croioient les présages des Cométes.*

J'Avoüe que je n'ay point leu, que les Peres ayent blâmé la superstition envers les Cométes, comme ils ont blâmé les autres. Mais cela vient sans doute. I. De ce qu'il n'est pas si facile d'en connoitre la vanité, que de connoitre la vanité des autres présages. Car il n'est pas si évident que l'apparition d'une Cométe

méte ne présage rien, qu'il est évident qu'un éternuement ne présage rien. II. De ce que les inconveniens de cette superstition ne sont pas si fréquens, que ceux qui naissent des autres. III. De ce qu'ils ont cru que la terreur des Jugemens de Dieu, excitée dans l'ame des pecheurs à la veüe d'une Cométe, pouvoit les faire repentir. IV. De ce qu'ils y ont été trompez tout les premiers; leurs grandes lumieres s'étendant plutôt du côté des véritez de la Religion, que du côté des véritez naturelles. Quoi qu'il en soit, comme il y a assez d'autres motifs d'une certitude indubitable, qui doivent porter les hommes à craindre les jugemens de Dieu, & à s'amender, rien n'empêche que nous n'examinions, si la crainte des Cométes est bien fondée, quand même il en devroit arriver que les hommes seroient délivrez d'une terreur chymerique à la vérité, mais pourtant utile. Autrement il faudroit approuver la conduite de ceux qui font des fraudes pieuses, qui enseignent mille fables, qui supposent des miracles à plaisir, quand ils croyent que cela peut aider à la pieté ; ce qui est neanmoins une conduite trés éloignée de l'esprit de l'Eglise. (1) N'é-rigeons

(1) *Non fit nobis religio in phantasmatibus nostris, melius est enim quantecunque verum, quàm quicquid pro arbitrio fingi potest.* De veri relig. c. 55.

*rigeons point nos fantaisies*, dit le grand St. Augustin, *en objets de Religion; car la moindre verité est meilleure, que tout ce que l'on pourroit inventer à plaisir.* Il me semble même que ce seroit aller directement contre l'intention du St. Esprit déclarée dans ces paroles de (1) Jeremie, *à signis cœli nolite metuere, quæ timent Gentes*, que d'épouvanter les Peuples par les présages des Cométes.

(1) Cap. 10. v. 2.

§. XCI.

*Qu'on a tort de blâmer ceux qui ne croient pas légérement, qu'un effet soit miraculeux.*

Souffrez que je remarque par occasion l'injustice de ceux qui blâment la Philosophie, en ce qu'elle cherche des causes naturelles, où le Peuple veut à toute force qu'il n'y en ait point. Cela ne peut venir que d'un Principe extrémement faux, savoir, *que tout ce que l'on donne à la Nature est autant de pris sur les droits de Dieu*; car en bonne Philosophie la Nature n'est autre chose que Dieu lui-même agissant, ou selon certaines loix qu'il a établies trés librement, ou par l'applil'application des Créatures qu'il a faites, & qu'il conserve. Desorte que les ouvrages de la Nature ne sont pas moins l'effet de la puissance de Dieu que les miracles, & supposent une aussi grande puissance que les miracles; car il est tout aussi difficile de former un homme par la voye de la génération, que de résusciter un mot. Toute la différence qu'il y a entre les miracles, & les ouvrages de la Nature, c'est que les miracles sont plus propres à nous faire connoitre que Dieu est l'Auteur libre de tout ce que font les corps, & à nous désabuser de l'erreur où nous pourrions être là dessus; en suite dequoy l'on juge assez naturéllement, que ce qui se fait par miracle, vient d'une bonté, ou d'une justice particuliere. Mais il ne s'ensuit pas pour cela, qu'on doive trouver mauvais que les Philosophes s'en tiennent à la Nature autant qu'ils peuvent. Car comme (1) Plutarque l'a fort bien remarqué au sujet de Péricles & d'Anaxagoras, la connoissance de la Nature nous delivre d'une superstition pleine de terreur Panique, pour nous remplir d'une dévotion véritable, & accompagnée de l'espérance du bien. Si les (2) Payens eux-mêmes ont

(1) In vita Pericl.

(2) Cùm omnibus in rebus temeritas in assentiendo, errorque turpis est, tum in eo loco maximè, in quo judicandum est, quantum auspiciis rebusque divinis, religionique tribuamus. Est enim periculum, ne aut neglectis iis impiâ fraude, aut susceptis, anili superstitione obligemur, Cicero l. 1. de Divinat.

ont remarqué, qu'il importe extrémement sur le chapitre de la Religion, & plus qu'en toute autre chose, de ne se point conduire par le principe d'une aveugle crédulité; mais de se bien asseurer du fait, parce qu'en négligeant une cérémonie bien fondée, on tombe dans l'impieté, & qu'en s'attachant à des cultes indus, on s'engage dans des superstitions pueriles : si, dis-je, les Payens eux-mêmes ont peu voir cette vérité, ne devons-nous pas être bien aises que les Philosophes Chrêtiens nous délivrent de tous les préjugez, qui seroient capables de souiller la beauté mâle & solide de nôtre dévotion ? Dans le fond, il y a tant de péril que les cultes qui s'appuient sur des faussetez, ne s'abatardissent, qu'on ne doit jamais faire quartier à l'erreur de quelque espéce qu'elle soit. J'avoüe qu'il est bien moins scandaleux de combattre les erreurs, avant qu'une longue possession les ait enracinées dans les esprits de tout un Peuple, que lors que leur antiquité semble les avoir consacrées. Mais comme il n'y a point de prescription contre la vérité, il ne seroit pas juste de la laisser perpétuellement ensevelie dans l'oubli, sous prétexte qu'elle n'auroit n'auroit jamais été connüe. Je conviens aussi qu'il faut se conduire avec une grande discretion, & de grands ménagemens, lorsqu'on attaque des vieilles erreurs de Religion : & c'est pour cela que quelqu'un a dit, en parlant des choses de cet ordre-là, (1) *Qu'il y a plusieurs véritez, que non seulement il n'est pas nécessaire que le Peuple sache, mais aussi dont il est expédient que le Peuple croie le contraire.* Il n'y a guere de Politiques, ni de gens d'Eglise qui ne soient dans ce sentiment. Mais je dis neanmoins, qu'en gardant toute la circonspection que la prudence Chrêtienne exige de nous, il doit être permis de travailler à l'éclaircissement de la vérité en toutes choses.

(1) *Dicit de religionibus loquens, multa esse vera, quæ non modò vulgo scire non sit utile, sed etiam, tametsi falsa sint, aliter existimare populum expediat.* Varro apud D. August. de civit. Dei l. 4. cap. 31.

## §. XCII.

Encore une remarque, Mr. sur ce que j'ay dit que les Chrétiens sont aussi portez que les autres hommes aux superstitions des présages. Cela ne devroit pas être. La connoissance que la foy nous donne de la nature de Dieu, & la solide doctrine de ceux qui nous instruisent des véritez Chrétiennes, nous devroient guerir de ce foible-là. Mais helas ! l'homme me est toûjours homme. La Providence Divine n'ayant pas trouvé à propos d'établir sa grace sur les ruïnes de nôtre nature, se contente de nous donner une grace qui soûtient nôtre infirmité. Mais comme le fond de nôtre nature, sujette à une infinité d'illusions, de préjugez, de passions, & de vices, subsiste toûjours; il est moralement impossible, que les Chrêtiens avec toutes les lumiéres & toutes les graces que Dieu répand sur eux, ne tombent dans les mêmes désordres où tombent les autres hommes.

§. XCIII.

*Combien les Chrêtiens sont infatuez des présages.*

C'Est une chose pitoiable, que de voir la liste des superstitions que Mr. Thiers a recueillies, & qui subsistent parmi les Chrêtiens, nonobstant les censures, les menaces, & les défenses mille fois reïterées par les Conciles & par les Synodes. Non seulement il y a des superstitions de la derniére bassesse dans ce catalogue-là, mais aussi des profanations sacriléges, ( quoi que couvertes d'un
voile

*Pensées diverses.*

voile spécieux ) & des pratiques de dévotion abominables. J'ay déja dit ailleurs à quel point la manie de savoir sa destinée par un Astrologue, a possedé tout l'Occident. On en est revenu enfin; mais la curiosité est toûjours si forte, qu'on recourt à des voyes encore plus criminelles. Pour ce qui est des présages qu'on fonde sur mille cas fortuits, on peut dire que le Peuple Chrétien en est infatué d'une manière incorrigible.

Il n'y a que deux jours, qu'en parcourant l'Histoire latine de Priolo, je remarquai qu'en l'an 1652. on prit pour mauvais augure, de voir que pendant que Mr. le Prince considéroit le champ de bataille, où l'un de ses Ancêtres finit ses jours auprés de Jarnac, son épée lui tomba du baudrier. (1) Il n'y avoit rien là qui ne fût purement casuel; & je suis seur que ce grand Prince, qui a l'esprit aussi héroïque que le courage, en cela plus Héros qu'Alexandre qui étoit superstitieux, ne fit aucun cas de ce prétendu présage. Neanmoins cela fut relevé, & se répandit. La cheute d'un tableau, d'une colomne, ou d'une horloge, fait faire cent réflexions à toute une Ville.

*(1) Subiit cupido Principem percurrere Martium Campum, & sanguine Condeanō tinctam planitiem, quam inequitanti ensis baltheo elapsus excidit, omine non fausto, apud vana mirantes.*

On

On n'en parle jamais, sans faire des conjectures, qui vont à la ruïne de ceux qui avoient fait dresser la colomne, ou qui avoient fait graver leurs armes sur l'horloge. A Rome, où l'on est spéculatif sur ces choses-là plus que par tout ailleurs, jusques à chercher dans le nom d'un Cardinal, s'il sera élevé au Pontificat; il en coute infailliblement la vie dans l'esprit du Peuple, au Pape, à quelque Cardinal, à quelque Roy : quelquefois meme il n'y va pas de moins que d'un changement de domination.

Nôtre Gazette se chargeoit trés volontiers de cette sorte de contes, dans ses commencemens. Celle du 23. de Janvier 1632. raporte dans l'article de Vienne que la naissance d'un monstre composé de deux enfans, la cheute d'une Tour que l'Empereur avoit fait bâtir aprés la défaite du Roy de Boheme à la bataille de Prague, & la mort subite d'un Conseiller d'Etat, faisoient dire bien des choses aux Interpretes des prodiges. Le monstre signifioit quelque Ligue fort étrange. La cheute de la Tour ne pouvoit signifier, quoi que la Gazette n'ait pas cru qu'il s'en faluft ouvrir entiérement, que la perte de tous les avantages

tages que la maison d'Autriche avoit remportez par la défaite du Roy de Boheme, en faveur duquel se feroit la Ligue étrange. Il peut y avoir des veües de Politique dans le debit de ces nouvelles, comme je l'ay remarqué en raportant le caractere d'une femme Nouvelliste selon l'idée de Juvenal; & ça été sans doute la pensée de Mr. Naudé, qui dans le Dialogue de Mascurat, applique à l'Auteur de la Gazette, tout ce que Juvenal a touché dans ce passage. Mais quoy qu'il en soit, on peut voir par là, que le génie des Peuples d'aujourd'huy est tout semblable à celui des Anciens, qui se repaissoient de fables & de vaines conjectures. Je suis bien aise pour l'amour de la France, que nôtre Gazette abandonne depuis assez long-tems cette espéce de nouvelles aux Gazetiers des autres Nations, qui nous ont débité cent choses absurdes sur la présente Cométe. Je connois bien des gens qui en sont fort aises aussi, & qui aiment mieux apprendre de nôtre Gazetier, tantôt ce que les Jesuïtes de Londres lui écrivent pour justifier leurs saintes & zélées entreprises dans ce Royaume-là; tantôt les conversions que l'on fait dans le Poictou à la tête

de

de cinq ou six Compagnies de Cavalerie, sous l'authorité toute-puissante d'un Intendant vigoureux; je connois, dis-je, bien des gens, qui aiment mieux apprendre du Bureau d'adresse, des nouvelles de cette nature, que mille fades rélations de prodiges.

Je m'en vais vous dire une chose, qui vous convaincra plus que tout le reste, que l'entêtement des préfages s'est enraciné d'une façon étrange dans l'esprit des Peuples Chrêtiens. Chacun sait la révolution que les affaires de l'Eglise souffrirent dans le dernier siécle, & la guerre sans misericorde que les Protestans déclarerent à tout ce qu'ils appelloient *les superstitions de la Papauté.* Les Calvinistes se signalerent sur tous les autres dans cette guerre, & ne pardonnerent à rien qui leur semblast superstitieux. Mais avec tout cela, ils ne toucherent point à la superstition des présages; ils en sont aussi infatuez que nous, & leurs Autheurs en sont tout pleins. Un Allemand nommé Peucer, (1) habile homme, gendre de Melanchthon, fort passionné contre l'Eglise Romaine, & Medecin qui plus est, raporte je ne sai combien de prodiges, qu'il prétend avoir signifié

(1) *Voi. son traitté de præcip. divinat. generibus; & sur tout de teratoscopia.*

plusieurs

plusieurs grands événemens. Wolfius, Lutherien fort entêté, fait mention presque à chaque page, de quelque vision, ou de quelque méteore, ou de quelque monstre de mauvais augure; & c'est beaucoup dire, puis qu'il a compilé deux gros volumes *in Folio* de leçons mémorables. Si vous lisez jamais un livre intitulé, *Fatidica sacra*, composé par un Hollandois qui s'appelle *Neuhusius*, je ne doute pas que vous ne tombiez d'accord, qu'il est difficile d'aller plus loin en matiére de bons & de mauvais augures. Ne nous étonnons plus, si les Chrétiens nouvellement convertis du Paganisme, ont conservé un grand nombre de superstitions.

## §. XCIV.

*Combien les Historiens se jettent dans le merveilleux; ceux de Charles V. par exemple.*

LA passion de donner du merveilleux aux événemens, qui a si fort possedé les Auteurs profanes, possede aussi nos Auteurs Chrétiens, & leur fait faire souvent des observations si puériles, que rien plus. Qu'y a-t-il, par exemple,

de plus frivole, que la remarque de Sandoüal, qui écrit dans la vie de l'Empereur Charles V. que la Reyne Marguerite, femme de Philippe III. nâquit le propre jour de Noël entre neuf & dix heures du matin, pendant que la cloche d'une Eglise sonnoit l'élévation du S. Sacrement à la Messe ; ce qui, ajoûte-t-il, fut un signe de sa grande dévotion : Qu'on vit quelques jours après les funérailles de cet Empereur, un grand Oiseau venu du côté de l'Orient sur la Chapelle du Monastere de S. Juste : Qu'un Cordelier de Guatuemala aux Indes Occidentales vit l'accusation intentée par les Diables contre le même Empereur, & puis son absolution fondée sur ses bonnes intentions ; après quoy Dieu conduisit Charles par la main à la place qui lui étoit destinée dans le Paradis. Qu'il eût été aisé de pouvoir dire, qu'une Cométe, ou qu'une éclipse avoit annoncé aux hommes la mort de cet Empereur ; car s'étant rencontré qu'il y eut de tout cela quelque tems avant la mort de l'Imperatrice, il n'a pas manqué de nous garantir, que ce furent des prédictions de cette mort ! Il faut qu'il ait oublié, qu'il parut effectivement une Cométe
l'an

l'an auquel Charles V. mourut, & une Cométe encore fort singuliére, puis qu'ayant panché du côté du Septentrion, elle s'arrêta enfin (1) sur le Monastere de St. Juste, & disparut à la mort de Charles; de telle sorte qu'à même tems que l'Empereur finissoit sa vie, la Cométe disparoissoit aussi, & qu'aussi tôt qu'il fut mort, on ne la vid plus du tout. Quelle perte pour Sandoüal, de ne s'être pas souvenu de ces belles choses !

(1) Jean Ant. de Vera, & Figueroa, Comte de la Roca, en la vie de Charles V.

## §. XCV.

*Que quand on dit que les Cométes présagent la mort des Rois, on ne distingue pas comme il faudroit faire, ceux dont la mort est préjudiciable de ceux dont la mort ne fait aucun mal.*

Peut-être penserez vous, qu'à cause que Charles-Quint étoit déja mort au monde, quelque tems avant qu'il cessât de vivre, Sandoüal ne se fust pas imaginé qu'une Cométe, ou qu'une éclipse, eussent annoncé son trépas. Mais ne vous y trompez point, Mr. ce n'est pas à cela que l'on regarde. On vous dit d'un côté que les Cométes présagent de grands malheurs, & de l'autre on met au rang de ces malheurs le décez des Rois & des Reynes, sans examiner si ces Têtes Illustres meurent dans un tems où leur mort ne tire point à conséquence, & n'apporte aucun changement dans les affaires, ce qui se rencontre assez souvent. Par exemple, la mort de Charles-Quint ne fût contée pour rien, ni pas ses Amis, ni par ses Ennemis, parce que sa retraite avoit réduit toutes ces grandes passions qui avoient remué toute l'Europe, à ne plus inquiéter personne, si ce n'est peut-être les Moines de St. Juste, lesquels il empêchoit de dormir, à ce qu'on dit. Nous trouvons dans l'Histoire plusieurs exemples de Têtes Couronnées, dont la mort n'a point été préjudiciable à leur Etat, parce que c'étoient des Princes qui laissoient des Successeurs aussi dignes de commander, ou mêmes plus dignes de commander, & plus aimez de leurs sujets qu'eux. Pour ne rien dire de tant d'autres qui ne sauroient jamais mourir assez tôt, parce que leur vie est le fleau, non seulement de leurs voisins, mais aussi de leurs sujets. Nous pouvons mettre en ce rang Jean Basilides, Grand Duc de Moscovie, mort l'an 1584.

deux

deux ans aprés l'apparition d'une Cométe. Pour Soliman Empereur des Turcs, on m'avoüera que sa mort a été le bien général de la Chrétienté, & même de toute l'Europe. Si bien que c'est trés mal raisonner, que de conclurre en général, que les Cométes en veulent aux Souverains, de ce qu'elles sont le présage des Jugemens de Dieu; puis qu'il est certain, que la longue vie de quelques Princes a été l'instrument de la justice divine la plus sévere, & qu'ainsi on auroit eu plus de raison de dire, que les Cométes leur présageoient une longue vie, que de dire qu'elles présageoient leur mort. C'est à peu prés en ce sens-là que Lucain (1) a parlé de la conservation de Marius, & c'est ainsi que l'entendoit l'Auteur d'une (2) Epigramme latine sur une Cométe qui avoit étrangement allarmé Catherine de Medicis, parce que les Astrologues avoient publié, que c'étoit le présage de la mort d'une Reyne, & d'un insigne malheur.

(1) *Si libet ulcisci delet.e sunera gentis, Hanc Cimbri servate ferem. Non ille favore numinis, ingenti superum protectus ab ira. l. 2. de bell. civil.*

(2) *Voiez le journal du regne de Henri III. ad ann.* 1577.

*Spargeret audaces cùm tristis in æthere crines,*
  *Venturique daret signa Cometa mali;*
*Ecce suæ Regina timens malè conscia vitæ,*

M 3  Credi-

*Credidit invisum poscere fata caput.*
*Quid, Regina, times? Namque hæc mala si qua minatur*
*Longa timenda tua est, non tibi vita brevis.*

Je vous ai dèja parlé plus d'une fois de la Cométe qui parut, lors qu'Alexandre le Grand monta sur le thrône de Macedoine. S'il fut mort peu de tems aprés, comme il pouvoit arriver fort aisément, qu'est-ce que l'on n'eust point dit? On n'eust pas manqué de mettre cela parmi les principaux malheurs présagez par la Cométe. L'événement a pourtant fait voir, que la mort de ce jeune Prince anticipée de dix ou douze ans, eust été le plus insigne bonheur du monde, & que le plus grand service qu'on eust peu rendre au genre humain, eust été de faire périr cet étourdi dés l'enfance,

(1) Mr. Des-Preaux, Satyre 8.

(1) *Heureux, si de son tems pour cent bonnes raisons,*
*La Macedoine eust eu des Petites Maisons,*
*Et qu'un sage Tuteur l'eust en cette demeure,*
*Par avis de Parens enfermé de bonne heure.*

Etrange

## Pensées diverses. 271

Etrange prévention des hommes! S'il y a des Rois, dont ils croient que la vie soit particuliérement menacée par ces affreuses Cométes, à qui on attribuë la charge d'annoncer les plus funestes calamités, ce sont ceux qui ont acquis une grande réputation & une puissance formidable. Et tout au contraire, ce sont ceux-là qu'il est probable que la justice divine veut conserver le plus chérement, lors qu'elle a dessein de nous punir. Vous le croirez mieux, si je vous dis que c'étoit la pensée d'un Illustre Conquérant; car un témoignage comme le sien en vaut mille pour cette sorte de choses. Considerez donc bien ce qui suit; c'est un Officier François, fort habile homme, qui le débite.

*J'ay autrefois ouï prouver un paradoxe au Roy de Suede, qui revenoit assez à ce que je dis. Quelqu'un loüoit ses grands progrez en Allemagne, & soûtenoit en sa présence, que sa valeur, ses grands desseins, & ses hauts faits d'armes étoient les ouvrages les plus accomplis de la Providence, qui furent jamais ; que sans lui la Maison d'Austriche s'acheminoit à la Monarchie Universelle, & à la destruction de la Religion des Protestans ; qu'il paroissoit bien*

Mr. de Caillere, Fortune des Gens de Qualité, 2. part. ch. 10.

bien par les miracles de sa vie, que Dieu l'avoit fait naître pour le salut des hommes, & que cette grandeur démesurée de son courage estoit un présent de la toute-puissance, & un effet visible de sa bonté infinie. Dites plutôt, repartit le Roy, que c'est une marque de sa colere. Si la guerre que je fais est un remede, il est plus insupportable que vos maux. Dieu ne s'éloigne jamais de la mediocrité pour passer aux choses extrêmes, sans châtier quelqu'un. C'est un coup de son amour envers les Peuples, quand il ne donne aux Rois que des ames ordinaires. Celui qui n'a point d'élévation excessive, ne conçoit que des desseins de sa portée. La gloire & l'ambition le laissent en repos. S'il s'applique à ses affaires, ses Etats en deviennent plus heureux; & s'il se décharge de ses soins sur quelqu'un de ses sujets, à qui il fait part de son autorité, le pis qu'il en peut arriver, est qu'il fait sa fortune aux dépens de son peuple, qu'il impose quelques subsides pour en tirer de l'argent, & pour avancer ses amis, & qu'il fait gronder ses égaux, qui ont peine à souffrir son pouvoir. Mais ces maux sont bien légers, & ne peuvent être en aucune considération, si on les compare à ceux que produisent les humeurs d'un grand Roy. Cette passion

passion extrême qu'il a pour la gloire, lui faisant perdre tout repos, l'oblige nécessairement à l'ôter à ses sujets. Il ne peut souffrir d'égaux dans le monde. Il tient pour ennemis ceux qui ne veulent point être ses Vassaux. C'est un torrent qui désole les lieux par où il passe; & portant ses armes aussi loin que ses espérances, il remplit le monde de terreur, de misère, & de confusion.

Voila comment ceux qui suivent la préoccupation générale touchant les présages des Comètes, tombent dans l'illusion en tout & par tout.

## §. XCVI.

### Suite des exaggérations Espagnolles à la louange de Charles V.

LEs imaginations hyperboliques des Espagnols à la loüange de Charles-Quint, sont si outrées, qu'au lieu de relever le mérite de ce grand Prince, on peut dire qu'elles font tort à sa gloire; non seulement parce que les Lecteurs, qui remarquent dans un Historien une affectation dominante de tourner toutes choses du côté de l'admiration, soupçonnent qu'il leur conte des Histoires faites à plaisir ; mais aussi parce que bien des gens aiment si peu qu'un Historien s'amuse à faire le Panégyriste, que cette partialité les irrite extrémement contre lui, & par contre-coup contre son Héros ; aprés quoi ils ne font plus capables de croire que ce Héros ait eu du mérite.

Je vous renvoye au dernier ouvrage du P. Maimbourg, pour voir les excez de flaterie où sont tombez les Historiens de Charles V. au sujet de la célébre victoire qu'il remporta sur le Duc de Saxe l'an 1547. Non contens d'avoir dit, qu'une Aigle vola doucement durant quelque tems sur l'Infanterie Espagnolle, pendant qu'elle passoit l'Elbe sur un pont de bateaux, & qu'un grand loup, qui étoit sorti d'une forêt prochaine, fut tué par les Soldats qui étoient déja passez ; ils ont asseuré fort sérieusement, que le Soleil s'arrêta tout court, pour donner aux Impériaux le loisir de remporter une pleine victoire : ce qui est un renouvéllement de l'un des plus grands miracles que Dieu ait faits pour établir son Peuple dans le Pays de Canaan. Ce ne sont point de ces contes que l'on débite en feuille volante sur les premiers
avis

avis d'un Courier: ce sont des Historiens d'importance qui l'ont dit dans des ouvrages fort étudiez; c'est un Sandoüal, Historiographe de Philippe III. & Evêque de Pampelonne, qui dit de plus, que le jour de la bataille le Soleil fut veu de couleur de sang en France, en Allemagne, & en Piedmont; c'est un Dom Loüis d'Avila, Gentil-homme de la Chambre de l'Empereur, & Grand Commandeur d'Alcantara, qui avoit un emploi considérable dans l'Armée de Charles-Quint, & qui étoit présent au combat. Il parle de ce prodige comme témoin oculaire; en cela plus heureux que le Duc d'Albe, Lieutenant Général de l'Empereur, & l'un de ceux qui eurent le plus de part à la gloire de cette journée. Nôtre Roy Henri II. qui avoit oüi parler du miracle, voulut savoir de lui ce qui en étoit. Il en eût pour toute réponse, *Qu'il étoit si occupé ce jour-là à ce qui se passoit sur la terre, qu'il ne prit pas garde à ce qui se faisoit au Ciel.*

§. XCVII.
*Avertissement aux Historiens François.*

JE n'ay rien à dire pour réfuter ces visions, aprés ce que le (1) P. Maimbourg en a dit avec son esprit & son éloquence ordinaires. Mais je voudrois bien que les railleries de ce Jesuïte servissent de leçon à nos François, & qu'elles leur fissent bien prendre garde à ne point donner dans les enflures Espagnolles, quand ils parlent de la gloire de nôtre Roy, qui de l'aveu de toute l'Europe est un des plus grands Princes du monde. Car comme je l'ay déja dit au sujet de Charles V. il n'y a rien qui fasse plus de préjudice à la véritable réputation d'un grand Monarque, que les efforts continuels que font les Historiens, pour le mettre en tout & par tout au dessus de tout ce qui a jamais été dit des autres Héros. On peut leur dire ce qui fut reproché à certains Hérétiques qui attribuoient un corps à Dieu, mais un corps le plus grand qu'ils se pouvoient imaginer, *fecistis molem, fecistis minorem; en le faisant une grosse masse, vous l'avez rendu plus petit.* Quand je vois cette affectation, il me semble que je vois

(1) *Hist. du Luther. l. 4.*

vois ces anciens Sophistes de la Grece, qui gaignoient leur vie à faire des Déclamations & des Panégyriques, non pas sur les mémoires qu'on leur fournissoit, mais sur les idées qu'ils se formoient eux-mêmes de tout ce qui peut paroître le plus admirable.

Pourveu qu'il n'y ait que les Harangues de Mrs. de l'Academie Françoise, qui soient toûjours dans le sublime, toûjours dans les exclamations, toûjours dans les figures les plus outrées, le mal ne sera pas grand. On ne s'avise pas d'aller chercher le mérite d'un Roy, ni dans une Harangue, ni dans une Epître Dédicatoire, ni dans un Panégyrique. On sait assez, avant que de lire cette sorte d'ouvrages, qu'un Roy y est toûjours le plus grand Monarque de l'Univers, sans en excepter ni Alexandre, ni César : ainsi on souffre sans murmure, qu'il n'y ait là que de magnifiques idées. Mais si nos Historiens éblouïs de la gloire qu'ils auront à décrire, s'amusent à faire les Déclamateurs, je vous asseure, Mr. que les Espagnols se moqueront de nous à leur tour, & que toute l'Europe nous tournera en ridicules, comme elle s'est moquée des

Espagnols qui ont porté les éloges de leur Charles V. & de leur Philippe II. à des excez inconcevables. Apparemment ceux qui travaillent d'office à l'Histoire de S. M. oublieront qu'il ne s'agit plus de représenter des grandes passions, & des grands sentimens sur le theatre imaginez à plaisir, ni de chercher les idées satyriques du Ridicule; mais qu'il s'agit de raporter fidélement des choses de fait. Ils ont d'ailleurs un charactere d'esprit à ne pas croire facilement que le Soleil interrompe sa course pour faire durer une bataille, comme les Espagnols l'ont publié; ni que les murailles d'une ville s'abbatent tout à coup par la vertu d'une petite phiole, comme firent les murailles d'Angoulême sous le regne de Clovis, à ce que disent (1) quelques-uns. Je ne sai même, si en débitant de tels miracles, ils ne craindroient pas de faire trop mal leur cour, & qu'on ne leur dist, que la valeur des François n'a que faire de tout cela; que leur ardeur & leur promptitude n'a pas besoin que le Soleil s'arrête pour leur donner le tems d'achever; que cela est bon pour les Espagnols & pour les Allemans, qui sont lents & pésans de leur

(1) *Voiez le Thresor Chronol. de Pierre de St. Romuald à l'an 508.*

leur nature. Ainſi on peut s'aſſûrer ſur ces deux (1) Meſſieurs.

J'avois bonne eſpérance d'un troiſiéme (2) Hiſtorien de S. M. avant que d'avoir leu dans un petit (3) livre fort nouveau, & qui mérite qu'on le réfute ſolidement, la lettre qu'il a écrite à un Prélat. Vous entendez bien que je parle du célébre Hiſtorien de l'Academie Françoiſe, & vous n'ignorez pas que la délicateſſe de ſon eſprit & de ſon ſtile, & l'exactitude avec laquelle il a compoſé l'Hiſtoire de ce Corps illuſtre, dont il eſt un des principaux Ornemens, font avoir de grandes eſpérances du deſſein qu'il a de nous donner l'Hiſtoire du Roy. J'étois de ceux qui en attendent le plus de merveilles. Mais je vous avoüe que cette lettre m'a fait rabatre beaucoup de mon eſpérance, en m'apprenant que cet Auteur ſe fait une grande affaire de reigler les petites gratifications que l'on fait aux Huguenots qui ſe convertiſſent. Il entre dans mille petits ſoins, qui ne me ſemblent pas convenir à un homme qui travaille à une Hiſtoire auſſi conſidérable que celle de LOUIS LE GRAND. Croyez-vous, Mr. qu'un Hiſtorien qui s'embarraſſe de l'acquit

(1) *Racine & Boiſleau.*
(2) *Mr. Peliſſon.*
(3) *La Politique du Clergé de France.*

de

de quelques lettres de change, qu'on tire sur lui pour des nouveaux Catholiques; qui examine les listes bien certifiées de ces Convertis; qui cherche mille expédiens, pour faire que le peu de fonds qu'il a en main, & qu'il compare avec l'huile & la farine de la Veuve, suffise pour toutes les Conversions qui se présentent; mais qui pour en venir à bout, est obligé d'exhorter Mrs. les Evesques par des Mémoires qu'il leur envoie, à user d'une grande œconomie, & à se proposer pour modéle l'exemple de Mr. de Grenoble, qui a converti sept ou huit cens personnes, sans dépenser que deux mille Francs en tout : Croiez-vous, dis-je, Mr. qu'un Historien qui outre tout ce que je viens de dire, suppute diligemment le tems qu'il y a qu'un homme s'est converti, & recommande trés expressément qu'on ne lui envoye point des lettres de change pour des personnes Converties depuis six ou sept mois; & qu'encore qu'on puisse donner cent Francs à un Converti, *on n'aille pas toûjours jusques-là, étant nécessaire d'y apporter le plus d'œconomie qu'il se pourra;* Encore un coup, Mr. croyez-vous qu'un Historien qui se donne tant de
cette

cette sorte de peine, soit fort propre à nous donner une bonne Histoire de sa Majesté? Si vous le croiez, permettez-moi de vous dire, que nous ne sommes pas toûjours vous & moi dans les mêmes sentimens.

J'ay grand peur que cet ouvrage ne soit rempli de plusieurs impressions de Bigoterie, & qu'on ne nous dise que toutes les victoires du Roy sont la récompense des Arrêts qu'il avoit donnez, ou qu'il devoit donner pour réduire les Huguenots. Ce seroit dommage qu'un bel esprit comme celui-cy échoüast si pitoyablement, & s'il y a moyen de l'empécher, empêchons-le. Vous êtes ami de plusieurs personnes pour qui il a beaucoup de déférence, & sur tout de Mr. **** & de Mr. ****. Avertissez le par leur moyen, qu'il court grand risque de gâter tout son ouvrage par le grand commerce qu'il a avec les Convertisseurs; qu'on se fait un esprit tout particulier, & un goût tout à fait nouveau par l'administration de ces petites affaires dont on lui a donné l'Intendance, & qu'il est à craindre, qu'étant tout rempli des affaires du Clergé, il ne donne ses principaux soins à parler des actions pieuses de son Héros.

Que non seulement tous les Hérétiques, mais aussi plusieurs Catholiques l'attendent là ; & que s'il s'amuse à faire trop en détail l'Histoire de l'extirpation du Calvinisme, il se ruïnera de reputation, parce qu'il fera voir qu'il n'aura pas sceu faire le discernement des beaux endroits de la vie d'un grand Monarque.

Mais à quoi est-ce que je songe, de donner une semblable commission à un homme de vôtre Robe ? Je vous en demande trés-humblement pardon, & je suis bien faché de vous en avoir tant dit. Non, Mr. ce n'est point vous que je prie de faire savoir à l'Historien du Roy, qu'il n'est pas bon de particulariser toutes choses. Je connois une personne qui se chargera de cette commission sans répugnance ; car je lui ay ouï dire, que s'il faisoit l'Histoire de nôtre tems, il se contenteroit de faire une description pompeuse du mal que les Hérésies apportent à l'Eglise & à l'Etat, & du grand bien qui résulte de la reduction de toutes les Sectes à la véritable Eglise. Qu'il diroit en peu de mots aprés cela, que S. M. pénétrée de ces grandes véritez, avoit procuré à son Royaume cet insigne bonheur, d'une maniére qui est
tout

tout enfemble digne d'un Roy trés-Chrêtien, & d'un Héros. Mais qu'il fe garderoit bien de faire la difcuffion de toutes les maniéres qui ont été fuggérées à S. M. parce qu'il eft évident que ce feroit faire tort à la gloire de ce Grand Prince. Il eft bien néceffaire, difoit-il, qu'un Monarque né pour les plus grandes chofes, & qui devroit être deja fur les bords de l'Hellefpont, où l'un de fes Hiftoriens l'attend de pied ferme depuis plus de fix ans, s'amufe à interdire quelques Sages-femmes, & à procurer toute la pratique des accouchemens à quelques autres, & à faire la reveüe *de toutes les liftes des Convertis,* (1) & de la dépenfe que l'on a faite pour chaque Converfion, & à confulter s'il eft à propos *pour des coups confidérables de fournir* aux Convertis *des fecours plus grands* que cent Francs. Voila l'homme dont je me fervirai pour faire en forte que l'on ne particularife point dans l'Hiftoire de Loüis XIV. l'affaire des Converfions. Il a beaucoup de crédit auprés de l'Hiftorien, & peut-être qu'il lui fera entendre raifon, principalement pour l'Arrêt qui déclare les enfans de fept ans capables de difcerner que l'Eglife Romaine eft plus conforme à la ré-

(1) *Lettr. de Mr. Peliffon.*

révélation de Dieu que la pretenduë-Reformée. C'est un article dont on ne parlera point du tout, si on est bien conseillé.

Pour ce qui regarde l'œconomie que Mr. Pelisson recommande tant aux Convertisseurs, je croi qu'il n'en diroit rien, encore que personne ne l'avertist des railleries qu'on en peut faire. Il n'eust jamais écrit cela, s'il eust préveu qu'on le feroit imprimer ; car il n'y a rien de plus choquant pour le Roy, que de dire. I. Que la principale ressource pour remédier à la petitesse des fonds destinez à payer les Convertis, est cette providence miraculeuse de Dieu qui a fait croître l'huile & la farine de la Veuve, & multiplié les cinq pains. II. *Que Mrs. les Prelats, ou autres qui entreront charitablement dans les soins des conversions, ne peuvent mieux faire leur cour au Roy, devant les yeux duquel toutes ces listes de convertis repassent, qu'en imitant ce qui a été fait au Diocése de Grenoble, où presque jamais on n'est allé jusqu'à la somme de cent Francs, & presque toûjours on est demeuré extrémement au dessous.* Toute l'Europe est informée des richesses immenses du Roy, & des dépenses magnifiques qu'il fait en toutes choses ; & cependant
pour

pour une affaire qui regarde la Religion, on nous vient dire que les fonds en sont trés petits, mais que la premiére & la principale consolation viendra par quelque miracle de celui qui fait croître l'huile & la farine de la Veuve; & on ajoute, qu'on ne sauroit mieux faire sa cour au Roy, qu'en ménageant excessivement les fonds qu'il destine aux Convertis.

 A l'égard des prodiges, j'espere que si on donne des bons avis à cet Historien, il n'en chargera point son ouvrage. Mais il n'en est pas de même de tant d'autres Séculiers & Réguliers, qui se mêlent d'écrire l'Histoire de nôtre tems. Ils nous vont accabler de miracles & de présages. Tant pis, Mr. car c'est une erreur la plus insoûtenable du monde, que celle qui admet des présages. Plus j'y pense, plus j'en demeure convaincu; & peu s'en faut que je ne m'emporte jusqu'à la colere contre les Conteurs de prodiges. Cependant tout en est plein: nos Historiens ne le sont gueres moins que les autres. Voyez moi Mr. de Pérefixe, qui a eu l'honneur d'être Précepteur du Roy, & qui est mort Archevêque de Paris. Il raporte dans son Histoire

stoire d'Henri IV. je ne scai combien de prodiges qui précéderent l'assassinat de ce Prince; & ce qu'il y a de remarquable, c'est que ces prodiges sont tout à fait semblables à ceux que les Payens eussent débitez dans une pareille conjoncture. Pures illusions.

### §. XCVIII.

*Réfutation des Historiens de France qui ont avancé qu'il y eut des présages de la mort du Roy Henry IV.*

LA mort funeste de ce bon Roy fut cause que l'on ramassa, & que l'on grossit mille choses qui arrivent selon le cours de la Nature, & qu'on laisse tomber, lors qu'elles ne sont suivies d'aucun événement mémorable : & de là vint que le tems qui précéda cette mort, fut distingué dans l'opinion des hommes par certains Phénomenes prodigieux. Peutêtre même y en eut-il beaucoup plus qu'à l'ordinaire cette année-là, comme il arrive souvent, par la pure vertu des loix génerales de la Nature, qu'on voit en certaines années cent choses coup sur coup, que personne ne se souvenoit d'avoir

voir veües. Si on se fût contenté de caractériser par là l'année 1610. je n'y trouverois rien à dire. Mais on a prétendu que ces Phénomenes s'étoient fait voir expressément pour annoncer les miséres de la France, & la mort tragique de son Roy. C'est une erreur qui me paroit insoûtenable ; parce que pour cela, il eust fallu que ces Phénomenes eussent été excitez extraordinairement, ou par Dieu, ou par les Démons. De dire que Dieu les excita extraordinairement, c'est lui attribuer une conduite indigne de sa sagesse ; parce que ces prétendus présages ne portent aucun caractere de ce que l'on suppose que Dieu veut signifier aux hommes. D'attribuer cela aux Démons, c'est se moquer ; car ils n'ont garde d'épouvanter un Royaume trés-Chrêtien par des prodiges, comme ils font les Pays Idolàtres. Car qu'y gagneroient-ils ? Ils feroient faire des restitutions, ils feroient aller à confesse, & c'est ce qu'ils ne cherchent pas. Outre que ne connoissant point l'avenir, ils ne sçavent pas en quel tems doivent arriver les grandes révolutions ; & ainsi ils ne sont pas en état d'en produire des présages. Est-ce que Dieu nous envoye des pré-

présages, afin de nous convaincre que l'avenir est en sa disposition? C'est la pensée d'un Historien trés-judicieux, qui aprés avoir raporté beaucoup de prodiges arrivez avant la mort de Henri IV. ajoûte cette réfléxion, (1) *qu'il semble que tous les avis que le Ciel lui donnoit, n'étoient pas tant pour le sauver du péril, que pour faire connoitre aux hommes, qu'il y a une souveraine Puissance qui dispose de l'avenir, puis qu'elle le connoit.* Mais cette pensée n'est pas moins combatuë que les autres, par les raisons que j'ay alleguées. Car qui doutoit en France, lors que Henri le Grand fut tué, qu'il y eust une souveraine Puissance dans le monde qui dispose de l'avenir? Ne sont-ce pas là les premiers élemens de toutes les Religions du monde? Tous ceux qui font des priéres, ou des vœux, qui offrent des sacrifices, qui consultent les Oracles, les Devins, & les Astrologues, qui ajoûtent foi aux présages & aux sottises des diseurs de bonne aventure, ne témoignent-ils pas ouvertement qu'ils sont convaincus qu'il y a quelque Puissance dans le monde à qui l'avenir est assujetti? Où en serions-nous, s'il faloit que Dieu fist encore des miracles dans le Royaume

(1) *Mezeray, Abregé Chronol. ad ann. 1610.*

me trés-Chrêtien pour nous guerir d'une incrédulité que les Payens n'ont point euë ? Quand est-ce que nous serions fidéles, si pour être seulement asseurez que Dieu connoit l'avenir, nous avions besoin que Dieu entassast miracles sur miracles, & prodiges sur prodiges ? Disons donc que l'intention de la Providence n'est point celle que Mr. de Mezerai lui-attribuë, puisque ce seroit l'intention du monde où il y auroit le plus d'inutilité. Et comme il reconnoit outre cela, que ce qu'on appelle des prodiges ne sert point à nous faire éviter le péril, il faut qu'il reconnoisse que l'intention de la Providence n'est pas, qu'il nous serve de présage. Je dirai encore quelque chose ailleurs pour fortifier ce raisonnement, & sur tout dés que j'aurai achevé les remarques, que j'ay destinées à vous montrer l'entêtement des Chrêtiens pour les prodiges.

§. XCIX.

*Nouvelles preuves de l'inclination des Chrétiens à croire les prodiges & les présages.*

JE trouve dans un Traitté de St. Agobard Evefque de Lion, compofé l'an 833. un paffage qui m'eft fi favorable, que je ne faurois m'empêcher de le raporter. Ce favant Prélat compofa ce livre, pour défabufer une infinité de gens de la fauffe imagination qu'ils avoient conceüe, qu'il y avoit en ce tems-là des Enchanteurs, dont le pouvoir s'étendoit jufqu'à exciter la grêle, la foudre & la tempête, toutes les fois qu'ils trouvoient bon de ruïner les biens de la terre, & qui faifoient trafic de cet art avec les habitans d'un certain Pays appellé *Magonie*, qui venoient tous les ans fur des Navires par le milieu de l'air, pour charger tous les grains qui avoient été gâtez par la tempête, defquels ils payoient le prix aux Enchanteurs. On doutoit fi peu de cela, qu'il falut un jour que cet Evefque fe donnaft beaucoup de fatigue pour délivrer trois hommes & une femme des mains

mains de la populace qui les vouloit lapider, comme étant tombez de ces Navires. Voici le passage de question qui est à la fin de ce Traitté-là: (1) *Une si grande folie s'est emparée déja du pauvre monde, que les Chrétiens se persuadent des absurditez, que personne ne pouvoit auparavant persuader aux Gentils.*

Je n'examine point s'il est vrai au pied de la lettre, qu'on étoit plus crédule en ce tems-là, que du tems du Paganisme. Il me suffit de savoir qu'on l'étoit beaucoup : & de là vint que peu aprés on s'avisa d'écrire l'Histoire d'un air Romanesque, & d'ajoûter mille fables aux faits des vaillans hommes, comme étoit Roland, neveu de l'Empereur Charlemagne, ce qui acheva de gâter le gout aux Lecteurs; si bien qu'on n'osoit plus leur rien présenter qui ne fust de ce style-là : témoin l'ouvrage de dévotion, que Jaques de Voragine, Archevêque de Génes, composa sur la fin du 13. siécle, & contre lequel Melchior Canus, savant Evêque Espagnol, paroit si indigné dans l'onziéme livre de ses Lieux communs. Un autre (2) Docteur en Theologie sera ma caution, s'il vous plait, Mr. pour ce que j'ay dit du goût qui regnoit

(1) *Tanta jam stultitia oppressit miserum mundum, ut nunc sic absurdè res credantur à Christianis, quales nunquam anteà ad credendum poterat quisquam suadere Paganis.*

(2) *Pitsæus in Galfredo Monimetensi.*

dans

dans certains siécles. Voici comme il en parle; (1) *C'étoit le défaut, ou plutôt la simplicité grossière de plusieurs de nos Anciens, de s'imaginer qu'en écrivant les actions des personnes illustres, ils ne seroient point éloquens, si pour l'ornement du discours, comme ils se le figuroient, ils ne mêloient dans leurs ouvrages les fictions poëtiques, ou quelque chose de semblable, & par conséquent le mensonge avec la verité.* Cela étant, je suis fort tenté de croire que les Historiens des Croisades nous en baillent souvent à garder; & c'est apparemment l'opinion du (2) P. Maimbourg, car voici comme il parle aprés le recit de la bataille d'Iconium, gagnée par Frederic Barberousse l'an 1190. *Ce qu'il y eut de plus merveilleux en cette victoire, est que le Vainqueur ne fit presque aucune perte: ce que plusieurs attribuerent à la protection particuliere de St. George & de St. Victor, qu'on reclamoit ordinairement dans l'armée, & que quelques-uns asseuroient avoir veu combatre devant les escadrons, soit qu'il y eut eu en effet quelque chose d'extraordinaire, comme il est quelquefois arrivé, selon le témoignage même de l'Ecriture; soit que pour avoir souvent ouï dire, qu'on avoit veu des escadrons celestes,*

*durant*

---

(1) *Hoc erat antiquorum plurium vitium, vel potiùs quædam sine judicio simplicitas, ut in clarorum virorum gestis scribendis, se minus existimarent elegantes, nisi ad ornatum, ut putabant, sermonis poeticas fictiones, vel aliquid earum simile admiscerent, & consequenter vera falsis committerent.*
(2) *Hist. des Croisades. liv. 5.*

durant la première Croisade, à la bataille d'Antioche, l'imagination de quelques-uns préoccupée de ce recit, & imprimée de ces idées, se formast de pareilles apparitions. Quoi qu'il en soit, il est certain qu'un Cavalier de réputation, & nullement visionnaire, appellé Louis de Helfenstein, asseura la même chose à l'Empereur, & lui protesta devant toute l'armée, sur son serment, & sur sa foy de Pelerin voüé du St. Sepulcre, & de Croisé, qu'il avoit veu plus d'une fois Saint George à la tête des escadrons, tourner les Ennemis en fuite : ce qui fut après confirmé par les Turcs mêmes, qui disoient avoir veu à la tête de l'armée Chrêtienne, certaines troupes toutes vêtues de blanc, que l'on ne trouvoit plus parmi les nôtres. J'avoue qu'on n'est point du tout obligé de croire à ces sortes de visions, qui sont sujettes la pluspart du tems à de grandes illusions, mais je sai bien aussi qu'un Historien ne doit pas, de son autorité, rejetter celles qui sont soûtenuës d'un témoignage aussi remarquable que celui-cy : & que si on lui laisse la liberté de ne les pas croire, il n'a nul droit en les supprimant d'ôter à ses Lecteurs celle qu'ils ont, après les avoir leuës, d'en juger ce qu'il leur plaira. La réflexion d'un aussi célébre Historien, nullement suspect d'avoir voulu favoriser l'incrédulité des Huguenots, est une forte preuve de ce que j'ay dit.

Voici quelque chose de plus fraiche datte. Vous savez que la cérémonie du mariage du Roy d'Espagne avec Mademoiselle, se fit à Fontainebleau le 31. du mois d'Août 1679. & que peu de tems aprés cette Princesse vint à Paris, où elle eut à essuyer un nombre innombrable de Harangues. Mais peut être ne savez-vous pas, qu'aux Peres de l'Oratoire on assura sa Majesté, *que la gloire d'être le nœud d'une union éternelle entre les deux plus grandes Monarchies du monde, & celui de la paix générale, étoit reservée a sa sacrée personne, & que le Ciel l'avoit depuis long-temps promise à la Terre. L'Empereur Charles-Quint* ( c'est la preuve de la promesse du Ciel ) *en fit la prophetie par ce Lys mystérieux, qu'il planta de ses mains augustes dans le Jardin de sa solitude sur la fin du mois d'Août de l'an* 1558. *Car au moment de la mort de ce grand Monarque, laquelle arriva peu de tems aprés dans l'automne de cette mesme année, cet Oignon de Lys jetta tout d'un coup une tige de deux coudées avec une merveilleuse fleur, aussi épanouye & aussi odoriferante que ces sortes de fleurs ont accoûtumé de l'être en Espagne*

*en*

*en leur saison ordinaire. Présage certain, Madame, qu'un Lys miraculeux seroit transplanté en Espagne sur la fin du mois d'Août, au tems où la gloire de cet Empire sembleroit souffrir quelque sorte d'éclipse, pour y porter dans l'automne avec la paix les joyes du printems, &c.*

Ce qu'il y a d'étonnant là dedans, n'est pas qu'à la tête d'une des plus savantes Communautez de l'Univers, on se soit servi de fausses pensées pour une Reyne, qui malgré sa grande jeunesse, avoit trop de discernement & trop de pénétration, pour ne pas reconnoitre que c'étoient de vains fantômes. Il ne faut pas être si sévère à ceux qui parlent en public. Laissons-leur le privilége dont ils joüissent de tout tems, de proposer les choses sous des idées brillantes & pompeuses, quoy que fausses en bien des occasions. (1) Mais ce qui m'étonne, c'est qu'une bonne partie de ce nombre prodigieux de gens qui ont leu cette harangue dans le Mercure Galant, s'est récriée sur cet endroit-là, & a crû tout de bon que ce Lys avoit été un type du mariage du Roy d'Espagne à présent regnant. Tant il est vrai que nous sommes accoûtumez à trouver du mystére & du présage par tout.

(1) *Rhetori concessum est sententiis uti falsis, audacibus, subdolis, captiosis, si modò verisimiles sunt, & possunt ad movendos hominum animos qualicunque astu irrepere.* A. Gellius noct. Attic. l. 1. c. 6.

tout. Le Comte de la Roca, petit-fils de Dom Loüis d'Avila, & Historien de l'Empereur Charles V. auſſi bien que lui, raporte d'une autre maniére l'Hiſtoire de ce *Lys miraculeux*, & l'applique à un préſage tout différent : ce qui montre que ces ſortes d'obſervations ſont quelquefois auſſi fauſſes dans le fait que dans le droit.

## §. C.

*Nouvelle remarque, pour faire voir que l'antiquité & la généralité d'une opinion, n'eſt pas une marque de vérité.*

PRenez la peine de voir préſentement, s'il faut conter pour beaucoup la conformité qui ſe trouve entre les Anciens & les Modernes, à juger que les Comètes ſont des préſages ſiniſtres. Je le dis encore un coup ; C'eſt une illuſion toute pure, que de prétendre qu'un ſentiment qui paſſe de ſiécle en ſiécle, & de génération en génération, ne peut être entiérement faux. Pour peu qu'on examine les cauſes qui établiſſent certaines opinions dans le monde, & celles qui les perpétuent de pere en fils, on verra qu'il n'y a rien

de moins raisonnable que cette préten-
sion. On m'avoüera sans doute, qu'il
est facile de persuader au Peuple certaines opinions fausses, qui s'accordent a-
vec les préjugez de l'enfance, ou avec
les passions du cœur, comme sont toutes les prétenduës reigles des présages.
Je n'en demande pas davantage, car cela
suffit pour rendre ces opinions éternel-
les ; parce qu'à la réserve de quelques esprits Philosophes, personne ne s'avise
d'examiner, si ce qu'on entend dire par
tout est véritable. Chacun suppose qu'on
l'a examiné autrefois, & que les Anciens ont assez pris les devans contre l'erreur ; & là dessus c'est à l'enseigner à son
tour à la posterité, comme une chose infaillible. Souvenez-vous de ce que j'ay
dit ailleurs de la paresse de l'homme, &
de la peine qu'il faut prendre pour examiner les choses à fond, & vous verrez
qu'au lieu de dire avec Minucius Felix,
(1) *Tout est incertain parmi les hommes,
mais plus tout est incertain, plus y a-t-il
lieu de s'étonner que quelques-uns par le dégoût d'une recherche exacte de la verité, aiment mieux embrasser témérairement la
premiere opinion qui se presente, que d'ap-
profondir les choses long-tems & soigneusement ;*

(1) *Omnia in rebus humanis dubia, incerta, suspensa: magisque omnia verisimilia, quàm veris quod magis mirum est, nonnullos tædio investigandæ penitus veritatis cuilibet opinioni temerè potius succumbere, quàm in explorando pertinaci diligentia perseverare. Il y a des exemplaires qui portent, quò minus mirum,*

*ment*; il faut dire, *plus tout est incertain, moins y a-t-il lieu de s'étonner que quelques-uns*, &c. (1) L'Auteur de *l'Art de penser*, remarque fort judicieusement, que la plus-part des hommes se déterminent à croire un sentiment plutôt qu'un autre, par certaines marques extérieures & étrangeres, qu'ils jugent plus convenables à la verité qu'à la fausseté, & qu'ils discernent facilement; au lieu que les raisons solides & essentielles, qui font connoitre la verité, sont difficiles à découvrir. De sorte que comme les hommes se portent aisément à ce qui leur est plus facile, ils se rangent presque toûjours du côté où ils voyent ces marques extérieures. Or comme vous savez, Mr. l'antiquité & la généralité d'une opinion passent volontiers dans nôtre esprit pour une de ces marques extérieures.

Je voi tous les jours des gens qui évitent de se marier dans le mois de May, parce qu'ils ont oüi dire, qu'on a crû de tems immémorial que cela portoit malheur: & je ne doute point que cette superstition, qui nous est venuë de l'ancienne Rome, & qui étoit fondée sur ce que l'on y célébroit dans le mois de May

(1) Part. 3. ch. 19. n. 6.

la fête des Esprits malins, *Lemuralia*, ne subsiste parmi les Chrêtiens jusques à la fin des siécles. Car il ne faut pour la conserver dans une famille, sinon qu'on se souvienne qu'un grand-pere, ou qu'un oncle, ont eu ce scrupule-là. C'est une raison invincible, & qui fait d'autant plus d'impression sur l'esprit, qu'on voit des gens d'entendement dans la même préoccupation. En effet, il y en a qui sans etre superstitieux, reculent, ou avancent leurs nôces, pour éviter le mois de May; parce qu'il leur importe qu'on ne croye pas qu'ils se sont livrez eux-mêmes à la mauvaise fortune. Il ne faut rien négliger en ce monde. Un Marchand peut devenir effectivement malheureux, par la ridicule opinion que l'on a, qu'il est menacé de malheur; personne ne voulant lui faire crédit, ni se lier de commerce avec lui. Qui voudroit rechercher toutes les causes qui fomentent les erreurs populaires, ce ne seroit jamais fait.

## §. CI.

*Preuve convainquante de l'erreur où l'on est touchant les présages.*

IL n'est pas jusques à l'Histoire Sainte dont on n'abuse. Car ceux qui nous débitent, comme en étant fort persuadez, que la maniére dont Tamerlan donna sa bénédiction à ses deux fils, abaissant la tête de l'aîné, & relevant le menton de l'autre, fut un présage de l'élévation de celui-cy, au préjudice de celui-là; se fondent apparemment sur le chapitre 48. de la Genese, où il est dit que le Patriarche Jacob benissant les deux fils de Joseph, mit sa main droite sur la tête du plus jeune, parce qu'il prévoyoit par un esprit prophétique, qu'il deviendroit plus puissant que son aîné. Cependant il y a une trés grande différence à remarquer entre ces deux bénédictions. Le Tartare n'étant point éclairé de la connoissance de l'avenir, ne pouvoit pas diversifier le mouvement de ses mains pour établir un présage : & Dieu ne voulant pas révéler les choses futures aux Infidèles, ne conduisoit pas les mains de Tamerlan d'une certaine façon, afin qu'elles qu'elles formassent un présage de ce qui arriveroit à ses enfans. Au contraire Jacob, qui étoit rempli d'une révélation céleste, par laquelle il connoissoit la destinée de ses Descendans, dirigeoit ses actions & ses paroles selon cette connoissance, & ainsi elles étoient des présages.

Il faudroit considérer, que la conoissance de l'avenir ne pouvant venir que de Dieu, il n'y a point de présage des choses contingentes, qui ne soit immédiatement établi de Dieu. De sorte que si la rencontre d'une belette présage quelque chose, il faut que ce soit par une loy éternelle de Dieu, qui a enchaîné ensemble un tel mouvement de la belette avec une autre chose. Or comme il seroit absurde de dire, que Dieu a fait une infinité de ces sortes de combinaisons, afin d'aprendre l'avenir à tous les hommes du monde, l'avenir, dis-je, dont il nous aprend qu'il se réserve à lui seul la connoissance, pour confondre les (1) faux Dieux, & dont il n'a fait part qu'à quelques Prophetes par une faveur singulière : Comme il seroit indigne de la bonté & de la sagesse de Dieu, supposé qu'il voulust nous avertir d'une destinée que nous ne

(1) *Annunciate quæ ventura sunt in futurum, & sciemus quia Dii estis vos.* Isai. cap. 41.

pourrions éviter, de se servir d'une maniére de signes aussi vagues & aussi obscurs, que le sont tous ceux que l'on nous débite pour des présages de l'avenir ; il faut dire que ce sont tous ouvrages de l'esprit humain, & non pas des institutions de la Providence, comme l'a fort bien remarqué (1) Petrone à l'égard des songes.

Voila, ce me semble, deux puissantes raisons contre les présages. Premiérement ils sont innombrables, si nous ajoûtons foi à tout ce qu'on nous raconte sur ce sujet. Il ne se passoit point d'année à Rome sans des prodiges, & si nous prenions la peine d'unir (2) bout à bout les remarques qui se trouvent dans les Historiens touchant les présages, qu'ils disent que Dieu a donnez de ce qui devoit arriver sur la terre, nous ferions une enchaînure qui embrasseroit tous les tems sans aucune interruption. Si nous consultons les gens crédules sur cette matiére, nous trouverons qu'il ne leur est jamais rien arrivé de remarquable, sans y avoir été préparez par quelque présage. Or dés là on peut conclurre que ce ne sont que des vaines imaginations, parce que d'un côté ce'a mon-

(1) Somnia quæ mentes ludunt volitantibus umbris, Non delubra Deûm, nec ab æthere numina mittunt, Sed sibi quisque facit.
(2) Voiex l'Abbé Lancelot de Perouse dans son Hoggidi disinganno 49. & 50. prem. part.

montre que les hommes demeurent inébranlablement attachez à croire qu'il y a une puissance à qui l'avenir est connu, & par conséquent que leur incrédulité ne porte point Dieu à faire des miracles pour la guerir ; & que d'autre côté cela fait voir, que si Dieu établissoit effectivement des présages, il avertiroit les hommes extraordinairement & continuellement tout ensemble de ce qui leur doit arriver, ce qui implique contradiction. Ce seroit alors que l'on auroit quelque raison de juger avec (1) Maxime de Tyr, que la Divinité se tiendroit sur les grands chemins, pour dire la bonne aventure à tout venant.

La seconde raison est, que ces présages dont on nous parle, non seulement n'apprennent pas d'une maniére intelligible les choses qui doivent arriver, mais aussi ne servent pas à les empécher d'arriver. Je le prouve, parce qu'on ne sait jamais qu'une chose a été le présage d'une autre, que quand cette autre est arrivée, car quelque infatuez que nous soyons des présages, nous ne croyons jamais en avoir eu d'une chose qui n'a point été. Un homme qui perd son argent au jeu, n'est pas assez bête, pour s'imaginer

(1) Δειλῶς τινα πολυπράγμονα ἡγῆ τὸν θεὸν ϗ περίεργον ϗ εὐήθης, ϗ μηδὲν τῶν ἐν τοῖς κύκλοις ἀγυρτόντων διαφέροντα οἱ δυοῖν ὀβολοῖν τῷ προστυχόντι ἀποθεσπίζουσι. Maxim. Tyrius, Orat. 3.

qu'il

qu'il a eu des préfages du gain qu'il feroit ; & quand même il auroit eu avant fa perte certains préfages de bon augure, il cefferoit de les reputer pour tels, dés qu'il s'appercevroit de la perte de fon argent. Les Payens qui fe croyoient menacez par des préfages, & qui tâchoient d'en éviter les effets, n'avoient que des notions trés confufes & trés générales, avant que les chofes fuffent arrivées ; & quand il n'arrivoit rien de fâcheux, ils croyoient facilement que ce que l'on avoit pris pour un préfage, ne l'étoit pas effectivement. C'eft pourquoi l'on peut affeurer, qu'il n'y a que l'événement qui nous affeure qu'une chofe a été le préfage d'une autre, & par conféquent que les préfages ne fervent de rien pour nous faire éviter le mal. Outre que fi les préfages nous mettoient en état d'éviter nôtre deftinée, la raifon de Mr. de Mezerai feroit nulle ; puis que nous aurions fujet de croire, qu'il eft en nôtre puiffance de changer l'avenir : d'où il s'enfuivroit, que nous ne donnerions pas à Dieu la fuprême difpofition de l'avenir, qui eft pourtant le feul fruict que cet Hiftorien prétend que l'on retire de la connoiffance des préfages. La feule chofe

à quoi

*Pensées diverses.*

à quoi nous puissions destiner cette connoissance, c'est de dire que Dieu a établi une infinité de signes pour nous présager l'avenir, afin de nous combler d'amertume dés avant que les choses soient arrivées ; de sorte que dans cette supposition il est vrai de dire, que Dieu fait continuellement des miracles, pour affliger indifféremment tous les hommes, bons & mauvais, avant même que les maux qu'il leur prépare leur arrivent. Or comme cela est tout à fait contraire à l'idée que nous avons de Dieu, qui nous le représente si grand & si bon, que rien ne lui peut convenir qui sente la malignité & la bassesse, il faut nécessairement conclurre, qu'il n'est point l'auteur de ces présages qu'on nous prône tant ; & qu'ainsi les plaintes que les Payens ont quelquefois faites contre la Divinité à cette occasion, sont les plus injustes du monde. Ils eussent voulu que Dieu ne les eust pas exposez à être doublement malheureux, I. Par les présages du mal à venir. II. Par le mal même, comme on le peut lire dans cet endroit de la (1) Pharsale.

(1) *Cur hanc tibi rector Olympi Sollicitis visum mortalibus addere curam, Noscant venturas ut dira per omnia clades ? . . . . . sit cæca futuri Mens hominum fati: liceat sperare timenti.* Pharſ. l. 2.

*Monarque tout-puissant qui conduis les humains,*

Pour-

*Pourquoi nous laisses-tu lire dans tes desseins,*
*Prévoir nôtre infortune, aller à sa rencontre,*
*Et sentir ta vengeance avant qu'elle se montre ?*
. . . . . . . . . . .
*Cache un peu ton courroux, & permets seulement*
*Qu'il tonne & qu'il foudroie en un même moment.*
*Assouvis ta rigueur, mais suspens tes menaces,*
*Et laisse nous sentir sans hâter nos disgraces,*
*Sans aller vainement chercher dans l'avenir,*
*Et dequoi te venger, & dequoi nous punir.*

Pauvres aveugles qu'ils étoient ! ils attribuoient à Dieu ce qui ne venoit que de leurs faux jugemens. Ils étoient eux-mêmes les Auteurs de leurs présages, non seulement parce qu'ils s'imaginoient sans raison qu'il y en avoit, mais aussi parce qu'en suite de leur préoccupation, ils se portoient bien souvent aux choses qu'ils croyoient avoir été présagées, & se confirmoient puissamment aprés après cela dans leur erreur, par le succez qu'ils voyoient que leurs prétendus présages avoient eu. C'est une des causes qui ont fomenté dans le monde la plus part des Divinations. Un Astrologue prédisoit à un homme qu'il mourroit dans peu de tems, & cet homme étoit assez simple pour le croire, & pour tomber dans une mélancolie qui le tuoit. Cette mort persuadoit tellement à tout un Peuple la certitude de l'Astrologie, qu'on ne croyoit plus pouvoir éviter ses prédictions : de sorte que si on disoit à une fille, que son Horoscope la marioit à un tel, dés lors elle s'y résolvoit comme à une chose prédestinée ; ce qui faisoit réüssir le mariage, & fortifioit l'illusion de plus en plus.

Je pourrois pousser cette matiére plus loin : mais comme j'en veux aux Cométes principalement, il me suffira pour le coup, Mr. que vous compreniez, que non seulement il est trés possible que l'opinion générale de leurs présages soit fausse, veu la maniere dont elle s'est établie & perpetuée dans les esprits ; mais qu'il faut de toute nécessité qu'elle soit fausse, veu l'opposition qui se trouve entre ce sentiment & la nature de Dieu.

Apres

Apres cette longue digression, me voici prét à vous donner tous les éclaircissemens que vous pouvez souhaitter de moy.

A... le 23. de Juin, 1681.

## §. CII.

Premiére Objection, *contre la Raison tirée de la Théologie. Dieu a formé des Cométes, afin que les Payens connussent sa providence, & ne tombassent pas dans l'Atheïsme.*

JE ne voi qu'une objection considérable contre ce que j'ay établi par ma septiéme Raison. On me peut dire, que l'intention de Dieu n'a pas été de fortifier l'Idolatrie, mais seulement de faire connoître au monde, qu'il y a une Providence qui dispense les biens & les maux, qui aime les hommes, qui ne veut pas les perdre sans leur donner le tems de se repentir, qui mérite à cause cela leur amour & leur reconnoissance. Voila, me dira-t-on, la fin que Dieu s'est toûjours proposée en faisant voir des Cométes. Cette fin est trés digne de la bonté & de la sagesse de Dieu. Les Cométes ont été une occasion d'Idolatrie, il est vrai: mais c'est la faute des
Ido-

Idolâtres, qui n'ont pas sceu connoître ce que Dieu demandoit d'eux. Et aprés tout, les Comètes & les autres prodiges ont été d'un grand usage, ayant empêché que les hommes ne tombassent dans l'Atheïsme, qui eust été la ruïne de la societé humaine. Qu'en effet (1) Horace nous apprend, que le tonnerre qu'il avoit oüi diverses fois en tems serain, le dégagea de la Secte d'Epicure qui nioit la Providence divine.

(1) *Ode 34. l. 1.*

### §. CIII.

Premiére Réponse. *Que Dieu ne fait point de miracles, pour chasser un crime, par l'établissement d'un autre crime ; l'Atheïsme, par l'establissement de l'Idolatrie.*

JE répons, que tout cela ne balance point les inconvéniens qui naissent de l'opinion que je réfute. Car I. il ne semble pas être de la saincteté & de la sagesse de Dieu, de faire des miracles, afin de guerir un mal par un autre mal. Il est bien dit, que Dieu tire la lumiere des ténebres, & que son infinie providence trouve jusques dans la corruption du Pecheur, dequoi se faire admirer. Mais il seroit absurde de dire, que Dieu produit

produit ces ténebres & cette malice du Pecheur, afin d'en tirer en suite la lumiére & la manifestation de sa grace. Ce seroit une impieté de dire, que Dieu fait du mal, afin qu'il en arrive du bien; qu'il rend tous les hommes Idolâtres, afin d'empécher qu'ils ne deviennent Athées. Mais si c'est une impieté de dire cela, comment peut-on dire que Dieu a fait des miracles, qui dans l'état où étoient les choses, ne pouvoient qu'enraciner l'Idolatrie dans le cœur de l'homme: comment, dis-je, peut-on attribuer à Dieu ces miracles, sous prétexte qu'il empêchoit par là l'établissement de l'Atheïsme ? N'est-ce pas avoüer, que Dieu a contribué à la propagation de l'Idolatrie par ses miracles, afin d'étoufer l'Atheïsme ; c'est à dire qu'il a contribué à un trés grand mal, non pas pour procurer un trés grand bien, (car l'extirpation de l'Atheïsme précisément ne peut ni sauver personne, ni glorifier Dieu comme il le demande) mais seulement pour éviter un plus grand mal ? C'est en vérité un objet bien digne de la grandeur de Dieu, & une fin bien proportionnée à sa sagesse, que de bouleverser la Nature, afin de fermer la porte à un mal

par

par la conservation & par l'amplification d'un autre qui ne vaut guere mieux, & contre lequel Dieu a toûjours témoigné une aversion infinie. A-t-on jamais veu que JESUS CHRIST, ou les Saincts ayent fait des miracles pour chasser une maladie par une autre, la paralysie, par exemple, par l'hydropisie? Quelle sorte de miracles seroit-ce que ceux-là? Ainsi, Mr. gardez-vous bien de penser, que Dieu ait produit des miracles, afin d'empecher l'Atheïsme par la fomentation de l'Idolatrie, & souvenez-vous, qu'aprés la haine que Dieu a témoignée contre l'Idolatrie, il ne semble pas qu'il ait peu rien faire en sa faveur que la tolérer. S'il eust voulu bannir l'Atheïsme par des voyes extraordinaires, eust-il choisi celles qui alloient manifestement à establir ce qu'il a si fort en horreur, ce qui provoque sa jalousie, comme parle l'Ecriture?

Ne vous semble-t-il pas, Monsieur, que cette idee de Dieu jaloux, sous laquelle Dieu s'est manifesté, nous induit à croire, qu'il eust mieux aimé n'être point connu des hommes, que de voir donner à d'autres les honneurs qui ne sont deus qu'à lui; & par conséquent, que

que s'il eust voulu s'opposer par ses miracles à la liberté de l'homme, & le détourner de son train, il l'eust plutôt empéché de tomber dans l'Idolatrie, que dans l'Atheïsme? Il ne m'appartient pas de rien décider là dessus. Seulement diray-je, que la jalousie d'un mari va beaucoup plutôt à souhaiter que sa femme n'aime personne, qu'à souhaiter qu'elle partage son cœur entre son mari & un autre. A quoi j'ajoûte, qu'il ne semble pas que Dieu ait peu choisir pour l'objet de ses miracles, ni l'extirpation de l'Atheïsme par la conservation de l'Idolatrie, ni l'extirpation de l'Idolatrie par l'introduction de l'Atheïsme, I. Parce que l'Atheïsme & l'Idolatrie sont deux choses dont la meilleure ne vaut rien, & qui ne peuvent servir ni l'une ni l'autre qu'à deshonorer Dieu. II. Parce qu'il est certain d'ailleurs, que Dieu n'agit surnaturellement, que pour manifester sa gloire d'une façon plus sensible, & plus propre à confondre l'erreur de ceux qui ne le connoissent pas comme il faut.

Qu'on ne me dise donc plus, que Dieu a fait des miracles, afin d'empêcher l'Atheïsme; à moins qu'on n'ajoûte te, qu'il a fait cesser l'Atheïsme, pour être véritablement connu & adoré. Car si on n'ajoûte pas cela, je serai fondé à dire, que Dieu a fait cesser l'Atheïsme par des miracles, afin que Jupiter & Minerve, Venus & Mercure, & une infinité d'autres prétenduës Divinitez, reçeussent par toute la terre les honneurs qui ne sont deus qu'à Dieu; ce qui est directement contraire à la révélation, Dieu lui-même s'en étant déclaré, & ayant juré par (1) lui-même, *qu'il ne donneroit point sa gloire à un autre, ni sa loüange aux statuës de bois & de pierre.* Qu'on ne me dise pas, que Dieu étoit honoré indirectement à tout le moins, par ceux qui adoroient Jupiter & Junon. Car il n'y a rien de plus faux, ni de plus contraire à la révélation ; puis qu'encore que les Idolâtres ayent toûjours prétendu honorer quelque Divinité, & qu'ils ayent adoré sous l'idée de Divinité tout ce qu'ils adoroient, Dieu a toûjours déclaré qu'il ne regardoit point ce culte comme sien ; mais au contraire comme un vol & une usurpation de ce qui lui étoit deu, qui méritoient ses plus terribles châtimens. Ne me dites point, qu'il y a des Peres de l'Eglise,

(1) *Isai. chap. 42. v. 8.*

qui soûtiennent que les Astres ont été placez dans les cieux par les soins d'une providence particuliére, qui a voulu empêcher que les hommes ne tombassent dans l'Atheïsme, en exposant à leur veüe des objets qui leur parussent dignes d'adoration; gardez-vous bien, disje, de m'objecter cette pensée, car elle est trop horrible pour ne la pas rejetter, quand même nous la verrions dans plusieurs ouvrages des Saints Peres. Admirons leur saincteté tant qu'il vous plaira; mais ne faisons pas difficulté de reconnoître qu'ils raisonnent quelquefois fort mal. Vôtre Sorbonne n'adopte pas tout ce qu'ils ont dit; & souvent aprés avoir chommé leur fête, & s'être recommandée à leurs priéres, elle ne fait point scrupule de les réfuter de toute sa force.

## §. CIV.

Seconde Réponse. *Qu'il n'a jamais été nécessaire d'empêcher que l'Atheïsme ne s'establist en la place de l'Idolatrie, & que les Cométes ne sont pas capables de l'empêcher.*

Mais supposons que la saincteté & la sagesse de Dieu lui ayent peu per-

permettre de faire des miracles, pour chasser l'Atheïsme par le moyen de l'Idolatrie; il n'en sera pas moins vrai, que Dieu n'en a jamais fait effectivement pour cette fin-là, parce que Dieu ne fait rien d'inutile, & qu'il n'a jamais été nécessaire de prévenir par des miracles l'extinction de toute Religion dans le monde. Il est impossible d'une impossibilité morale & physique, qu'une Nation entiére passe de la croyance d'un Dieu, & de l'usage d'une Religion, dans une croyance & un usage contraires. A peine se peut-on persuader, qu'un homme seul, ou par abrutissement, ou par de fausses subtilitez, étouffe dans son ame l'idée d'une premiére cause, de qui tout dépend, & à qui tout doit hommage. Comment donc croiroit-on possible, qu'un Peuple entier élevé dans la pratique d'une Religion, accoûtumé à recourir aux Dieux dans ses besoins, & à les remercier dans ses prosperitez, prévenu de mille sentimens de crainte, composé d'un grand nombre de superstitieux, passe dans l'abnégation totale d'une Divinité? Pour peu qu'on connoisse le génie des Peuples, on m'avoüera que c'est une chose impossible. A quoi bon donc créer si souvent des Cométes, pour éviter un mal qui ne peut jamais arriver? Quoi de plus inutile, que cette sorte de miracles?

Ils servent, me dira-t-on, à convertir les Peuples qui ne reconnoissent aucun Dieu. Je réponds que cela est faux. Car s'il est vrai, comme quelques Rélations l'asseurent, qu'on a trouvé des Peuples qui ne faisoient profession d'aucune Religion, il s'ensuit que les Cométes n'ont pas la vertu d'introduire la croyance d'une Divinité dans les Pays qui n'en reconnoissent aucune. Et d'ailleurs il est évident, que des hommes qui ne sont pas touchez des effets ordinaires & extraordinaires de la Nature, qui peuvent s'imaginer que le Monde a été fait par hazard, que les mouvemens des Cieux ne sont dirigez par aucun Etre suprème, que tout se fait par la rencontre fortuite de certains Principes, sont trés capables de faire le même jugement de tous les astres & de tous les feux qui apparoitront de nouveau. Si bien qu'il est hors de toute vrai-semblance, qu'une Cométe, de quelque longueur qu'on la suppose, puisse faire songer qu'il y a un Dieu, à un Peuple, que les ouvrages de
la

la Nature si beaux & si réguliers, les éclipses, les tremblemens de terre, les ouragans, les tonnerres, & les foudres n'ont point convaincu, qu'il y en a un.

## §. CV.

*De la prodigieuse inclination des anciens Payens à multiplier le nombre des Dieux.*

Pour ce qui regarde les Nations que l'Histoire ancienne nous fait connoître, il y avoit si peu de danger qu'elles tombassent dans l'Atheïsme, que leur entêtement principal étoit de multiplier leurs Dieux & leurs Religions à l'infini. Vous savez la remarque d'un Poëte (1) Chrêtien écrivant contre Symmaque; que la ville de Rome multiplioit ses Dieux à proportion de ses Victoires; & vous n'ignorez pas sans doute la raillerie de (2) Juvenal, que le pauvre Atlas étoit accablé sous le fardeau de tant de Dieux qu'il avoit à soûtenir. Vous savez qu'il n'y a sorte de créature que les Payens n'ayent Deifiée; qu'ils ont adoré jusqu'aux herbes de leurs jardins;

(1) *Roma triumphantis quoties Ducis inclyta currun Plausibus excepit, toties altaria Divum Addidit, & spolus sibimet nova numina fecit.* Prudence.

(2) *Nec turba Deorum Talis ut est hodie, contentaque Sydera paucis Numinibus, miserum urgebant Atlanta minori Pondere.* Satyr. 13.

qu'ils

qu'ils ont sacrifié aux vents & à la tempête; qu'ils ont élevé des Autels à l'impudence, à la calomnie, à la peur, à la fiévre, à la (1) mort même toute implacable qu'elle est; qu'ils ont mis au rang des Dieux leurs Rois & leurs Empereurs, non seulement après que la mort les avoit délivrez de la nécessité d'être veus sujets aux mêmes infirmitez que les autres hommes, mais aussi pendant qu'on les voyoit exposez à toute sorte de foiblesses. Il n'y a point d'exaggération à tout cecy. Ce sont des Faits avoüez de tout ce qu'il y a de gens qui connoissent l'Antiquité. Ce que j'ay dit concernant les Rois & les Empereurs, se justifie tant par l'usage des (2) Perses qui adoroient leur Monarque d'une adoration proprement dite, & que plusieurs Etrangers ont refusé de rendre par scrupule de Religion; que par la pratique des Romains, qui juroient par la Divinité de leurs Empereurs vivans, & leur consacroient des Temples & des Autels à leur (3) veüe, ou à leur sceu; comme il paroit par l'Ambassade extraordinaire, que ceux de Tarragone envoyerent à l'Empereur Auguste, pour lui apprendre qu'il étoit né un palmier sur l'Autel

(1) *Vossius de Idololatr. l. 3. c. 20.*

(2) *Brissonius de Princip. Persar. lib. 1.*

(3) *Sueton. in Jul. Cæs. cap. 76.*

& dans le Temple qu'ils lui avoient fait bâtir. A la vérité cela ne parut pas fort probable à Auguste, puisqu'il répondit d'un (1) air moqueur, *qu'il voyoit bien qu'on ne faisoit gueres brûler de victimes sur cet Autel.* Mais neanmoins & ce Temple & cet Autel demeurerent sur pied avec plusieurs autres qui étoient consacrez au même Dieu, dont quelques-uns mêmes étoient desservis par une Communauté de Prêtres, établie uniquement pour cette fonction ; & quelques autres étoient bâtis dans le petit coin du monde que le vrai Dieu s'étoit réservé : car vous n'ignorez pas qu'Herode a bâti des Temples à Auguste dans la Judée. Généralement parlant, la coûtume de mettre les Empereurs au rang des Dieux, étoit si bien établie parmi les Payens, qu'encore que Constantin eût abandonné leur fausse Religion pour embrasser l'Evangile, qu'il professa fidélement jusqu'à sa mort, ils ne (2) laisserent pas de le mettre au rang des Dieux aprés son décez. Ce qui ne me paroit gueres plus étonnant, que la débonnaireté philosophique de l'Empereur M. Auréle, qui aprés avoir été deshonoré par les impudicitez effrénées &

(1) *apud Quintil. l. 6. c. 4.*

(2) *Eutropius l. 10.*

publi-

publiques de sa femme, lui fit rendre les honneurs divins dés qu'elle fut morte, & lui fit bâtir un Temple.

Il n'y a jamais eu de malheur moins à craindre que l'Atheïsme ; & par conséquent Dieu n'a point produit des miracles pour l'empêcher. D'où il s'ensuit, que si Dieu avoit contribué par la production des Cométes à fortifier le regne de l'Idolatrie, il ne l'eust point fait pour éviter un plus grand mal ; & qu'ainsi c'eust été contribuer par des miracles à un tres grand mal purement & simplement, ce qui ne se peut dire sans blasphéme.

## §. CVI.

III. Réponse. *Que quand même il y auroit eu lieu de craindre que l'Atheïsme ne s'établist en la place de l'Idolatrie, il n'eust point falu se servir de miracles pour l'empêcher.*

JE passe plus avant, & je dis en troisiéme lieu, que quand même il y auroit eu quelque sujet de craindre que l'Atheïsme ne s'établist dans le monde, il n'auroit été nullement nécessaire de recourir

courir au miracle, pour prévenir ce grand mal. Il suffisoit de laisser agir la Nature selon ses forces. On s'en pouvoit fort bien reposer sur les soins des hommes & des Démons.

## §. CVII.

*Les effets de la Nature pouvoient empécher l'irréligion.*

I. EN effet, les corps agissant continuellement les uns sur les autres, ameinent de tems en tems par une suite nécessaire mille choses surprenantes, des monstres, des météores d'éclat, des tempêtes furieuses, des inondations, des mortalitez, & des famines horribles. Et comme par tout où l'on croit une Religion, on regarde ces choses-là comme des effets particuliers de la Providence Divine, qui demandent un renfort de culte & de dévotion; il est impossible, veu comme le monde va, que les hommes laissent effacer de leur ame la crainte & la croyance de leurs Dieux. De sorte que sans se départir des loix générales de la Nature, Dieu a peu trouver dans le progrez & dans l'enchaînement des causes secondes, assez de Phé-

nome-

nomenés extraordinaires pour se faire redouter. Une légére réfléxion sur ce qui a été dit de l'attachement des Payens à regarder les moindres choses comme des prodiges, suffit pour nous convaincre de cela.

## CVIII.

*La Politique pouvoit empêcher la même chose.*

II. Mais outre que les hommes sont assez portez d'eux-mêmes à pratiquer les actes extérieurs de dévotion, toutes les fois qu'ils se croyent menacez de la part du Ciel par des prodiges; il faut considérer que la politique des Magistrats préposez aux affaires civiles, & à celles de la Religion, avoit grand soin de tenir les hommes dans la dépendance par le frein de la crainte des Dieux. On a reconnu de tout tems, que la Religion étoit un des liens de la société, & que les sujets n'étoient jamais mieux retenus dans l'obeïssance, que lors qu'on savoit faire intervenir à propos le Ministere des Dieux, & qu'on ne pouvoit jamais encourager les Peuples avec plus de succez à la defense de la Patrie, qu'en attachant

chant leur cœur à certaines dévotions pratiquées dans certains Temples, avec des cérémonies pompeuses, sous la protection mille fois éprouvée de certaines Divinitez, & qu'en leur faisant acroire, que les Ennemis qui vouloient profaner ces saints lieux, étoient menacez d'un châtiment terrible par les présages des victimes. Pour faire agir tous ces ressorts, il falloit non seulement qu'il y eût une Religion autorisée par le Magistrat, mais aussi que les sujets fussent prévenus de crainte, de vénération, & de respect pour tous les exercices de cette Religion. C'est pourquoi la Politique vouloit que l'on ménageast soigneusement tout ce qui seroit propre à fomenter dans les esprits le zéle de la Religion, & à leur inspirer un profond respect pour ses plus petites cérémonies. Jugez, Mr. si aprés cela il y avoit lieu de craindre que les Peuples tombassent dans l'Atheïsme.

O 6 §. CIX.

## §. CIX.

*L'Intérêt des Prêtres le pouvoit empêcher aussi.*

III. Le respect des Peuples pour les choses de la Religion, s'etendant jusques sur les personnes qui en avoient la charge, il arrivoit que ces personnes se servoient de plusieurs artifices pour entretenir des sentimens superstitieux dans les esprits ; car ils se faisoient valoir par là, & ils rendoient leur emploi si considérable, que les plus grands Seigneurs y aspiroient. Il y a eu des Têtes (1) Couronnées qui se piquoient de la connoissance des augures. Le Roy Dejotarus étoit lui-même son Devin, & il semble que ce fust lui-même qui trouva que les auspices l'engageoient à suivre le parti de Pompée, à quoi pourtant il ne trouva point son conte. Plusieurs personnes considérables, ou par leurs Charges, ou par leur Qualité, se piquoient de la même connoissance. Le Senat de Rome ordonna qu'on envoyeroit six jeunes garçons des meilleures familles de l'Etat vers chaque Peuple de l'Etrurie, pour

(1) Cicero l 1. de Divinat.

pour y apprendre les Disciplines augurales. C'est qu'on croyoit, qu'en relevant ainsi la dignité de cette Profession, par la naissance de ceux qui s'en méloient, on empêcheroit l'abus où tombent les arts entre les mains des personnes avares & (1) mercenaires. C'est sur un semblable principe, que le célébre Cardinal Pallavicin a prouvé trés-doctement & trés-pieusement tout ensemble, que l'Eglise Catholique doit être dans le monde sur le pied d'une puissance temporelle, afin d'attacher à son service, par l'espérance d'un gros revenu, les Barons, & autres personnes de la premiére Qualité; ce qui rend la Religion extrémement considérable : car qui oseroit mépriser les cérémonies de la Messe, sachant que celui qui officie, a le plus beau train & la meilleure table de l'Etat?

Mais si par cette conduite on évitoit les abus d'un trafic sordide, on tomboit d'ailleurs dans un autre inconvénient. Car des Augures de cette naissance, remplis d'ambition, travailloient de plus en plus à se faire un Empire sur les ames, par l'invention de plusieurs cérémonies, & en imposant un nouveau joug de scrupules

(1) *Ne ars tanta propter tenuitatem hominum à Religionis autoritate abduceretur ad quæstum, Id. Ibid.*

sur les esprits, & en faisant publier une infinité de prodiges, dont il falloit qu'ils fussent les Interprétes. Cette fonction d'éxaminer les prodiges, & de chercher les voyes de les expier, les faisoit regarder comme des Médiateurs entre les Dieux & les hommes. On se persuadoit qu'ils avoient la clef du ciel, qu'ils détournoient les malheurs dont l'Etat étoit menacé, en un mot, qu'en eux résidoit le salut public. Jugez, Mr. si aprés cela les prodiges étoient rares. Doutez-vous que les moindres effects de la Nature, ne fussent débitez comme des marques du courroux du ciel ? Ne croyez-vous pas qu'on avoit des gens apostez pour venir anoncer dans la Capitale, qu'un loup étoit entré en plein jour dans le milieu d'une ville, qu'on avoit veu des chevaux en l'air, & choses semblables ? C'étoit l'intérêt des Pontifes, des Prêtres & des Augures, qu'il couruſt perpétuellement de ces nouvelles, comme il est de l'intérêt des Avocats & des Médecins, qu'il y ait des procez & des maladies ; c'est pourquoi on n'avoit garde de donner le tems au Peuple de devenir tiéde dans sa Religion.

§. CX.

§. CX.

*Combien les Peuples aimoient à croire que les prodiges n'étoient point naturels.*

ON l'avoit mis sur un tel pied, qu'il ne pouvoit souffrir, que les Philosophes entreprissent d'expliquer les prodiges par des raisons naturelles. Car (1) Plutarque nous est garand, que du tems de Nicias, c'est à dire dans le quatriéme siécle de la fondation de Rome, on n'osoit encore s'ouvrir qu'à ses meilleurs Amis, & en prenant bien ses précautions, de la cause des éclipses de Lune, qu'Anaxagoras avoit enseignée depuis peu. Il ajoûte, que c'étoit parce que le Peuple ne pouvoit souffrir en ces tems-là les Physiciens, s'imaginant qu'ils attribuoient à des causes nécessaires & insensibles, ce qui ne venoit que des Dieux; que c'est pour cela que Protagoras fut banni d'Athenes, & Anaxagoras mis en prison, dont Periclés avec tout son crédit & toute son éloquence, put à peine le délivrer; & que ce ne fût qu'aprés bien du tems, que le Peuple s'apprivoisa avec la Philosophie, en suite des éclaircissemens

(1) *In vita Niciæ.*

mens qu'il tira de la doctrine de Platon, qui soûmettoit la nécessité des causes naturelles à la puissance divine. J'approuverois le zéle du Peuple, si les Philosophes eussent prétendu exclurre l'influence divine de tous les effets dont ils expliquoient les causes ; mais ce n'étoit pas là ce qui effarouchoit le vulgaire : le mal étoit, qu'en expliquant les prodiges par une cause physique, on les réduisoit à ne présager plus rien, ce qui ôtoit au Peuple une infinité de vaines imaginations dont il se repaissoit, & aux Devins la plus considérable partie de leur emploi. Peu s'en faut que Stace (1) ne se mette fort en colere contre ses Héros, qui avoient veu qu'une fléche rencontrant un arbre, étoit revenuë vers celui qui l'avoit tirée, & qui au lieu de reconnoitre que ce fust un prodige extraordinairement envoyé des Dieux, pour signifier qu'Adraste retourneroit à la guerre de Thebes, l'expliquoient naturellement.

(1) *Multa duces errore ferunt ....: penitus latet exitus ingens Monstratumque nefas, Vni remeabile bellum, &c.* l. 6. *Theb. sub fin.*

§. CXI.

§. CXI.

*Que le Sacerdoce & l'Autorité Souveraine ont été quelquefois unis.*

IV. JE considére de plus, qu'il y avoit des Etats, (1) où la dignité Sacerdotale étoit jointe avec la Royale. Je mets l'Empire Romain de ce nombre-là, puis qu'il est certain, que comme les Empereurs se saisirent de la dignité de Tribun du Peuple, pour se rendre personnes sacrées & inviolables, & pour s'approprier toute la puissance du Peuple ; ils unirent aussi à leur Majesté Impériale la dignité de Souverain Pontife, tant pour dominer sur les choses de la Religion, que pour se rendre de plus en plus inviolables, par la raison que les (2) Pontifes n'étoient ni sujets à aucune punition, ni responsables de leurs actions à personne, soit du Peuple, soit du Senat. Il y a grande apparence que c'étoit aussi afin d'empêcher qu'une charge qui avoit tant de privileges, ne tombast entre les mains d'aucune personne qui en pust abuser au préjudice de l'Empereur, comme il pouvoit arriver fort naturellement. Cette union

(1) *Rex Anius, Rex idem hominum, Phœbique Sacerdos.*

(2) *Dion Cassius l. 2.*

on subsista assez long-tems aprés le baptême de Constantin; mais elle fut enfin supprimée par l'Empereur Gratien. On a veu depuis une semblable union dans l'Empire des Sarrazins, dont le Caliphe étoit tout ensemble Chef de la Religion & de l'Etat. En d'autres Pays c'étoient les Prêtres qui rendoient la justice; en Egypte, par exemple, & dans la Gaule, où les Druydes avoient toute l'intendance du culte des Dieux, & terminoient tous les différens des particuliers. En d'autres c'étoit à un même Ordre de gens, savoir à la Noblesse, qu'il appartenoit de connoitre des affaires de la Religion, & des Charges de la République, d'interpréter les Loix sacrées & les profanes; (c'est le réglement que Thesée fit dans Athenes.) En d'autres enfin, comme dans la République de Rome, c'étoit le Senat, qui sur le raport des Pontifes, des Augures, des Aruspices, &c. ordonnoit qu'on feroit des Processions, des Sacrifices, des Banquets sacrez, & le reste. Je vous laisse à penser aprés cela, si on donnoit bon ordre que la Religion fust maintenuë dans toute sa force, y ayant concours de deux Puissances, dont chacune en son particulier avoit grand intérêt à cela. §. CXII.

§. CXII.

*Du soin que l'on prenoit de châtier ceux qui méprisoient la Religion.*

AUssi voit-on par l'Histoire, qu'on n'oublioit rien de tout ce qui pouvoit aller au devant du mépris des cérémonies de la Religion, & tenir les Peuples en respect sur cet article. On fit mourir Socrate dans Athenes, parce que sa doctrine tendoit à rendre suspecte d'erreur la Religion dominante. Le Senat de Rome ayant donné commission au Préteur Petilius, de lire les Escrits du Roy (1) Numa, qu'on avoit trouvez dans un coffre de pierre 400. ans aprés sa mort, & ouï le rapport du Préteur, qui fut, que ces livres contenoient des choses fort éloignées de l'état présent de la Religion, & capables par conséquent de jetter mille scrupules dans l'esprit du Peuple : le Senat, dis-je, fit brûler ces livres-là, craignant avec raison que le Peuple détrompé de la pensée où il étoit, que la Réligion d'alors étoit la même que Numa Pompilius avoit apprise de la Déesse Egerie, ne vinst à la méprisér.

(1) *Plutarchus in vit. Numæ.*

Cette

Cette prévention étoit passée des peres aux enfans, parce que les changemens dans ces choses-là, se font par des progrez insensibles, & ne se remarquent gueres durant la vie d'un homme; de sorte que chacun croit en mourant laisser la Religion au même état qu'il l'avoit trouvée en venant au monde. Cependant ces progrez insensibles, au bout de plusieurs siécles portent les choses fort loin.

Le même Senat avoit grand soin de conserver la Religion des auspices, & destituoit de leurs charges les personnes les plus notables, dés qu'il apparoissoit que la prise de possession n'avoit pas été conforme à ce que prescrivoient les cérémonies des augures. Il châtia même rigoureusement le Consul C. Flaminius, parce qu'il avoit méprisé les auspices; ce qui pourtant ne l'avoit pas empêché de (1) remporter une signalée victoire sur les Gaulois. P. Claudius & L. Junius, qui du tems de la premiére guerre de Carthage avoient méprisé les mêmes auspices, furent encore plus sévérement punis, car il leur en coûta la vie. Pour empêcher qu'on ne vinst à secoüer le joug des Loix augurales, on affectoit de répan-

(1) L'an de Rome 531.

répandre parmi la multitude, que les batailles gagnées par les ennemis de la Republique, étoient des punitions du mépris que les Généraux avoient eu pour les présages, ou du peu d'éxactitude qu'ils avoient apporté à s'acquitter des cérémonies de la Religion. On disoit par exemple, que le Consul Q. Flaminius avoit été (1) batu par Annibal auprés du Lac de Thrasymene, parce qu'il avoit eu la témérité de livrer bataille, sans avoir égard à ce que son cheval l'avoit fait tomber, lors qu'il commanda de marcher à l'ennemi, ni à ce qu'on lui raporta, que les Drapeaux ne pouvoient être remuez de leur place : Que le Consul Varron avoit perdu (2) la funeste bataille de Cannes, à cause qu'il avoit encouru la haine de Junon, pour avoir mis en sentinelle dans le Temple de Jupiter un beau (3) Jeune Comédien durant la célébration des Jeux Circenses : action qu'il fallut expier par divers sacrifices au bout de quelques années.

(1) L'an de Rome 536.

(2) L'an de Rome 537.

(3) Valer. Maxim l. 1. cap. 1.

V. Si vous joignez à toutes ces observations ce que j'ay déja touché cy (4) dessus, savoir que les Démons faisoient tout leur possible pour intimider les Peuples par mille sortes de présages,

(4) n. 61. & 68.

voyant

voyant bien que cela ne produifoit aucun amendement de vie, mais feulement une infinité d'actions fuperftitieufes & idolâtres ; vous comprendrez, Mr. que fans que Dieu s'en mêlaft par des voyes extraordinaires, le monde étoit plus que fuffifamment à couvert du péril de l'Atheifme.

## §. CXIII.

*Que les Démons aiment mieux l'Idolatrie que l'Atheifme.*

ET fur cela permettez-moi de vous dire une penfée qui me vient. C'eft qu'apparemment le Démon trouve mieux fon conte dans l'Idolatrie, que dans l'Atheifme : d'où il doit arriver, qu'il employe plutôt fes artifices pour pouffer les hommes dans l'Idolatrie, que pour les jetter dans l'Atheifme. La raifon de cette conduite eft, à mon avis, celle-ci; c'eft que les Athées ne rendent aucun honneur au Démon, ni directement, ni indirectement, & nient même fon exiftence : au lieu qu'il a tant de part aux adorations qui font rendües aux faux Dieux, que l'Ecriture Sainte déclare en

divers

divers endroits, que les sacrifices offerts aux faux Dieux, sont offerts (1) aux Diables. Les St. Peres enseignent la même chose. Or cet Esprit vain & ennemi de Dieu, doit mieux aimer sans doute que le culte dérobé à Dieu, lui revienne ou en tout, ou en partie, comme il lui revient effectivement, lorsque les hommes sont Idolâtres, que non pas qu'il ne lui revienne point, comme il arriveroit, si les hommes étoient Athées. Je croi même qu'il aimeroit mieux partager avec le vrai Dieu le culte que tous les hommes doivent à cet Etre souverain & infini, que de voir tous les hommes dans l'Atheisme ; car ce partage suffiroit pour damner tous les hommes, & pour ôter à Dieu la gloire qui lui est deuë, qui est tout ce que le Diable peut souhaiter, & procureroit d'ailleurs au Démon un honneur trés-propre à flatter sa vanité, & qu'il ne trouveroit pas parmi des Athées. Il n'en va pas d'un Usurpateur, comme de celui qui a un droit légitime ; d'un Galant, par exemple, qui a dessein sur la femme de son voisin, comme du mari de cette femme. Si celui-ci avoit à choisir, ou de voir sa femme tout à la fois amoureuse de lui &

(1) *I. ad Corinth.* c. 10. vers. 20. *Deuteron.* c. 32. vers. 17. *Psal.* 105. vers. 37. *Tertullian. de Idolol.* c. 15.

d'un

d'un autre, ou de la voir indifférente pour tous les hommes, il prendroit le dernier parti, à moins que d'être de ces maris commodes, qui foulant aux pieds les loix sacrées du mariage, se consolent aisément de l'infidelité de leur Epouse, par les représailles dont ils usent sur les autres maris. Mais pour le Galant, il ne se met point en peine si sa Maitresse conserve de l'amitié pour son mari, pourveu qu'il soit admis aux mêmes prérogatives que le mari : à moins que de donner dans la délicatesse chymerique d'un Héros de Roman, laquelle n'a peut être jamais subsisté qu'en idée. Ne trouvez pas étrange cette comparaison, Mr. puis que l'Ecriture ne parle de l'Idolatrie, que comme d'un adultere commis contre la gloire d'un Dieux jaloux, & souffrez que je m'en serve, pour prouver que le Démon aimeroit mieux que les hommes adorassent & Dieu & lui, que non pas qu'ils n'adorassent rien.

De tout ce que je viens de repondre à l'objection, vous me laisserez conclurre apparemment, que l'apparition des Cométes a été extrémement favorable à l'Idolatrie, sans avoir été aucunement nécessaire au monde, afin d'empêcher que l'Atheisl'Atheïsme ne ruinast la societé humaine, & qu'ainsi les Cométes ne sont pas des signes extraordinairement envoyez de Dieu.

## §. CXIV.

IV. Réponse. *Que l'Atheïsme n'est pas un plus grand mal que l'Idolatrie.*

CEla étant, je puis me passer de faire le parallele de l'Idolatrie & de l'Atheïsme, & de montrer que l'Idolatrie est pour le moins aussi abominable que l'Atheïsme, car je n'ai pas besoin que ce Paradoxe soit vrai. Je l'ai oüi soûtenir à un des habiles hommes de France, & qui est aussi bon Chrêtien que j'en connoisse. Permettez-moi de vous raporter une partie de ses raisons, & de les paraphraser ou commenter selon que je le jugerai à propos.

## §. CXV.

**I. Preuve.** *L'imperfection est aussi contraire pour le moins à la nature de Dieu, que le non-être.*

IL disoit en premier lieu, qu'il est autant pour le moins contre la Nature Divine d'être divisée en un très-grand nombre de Divinitez différentes, & sujettes aux défauts que l'on reconnoissoit dans les Dieux du Paganisme, que de n'être point du tout. Ainsi les Idolâtres qui nient que Dieu soit un, & au dessus de l'infirmité, forment un jugement aussi absurde pour le moins & aussi désavantageux à Dieu, que les Athées qui nient son existence ; car comme l'a fort bien remarqué Mr. le Marquis de (1) Pianezze, croire que Dieu n'est point, est un sentiment moins outrageux pour lui, que de le croire ce qu'il n'est pas, & ce qu'il ne doit pas être. (2) *Si Dieu* (dit Tertullien) *n'est point unique, il n'est point, parce que nous trouvons plus de dignité à n'être point, qu'à être autrement que l'on ne doit.* Il y a donc plus d'extravagance, plus de brutalité, plus de fureur, plus d'aveuglement dans l'opinion d'un hom-

(1) *De la verité de la Rel. Chrest.*

(2) *Deus si non unus est, non est, quia dignius credimus non esse quodcunque non ita fuerit, ut esse debebit.* Tertull. contra Marc. l. 1, c. 3.

homme qui admet tous les Dieux des Grecs & des Romains, presque infinis en nombre, & agitez de toutes les passions, & souillez de tous les crimes qui se voyent parmi les hommes, que dans l'opinion d'un Athée. Plutarque est allé encore plus avant ; car il a dit qu'on fait plus de tort à la Divinité, en la croyant telle que les superstitieux se la représentent, qu'en croyant qu'elle n'est rien. (1) *Je ne puis assez m'étonner, (dit-il) qu'on die que l'Atheïsme est une impieté : cela se devroit dire de la superstition, & non pas de l'Atheïsme ; car il est bien vrai qu'Anaxagoras fut condamné autrefois comme impie, pour avoir soûtenu que le Soleil étoit une pierre ; mais personne n'a encore dit que les Cimmeriens qui ne croyent pas qu'il y ait de Soleil au monde, soient impies pour cela. Quoi, celui qui ne croit point qu'il y ait des Dieux est impie, & celui qui croit qu'ils sont tels que les superstitieux se les figurent, n'a-t-il pas une opinion dont l'impieté surpasse de beaucoup celle de l'Athée ? Pour moi j'aimerois bien mieux que tous les hommes du monde dissent, que jamais Plutarque n'a été, que s'ils disoient, Plutarque est un homme inconstant, léger, colere, qui se ressent des moindres offenses, qui se*

(1) Traité de la superst. de la version de Mr. le Fevre.

met en mauvaise humeur pour rien, qui se fâche, si on ne l'appelle aux belles assemblées, qui se met aux champs, si quelqu'un ayant des affaires, ne lui est pas venu faire la cour au matin ; c'est un homme qui vous déchireroit à belles dents, si vous aviez passé à côté de lui sans l'aborder & le saluer, il feroit prendre vôtre fils, & lui feroit donner la gêne en son logis, ou dès la nuit suivante, il feroit lâcher des bêtes sauvages sur vos terres pour en ravager les fruits.

## §. CXVI.

**II. Preuve.** *L'Idolâtrie est le plus grand de tous les crimes selon les Peres.*

LA seconde raison est, que les Peres de l'Eglise ont dit sans nulle exception, que l'Idolâtrie est le principal crime du genre humain, le plus (1) grand peché du monde, le plus (2) grand de tous les pechez, (3) le dernier & le premier de tous les maux. (4) Le Docteur Angelique est dans le même sentiment, puis qu'il dit, *que de tous les pechez que l'on commet contre Dieu, qui sont neanmoins très-grands, le plus énorme semble être celui par lequel on rend à la créature les honneurs divins,* parce quia quantum est in se facit alium Deum in mundo, minuens principatum divinum. Secund. 2. Quæst. 94. Art. 3.

*(1) Principale crimen generis humani, summus saeculi reatus.* Tertull. de Idololatr. c. 1.
*(2) Summum delictum.* Cyprian. Epist. 10.
*(3)* Greg. Nazianz. orat. 38.
*(4) In peccatis quæ contra Deum committuntur, quæ tamen sunt maxima, gravissimum esse videtur, quòd aliquis divinum honorem creaturæ imperdat,*

*Pensées diverses.*

qu'autant qu'on le peut, on introduit un autre Dieu dans le monde, & on diminue l'Empire de la Divinité. Le crime des Chretiens qui sacrifioient aux Idoles durant la persecution, s'apelloit *prevarication*, (1) & ne se remettoit pas même à la mort selon l'ancienne Discipline, & excluoit pour jamais de l'entrée du Clergé.

(1) *Mr. Herm. in vie de S. Athan. l. 2. ch. 18.*

### §. CXVII.

III. Preuve. *Les Idolâtres ont été de vrais Athées en un certain sens.*

LA troisiéme raison est, que si l'on y prend bien garde, l'on trouvera que les Idolâtres ont été de vrais Athées, aussi destituez de la connoissance de Dieu, que ceux qui nient formellement son existence. Car comme ce ne seroit point connoitre l'homme, que de s'imaginer que l'homme est du bois; de même ce n'est point connoitre Dieu, que de s'imaginer que c'est un être fini, imparfait, impuissant, qui a plusieurs compagnons. De sorte que les Payens n'ayant connu Dieu que sous cette idée, on peut dire qu'ils ne l'ont point connu du tout, & qu'ils détruisoient par leur idée ce qu'ils établissoient par leurs paroles, comme on l'a remarqué (1) d'Epicure.

(1) *Epicurum Deos verbo posuisse, reverà sustulisse, Cicero. 3. de nat. Deor.*

picure. Et c'est ce qu'a voulu dire (1) St. Paul, lors qu'il reproche aux Payens, qu'ayant connu qu'il y avoit un Dieu, ils ne lui avoient pas pourtant donné la gloire qui lui est deüe; mais qu'au lieu de cela ils s'étoient perdus dans leurs vains raisonnemens, & s'étoient plongez dans des extravagances, des folies, & des tenebres prodigieuses, jusqu'à réduire la gloire du Dieu incorruptible à la forme d'un homme corruptible, d'un oiseau, d'un serpent, & d'une bête à quatre pieds. C'est dire proprement, qu'ils avoient cru connoitre Dieu, mais que leur connoissance étoit devenuë un fantôme chymérique, & si rempli de contradictions, qu'ils étoient tombez dans une ignorance totale du Dieu qui a fait le ciel & la terre. Ailleurs (2) cet Apôtre dit formellement, que les Gentils étoient sans espérance & sans Dieu au monde.

(1) *Epist. ad Roman. c. 1.*

(2) *Epist. ad Ephes. c. 2.*

§. CXVIII.

## §. CXVIII.

IV. Preuve. *La connoissance de Dieu ne sert à un Idolâtre qu'à rendre ses crimes plus atroces.*

S'Il y a quelque différence entre l'Atheïsme d'un Idolâtre, & celui d'un Athée, c'est principalement en ce que l'Atheïsme de l'Idolâtre ne diminuë en rien l'atrocité de ses crimes, au lieu qu'un homme qui est Athée, pour être né parmi ces Peuples que l'on dit qui de tems immémorial ne reconnoissent aucune Divinité, trouvera quelque diminution de peine par le moyen de son ignorance : car en bonne Theologie, & par l'expresse déclaration de (1) Jesus-Christ, ceux qui savent la volonté de leur maitre, & neanmoins ne la font pas, seront plus sévérement punis, que ceux qui ne l'ont ni faite, ni connuë ; ce qui suppose manifestement, qu'il y a plus de malice dans la conduite des premiers, que dans celle des derniers, & que (2) Minucius Felix n'a pas eu raison de soûtenir sans aucune limitation, *que c'est une aussi noire méchanceté de ne pas connoitre*

(1) *Euangel. sec. Luc. c. 12. v. 47.*

(2) *Cùm parentem omnium, & omnium dominum non minoris sceleris sit ignorare, quàm lædere.*

*noitre Dieu, que de l'offenser.* Donc c'est un plus grand crime à un Idolâtre de faire de faux fermens, de piller les Temples, & de commettre toutes les autres actions qu'il sçait n'être pas agréables à ses Dieux, qu'il ne l'est à un Athée de faire les mêmes choses. Donc la condition des Idolâtres est pire que celle des Athées, puisque les uns & les autres étant également dans l'ignorance du vrai Dieu, & incapables également de le servir, les Idolâtres ont en particulier certaines notions & certaines persuasions, contre lesquelles ils ne sauroient agir sans une malice extrême, & sans un mépris visible de leurs Divinitez. Or quoique Dieu ne prenne point part aux cultes & aux honneurs qui sont rendus à Jupiter & à Neptune, par exemple, & qu'il les regarde comme des abominations qui méritent tous les fleaux de sa colere, il ne laisse pas de prendre part aux impietez qui se commettent contre eux. Ainsi quand un Payen, demeurant persuadé que Jupiter & Neptune étoient ses Dieux, voloit les choses qui leur étoient consacrées, & leur disoit des injures, il étoit sacrilége & blasphémateur devant Dieu : & ce n'étoit pas un moindre crime à Calià Caligula d'appeller son Jupiter (1) en duel, & de lui jetter des pierres vers les nuës, avec ces paroles, *ôte moi du monde, ou je t'en ôterai*, toutes les fois qu'il voyoit tomber la foudre, qu'il le seroit à un Chrêtien, de faire la même chose à l'égard de JESUS-CHRIST; si ce n'est que la persuasion du Chrêtien fust plus grande que celle de Caligula, ou que le défaut de persuasion fust moins inexcusable dans Caligula, que dans le Chrêtien. Car pour juger si un crime est plus atroce qu'un autre dans la même espece, il faut savoir non seulement si l'un a été commis avec plus de connoissance que l'autre, mais aussi lequel des deux criminels a contribué le plus à son ignorance par sa malice : se pouvant faire qu'un homme ignore certaines choses, parce qu'il a refusé de s'instruire, de peur que l'instruction ne le détournast de ses pernicieux desseins, auquel cas l'ignorance ne peut aucunement excuser. De sorte que si Caligula s'est porté à cet excez de fureur contre Jupiter, quoi qu'il le reconnust pour le Dieu qui lance la foudre, & qui gouverne le monde, il y a autant de malice dans son fait, *cæteris paribus*, que dans celui d'un Chrêtien, qui reconnoissant

(1) *Dion Cassius, l. 58. Seneca de ira l. 1. cap. vlt.*

noissant Jesus Christ pour Dieu, se porteroit neanmoins à un semblable excez de brutalité contre lui.

Cela nous fait voir, que le pillage des Temples des faux Dieux, & le renversement de leurs statuës, ne peut être une bonne action, que quand il procede d'un bon Principe, c'est à dire qu'il se fait par un zele bien conduit pour la véritable Religion ; & par conséquent, que toutes les actions des Payens commises, ou contre les Principes de leur fausse Religion, ou contre les lumiéres de leur conscience, sont des crimes trés-réels, quoi que les actions qu'ils commettent suivant leurs faux Principes, ou suivant leurs fausses lumiéres, ne puissent jamais être bonnes. Dequoi il ne faut pas s'étonner, car il faut bien plus de circonstances afin qu'une action soit bonne, qu'afin qu'elle soit mauvaise. (1) Adorer ce que l'on s'imagine faussement être Dieu, est un acte d'Idolatrie. Fouler aux pieds ce que l'on s'imagine faussement être Dieu, est un acte d'impieté. Ce sont deux actions diamétralement opposées, cependant elles produisent le même effet. Dieu prend sur soi, pour ainsi dire, l'affront qui est fait aux faux Dieux,

(1) *Bonum ex integra causa, malum ex quolibet defectu.*

Dieux, par des gens qui les croyent être le vrai Dieu : mais il ne prend pas sur son conte l'honneur qui est rendu aux faux Dieux, par des gens qui les croyent être le vrai Dieu. D'où paroît, que les Athées ne peuvent pas offenser Dieu en tant de maniéres, ni avec tant de malice, que les Idolâtres ; & qu'ainsi allumer des Cométes extraordinairement, afin que les hommes soient plutôt Idolâtres qu'Athées, n'est autre chose que vouloir faire les hommes plus méchans & plus malheureux. Je vous avertis une fois pour toutes, Mr. que je parle de ces Athées qui ignorent l'existence de Dieu, non pas pour avoir étouffé malicieusement la connoissance qu'ils en ont euë, afin de s'abandonner à toute sorte de crimes sans nul remors, mais parce qu'ils n'ont jamais ouï dire qu'on doive reconnoitre un Dieu.

## §. CXIX.

V. Preuve. *L'Idolâtrie rend les hommes plus difficiles à convertir, que l'Athéisme.*

LA cinquiéme raison est, que rien n'indispose davantage les hommes à se convertir à la vraye Religion, que l'Idolatrie. Car quoi qu'il y ait des exemples qui font voir que les Idolâtres & les superstitieux s'étant une fois convertis, ont plus de zele pour la bonne cause, que ceux qui se convertissent aprés avoir été tiédes dans leur fausse Religion; il est pourtant vrai généralement parlant, que le zele d'un Idolâtre est une disposition de cœur beaucoup plus pernicieuse que l'indifférence; parce que généralement parlant, un homme rempli de bigoterie, & entêté de ses faux Principes, se rend avec plus de peine à la vérité, qu'un homme qui ne sait ce qu'il croit. Et sur ce pied-là, il semble qu'il vaudroit mieux être Athée, que plongé dans les abominables Idolatries des Gentils, parce qu'il y a beaucoup d'apparence, que les Prédicateus de l'Evangile expliquant nos Mystéres, & les appuyant de beaucoup de miracles éclatans, ouvriroient plutôt les yeux à des personnes qui n'auroient pas encore pris leur parti, je veux dire, qui seroient sans Religion, qu'à des gens infatuez de l'antiquité de leurs cérémonies, & enracinez dans la foi & dans le culte de leurs Idoles.

§. CXX.

§. CXX.

*Comparaisons qui prouvent cela.*

LE bon sens veut cela, & l'expérience le confirme. Parlez à un Cartésien, ou à un Péripatéticien, d'une proposition qui ne s'accorde pas avec les Principes dont il est préoccupé, vous trouvez qu'il songe bien moins à pénétrer ce que vous lui dites, qu'à imaginer des raisons pour le combattre. Parlez en à un homme qui ne soit d'aucune Secte, vous le trouvez docile, & prêt à se rendre sans chicaner. On éprouve à peu prés la même chose quand on attaque un Hérétique bigot, ou un de ceux qui au dire du Cardinal Pallavicin, sont plutôt non Catholiques, qu'Hérétiques, *magis extra vitia, quam cum virtute.* On sait de plus, qu'en bonne Philosophie, il est bien plus mal-aisé d'introduire quelque habitude dans une ame qui a déja contracté l'habitude contraire, que dans une ame qui est encore toute nuë. Il est plus difficile, par exemple, de rendre libéral un homme qui a été avare toute sa vie, qu'un jeune enfant qui n'est encore ni avare, ni libéral; tout de même qu'il est plus aisé de plier d'un certain sens un corps qui n'a jamais été plié, qu'un autre qui a été plié d'un sens contraire. Il est donc trés raisonnable de penser, que les Apôtres eussent converti plus de gens à Jesus Christ, s'ils l'eussent prêché à des Peuples sans Religion, qu'ils n'en ont converti annonceant l'Evangile à des Nations engagées par un zele aveugle & entêté aux cultes superstitieux du Paganisme. Et il n'y a rien de plus vrai, que les persécutions horribles qu'on a fait souffrir aux premiers Chrétiens, partoient d'un Principe de bigoterie idolâtre; car comme c'étoient les meilleurs sujets du monde, qui prêchoient continuellement l'obeissance deüe aux Magistrats, & qui n'ont jamais fait paroître la moindre envie de repousser la force par la force, il n'y avoit aucune maxime d'Etat, qui deust porter les Empereurs à les faire maltraitter, ni les Gouverneurs de Province à exécuter les ordres de leur Maître avec plus de rage qu'on ne leur en demandoit.

C'étoit donc uniquement à cause que les Chrétiens en vouloient à tous les faux
Dieux

Dieux du Paganisme, qu'on leur suscitoit des persécutions: c'étoit le faux zele de l'Idolatrie qui animoit les Empereurs contre la Croix du Fils de Dieu, ou plutôt qui portoit ceux qui avoient l'oreille du Prince à lui inspirer les sentimens de haine contre les Chrétiens, que d'autres leur avoient inspirez à eux-mêmes. Si personne ne se fut trouvé dans les pernicieuses préoccupations de l'erreur, on eust laissé croître l'Eglise Chrestienne sans lui donner de l'empêchement. De sorte qu'on peut dire, que si Dieu avoit formé miraculeusement des Cométes de tems en tems, il eust fait de tems en tems des miracles, pour préparer les hommes à rejetter la Croix de son Fils, & pour les aheurter par leur attachement à l'Idolatrie, qui se fortifioit à la veuë des Cométes, à combatre la véritable Religion.

Je sai bien que la résistance des Idolâtres a servi à faire voir la grandeur & la puissance de Dieu, & la Divinité de l'Evangile. Mais il seroit absurde de dire sous ce prétexte, que Dieu s'est préparé par des voyes extraordinaires, ces moyens de faire éclater sa vertu. Ni sa justice, ni sa bonté ne souffrent point qu'il qu'il facilite aux pecheurs les occasions de s'endurcir, quoi que sa sagesse lui fasse trouver dans l'endurcissement où les pecheurs tombent par leur propre faute, & contre son intention, des moyens admirables de manifester sa Gloire.

## §. CXXI.

*Qu'il est difficile que ceux qui ont long-tems aimé une chose, se portent à aimer le contraire.*

D'Ailleurs, quoi qu'on m'oppose qu'il n'y a qu'à tourner du bon côté le zele d'un Idolâtre, pour en faire un véritable Dévot; qu'au lieu qu'on ne trouve aucune tendresse de conscience dans un Payen qui se moque de sa Religion, on trouve dans un Payen superstitieux un bon fonds à cultiver; qu'il en va comme de ces femmes qui ont le temperament porté à l'amour, lesquelles n'ont pas plutôt compris, qu'elles ne sont plus propres au monde, qu'elles tournent toutes leurs pensées vers Dieu, & l'aiment encore plus tendrement qu'elles n'ont aimé les créatures; qu'un indé-
vot

vot qui paſſe dans la vraye Religion, y apporte bien ſouvent toute ſon inſenſibilité, & choſes ſemblables ; je ne laiſſe pas d'avoir raiſon. Il ſe peut faire, que tout ce que l'on m'oppoſe arrive quelquefois, j'en tombe d'accord. Mais on m'avoüera auſſi, qu'il y a des exemples du contraire. On voit des gens qui épuiſent ſi fort toute la capacité de leur cœur à aimer les vanitez du ſiécle, que quand l'âge, ou quelque diſgrace les en dégoutent, ils n'aiment plus rien, & ſe ſentent encore plus dégoutez des choſes du Ciel, que des choſes de la Terre. On en voit qui ne s'épuiſent jamais pour le monde, & qui l'aiment juſques à leur extrême vieilleſſe, nonobſtant ſes rebuts & ſes froideurs. Il y en a qui dans le chagrin de ne ſe voir plus à la mode, font quelque tentative pour ſe détacher du monde ; mais le peu d'habitude qu'ils ont toûjours eu avec les choſes du Ciel, les leur fait paroitre ſi inſipides, qu'ils les quittent tout auſſi-tôt, pour rattraper leur premier maître qui les fuit. Ceux-cy ne ſont pas en petit nombre ; car au dire du P. (1) Rapin, *La pluſpart des perſonnes qui ont vieilli dans les vanitez du monde, & qui penſent à leur*

(1) *Foi des derniers ſiécles*, p. 141.

à leur salut, voyent la dévotion comme une ressource; mais elles n'y voyent rien que de pénible, parce qu'elles la regardent d'une veüe trop humaine : le dégoût du monde qui est dégouté d'elles, les fait penser à Dieu, sans leur faire sentir les douceurs qu'il y a à le servir : elles n'envisagent, que les plaisirs qu'elles quittent, sans voir ceux qu'on leur promet; & possedées qu'elles sont du présent, elles ne voyent dans l'avenir que tout ce qui est propre à les rebuter. Tout ceci est le train général. On en voit qui abjurent tout à la fois & leurs Héresies, & leur indévotion, qui passent de l'impieté à la véritable crainte de Dieu, & quelquefois mêmes jusqu'à des pratiques superstitieuses, à l'exemple de ce (1) Roy de Rome, dont T. Live parle ainsi ; *Il fut lui-même long-tems malade. Et alors la fierté de son esprit fut tellement abatuë avec les forces de son corps, qu'au lieu qu'auparavant il ne trouvoit rien de plus indigne d'un Roy, que de s'attacher aux choses sacrées, il devint tout d'un coup bigot, & s'engagea dans toute sorte de superstitions, grandes & petites, & en remplit toute la ville.* Ce sont donc tout au plus des exceptions combattuës par des exceptions. Si bien que le parti

(1) *Tullus Hostilius. Ipse quoque longinquo morbo est implicitus. Tunc adeò fracti, simul cum corpore, sunt spiritus illi feroces, ut qui nihil antè ratus esset minùs regium, quàm sacris dedere animum, repentè omnibus magnis parvisque superstitionibus obnoxius degeret, religionibusque etiam populum impleret.* Vide Plutarch. in N. Pomp.

*Pensées diverses.* 355

ti le plus raisonnable, est de prendre pour la reigle générale, ce qui en d'autres sujets est la reigle sans difficulté, sçavoir, *qu'un homme entêté d'une fausse religion, résiste plus aux lumiéres de la véritable, qu'un homme qui n'a aucun entêtement.* On m'avoüera, que si Julien l'Apostat eust été Athée, de l'humeur dont il étoit d'ailleurs, il n'eust fait aucune chicane aux Chrétiens; au lieu qu'il leur faisoit des avanies continuelles, infatué qu'il étoit des superstitions du Paganisme, & tellement infatué, qu'un (1) Historien de sa Religion n'a peu s'empêcher d'en faire une espéce de raillerie, disant, *que s'il fust retourné victorieux de son expédition contre les Perses, il eut dépeuplé la Terre de bœufs, à force de sacrifices.*

(1) *Julianus superstitiosus magis, quàm sacrorum legitimus observator, innumeras sine parsimonia pecudes mactans, ut æstimaretur si revertisset de Parthis, boves jam defuturos, Marci illius similis Cæsaris, in quem id accepimus,* οἱ λευκοὶ βόες Μάρκῳ τῷ Καίσαρι ἂν σὺ νικήσῃς ἡμεῖς ἀπωλόμεθα. *Ammian. Marcellin. lib. 25.*

§. CXXII.

## §. CXXII.

**VI. Preuve.** *Ni l'esprit, ni le cœur ne sont pas en meilleur état dans les Idolâtres, que dans les Athées.*

LA sixiéme raison est, que soit qu'on considére les Payens & les Athées par la disposition de leur entendement, soit par la disposition de leur cœur, on trouve tout autant de désordre pour le moins dans les premiers, que dans les derniers.

## §. CXXIII.

*Considération du jugement que les Payens faisoient de Dieu.*

SI on regarde les Athées dans le jugement qu'ils forment de la Divinité, dont ils nient l'existence, on y voit un excez horrible d'aveuglement, une ignorance prodigieuse de la nature des choses, un esprit qui renverse toutes les loix du bon sens, & qui se fait une maniére de raisonner fausse & déreiglée plus qu'on ne sauroit le dire. Mais voiton, je vous prie, quelque chose de plus
souffra-

souffrable dans le jugement que les Payens ont formé de Dieu? Les Payens, dis-je, qui ont pensé qu'il y avoit un trés-grand nombre de Divinitez, dont chacune avoit ses intérêts à part, ses veües & ses passions particuliéres; de sorte que les honneurs qu'on rendoit à Jupiter, par exemple, ne servoient de rien pour appaiser la colere de Junon, & qu'on pouvoit être favorisé d'un Dieu, pendant qu'on avoit l'autre pour ennemi. Les Payens qui ont attribué différens sexes aux Dieux, & des rélations de pere, de fils, de mari, de femme, toutes semblables à celles qui se rencontrent parmi les hommes. Les Payens, en un mot, qui ont jugé qu'un Cocher, qui pendant la marche d'une procession, prend une bride de la main gauche, par un pur hazard & sans aucune malice, ne laisse pas de gâter toute la bonne intention d'un Peuple, & d'empêcher que l'indignation divine, qui alloit être appaisée sans cela, ne soit diminuée de quelque peu. Tous ces jugemens que les Payens ont formés de la Divinité, avec plusieurs autres qu'il seroit ennuyeux de particulariser, supposent manifestement que la nature Divine est bor-

bornée, & sujette à mille sensualitez, & à des caprices qu'on ne pardonneroit pas à un honnête homme; & dépoüillent par conséquent cet Etre infini de sa toute-puissance, de son éternité, de sa spiritualité, de sa justice, & de ses autres perfections, sans lesquelles neanmoins il y a autant de contradiction qu'il existe, qu'il y a de contradiction à nier son existence. Bien davantage. Il n'y a point d'homme de bon sens, qui aprés avoir reconnu qu'il est impossible que l'existence soit séparée de la nature Divine, ne reconnoisse qu'il est encore plus impossible que la saincteté, la justice, & le pouvoir infini soient séparez de l'existence de la nature Divine : si bien qu'il seroit plus contre la raison, que Dieu existast, & fust sujet à des fautes & à des foiblesses, qu'il ne le seroit, que Dieu n'existast point du tout. C'est prouver, ce me semble, que les erreurs où sont tombez les Payens touchant la nature Divine, sont pour le moins une aussi grande note d'infamie à la raison humaine, que le sauroit être l'Atheïsme.

§. CXXIV.

§. CXXIV.

*Réfléxion sur le Ridicule de la Religion Payenne.*

AUssi voit-on que les Payens n'ont jamais eu de Systeme de Religion, ou de Theologie, qui eut quelque ordre, ou quelque raport dans ses parties. Tout y montre l'aveuglement, la fureur & la contradiction : & je soûtiens, que s'il y avoit des Esprits qui ne connussent l'homme que par sa définition, *d'Animal raisonnable*, & nullement par l'Histoire de ses faits, il seroit impossible de leur persuader que les livres d'Arnobe, de Clément d'Aléxandrie, de Tertullien, de St. Augustin, de Firmicus Maternus, &c. contre le Paganisme, ont été écrits contre une Religion actuellement établie dans le monde. Ils diroient que cela ne se peut pas, que ce sont des fictions & des Romans, des livres faits à plaisir par des personnes oiseuses, qui s'étoient formé des Grotesques & des monstres dans leur esprit, pour s'amuser en suite à les renverser. Car qu'elle apparence, que des créatures doüées de raison n'établissent pas leurs cultes sur

des

des Dogmes & des jugemens bien suivis & bien liez ensemble, au lieu de ces absurditez qui se détruisent elles-mêmes à veüe d'œil dans le Systeme du Paganisme?

Cependant il n'est que trop vrai à la honte de l'homme, & à la damnation éternelle de la plus grande partie des hommes, que les livres de ces anciens Peres ne réfutent que des erreurs tres-réelles, & qui ont même trouvé des (1) Défenseurs parmi les Sçavans. A la vérité ce sont de pitoyables Défenseurs; car ce (2) que j'ay dit de l'Astrologie Judiciaire, que c'est une moisson de triomphes pour tous ceux qui entreprennent de la réfuter, est incomparablement plus véritable de l'Idolatrie des Gentils. Jamais on n'a écrit contre ses abominables extravagances, qu'on ne les ait écrafées sous le poids de plusieurs raisons invincibles, & jamais on n'a peu en faire une bonne Apologie : mais ce n'est pas tant faute d'esprit en ceux qui s'en sont mêlez, que faute de raison en la cause même. C'étoit une cause si destituée de preuves, qu'il ne faloit pas beaucoup d'habileté pour en faire voir le faux, & qu'il n'y avoit aucune éloquence qui pust

(1) *Sed jam pudet me ista refellere, cùm eos non puduerit ista sentire. Cum verò auſi sint etiam defendere, non jam eorum, sed ipsius generis humani me pudet, cujus aures hæc ferre potuerunt.* D. August. Epist. 56.
(2) Cy-dessus p. 42.

puſt en ſoûtenir la foibleſſe. Si bien qu'il y a lieu de s'étonner, qu'un (1) Poëte de réputation faſſe paroître autant de timidité qu'il en témoigne, s'agiſſant de combattre contre un Payen éloquent, & qu'il appelle cela, *commettre ſa barque mal gouvernée aux flots impétueux d'une mer qui la peut facilement engloutir.* Il ne faut avoir pour toutes armes qu'un foüet à la main, (ce ſont les propres paroles de l'habile homme, dont je vous raporte ici le diſcours) afin de battre en ruïne tous les Apologiſtes de la Religion Payenne armez de pied en cap; & il n'y a point de doute, que ſi le redoutable Carneade euſt eu cette cauſe à ſoûtenir, il n'euſt veu échoüer cette éloquence, à qui Ciceron attribue, *de n'avoir* (2) *jamais rien ſoûtenu, ſans l'avoir prouvé, ni rien attaqué, ſans l'avoir détruit de fond en comble,* & qui fit tant d'impreſſion ſur les Senateurs de Rome, où la ville d'Athenes avoit envoyé une Ambaſſade compoſée de Carneade & de quelques autres, qu'ils ſe (3) plaignirent de ce que les Atheniens leur avoient envoyé des Ambaſſadeurs, non pas pour leur perſuader, mais pour les forcer de faire tout ce qu'ils voudroient. Si bien que

(1) *Prudent. præf. l. 2. contra Symm.*

(2) *Nullam unquam rem defendiſſe, quam non probârit, nullam oppugnaſſe, quam non everterit.*

(3) *Ælian. var. Hiſt. l. 3. c. 17.*

Q   Caton

Caton le Censeur opina qu'on renvoyast incessamment ces Ambassadeurs, parce que les raisons de Carneade causoient un certain éblouïssement, qui empêchoit de discerner la vérité d'avec le mensonge.

*Quòd Carneade argumentante, quid veri esset haud facilè discerni posset.*

## §. CXXV.

*Qu'il ne faut pas juger de la Religion Payenne par ce qu'en ont dit les Poëtes.*

AU reste, je ne prétends pas faire le procez aux Payens sur la doctrine de leurs Poëtes. Il y auroit de l'iniquité à les rendre responsables de toutes les insultes que ces Poëtes ont faites aux Dieux, qu'ils ont tournez en ridicules de toutes les maniéres, tantôt les déguisant en toute sorte de figures, afin qu'ils pussent assouvir les mouvemens déreiglez de leur incontinence, de leur haine, ou de leur jalousie : tantôt les faisant tous assembler, pour être les témoins d'un flagrant délict, dans lequel l'un d'entre-eux avoit surpris la Deesse sa femme, & sur lequel il y en eut qui firent des réfléxions de la derniére friponnerie : tantôt les faisant bouffonner sur la démarche boiteuse du même Dieu, dont le deshoneur leur fut si visible, ou sur le malheur qui arriva à la Jeune Deesse qui leur versoit à boire, de se laisser tomber avec des circonstances, dont il n'y avoit que des yeux impudiques qui se pussent divertir, & dont Jupiter parut si fâché, qu'il lui ôta sa charge sur le champ; non pas par cette raison, car il aimoit à rire & à se divertir en ce genre de choses, aussi bien qu'un autre, mais parce qu'il vouloit avoir un prétexte d'avancer le beau Ganymede qu'il avoit enlevé, pour satisfaire l'amour infame qu'il lui portoit : tantôt les faisant blesser par des hommes : & tantôt les faisant manquer de mémoire, & suer d'enhan à comprendre une difficulté ; ce qui a donné occasion à Lucien, de feindre que Jupiter demeura tout court dans une assemblée des Dieux, & ne put jamais se resouvenir du commencement de la harangue qu'il avoit préparée, au lieu dequoi il leur débita par une application assez violente, quelques périodes d'une oraison de Demosthene contre Philippe, qu'il savoit par cœur. Je consens qu'on ne juge de rien sur ces auoritez-là, puis qu'il est certain que les

Poëtes se sont mis en possession de falsifier tout, & que si on examinoit à la rigueur les vers de nos Poëtes Chrétiens sur d'autres matiéres, que sur des sujets pieux, à peine leur resteroit-il un Sonnet, une Ode, ou une Chanson, qui ne fussent pas infectez d'hérésie, d'impieté, ou de flateries profanes. De sorte que nous avons intérêt pour la gloire des maximes de la morale Chrêtienne, qu'on ne condamne pas une Religion sur ce que les Poëtes ont dit. Et plust à Dieu, que nous n'eussions à nous plaindre que des vers profanes de nos Poëtes. Car le grand mal est que leurs vers de dévotion sont souvent plus de tort à l'Evangile que les autres, tant ils sont pleins d'extravagances, & de bassesses, & de fictions ridicules, qui au lieu d'honorer la Sainte Vierge & les Saints du Paradis, comme on le prétend, exposent la Religion aux insultes & aux railleries de ceux de dehors.

§. CXXVI.

§. CXXVI.

*Désordres causez par les Poëtes Chrétiens.*

LE Pape Urbain VIII. qui composa une fort belle Elegie que l'on voit à la tete de ses Poëmes, pour exhorter les Poëtes ses Confreres à faire des vers saints & pieux, est asseurément fort loüable. Mais il eust encore mieux fait, si au lieu de leur donner cet avis en Poëte, il leur eust défendu en qualité de souverain Pontife, d'en composer d'autres. Et comme il ne pouvoit pas pratiquer à l'égard de tous, ce qu'il pratiqua contre celui qui lui avoit présenté un ouvrage peu digne d'un bon Chrétien, dont il censura l'impudence avec tant de force, que ce misérable en mourut de confusion ; il devoit interposer les foudres redoutables du Vatican, pour arrêter les désordres qui naissent de la Poésie. Le célébre Mr. de Thou remarque fort judicieusement, qu'aprés la mort de Henry II. ceux qui prenoient la liberté de de dire ses véritez, ou plutôt qui faisoient la reveüe générale de tous les désordres de son Regne, ne contoient pas pour un des moins pernicieux, le grand nombre des Poëtes dont sa Cour avoit été pleine ; leurs basses flatteries pour la Duchesse de Valentinois, sa Maîtresse ; leurs bagatelles, qui gâterent le goût des jeunes gens, & les détournerent des bonnes études ; & leurs chansons tendres & passionnées, qui ruïnerent dans l'ame des jeunes filles toutes les impresions de la pudeur. Lisez vous-même le passage de (1) Mr. de Thou, si vous m'en croyez ; car je sens bien que mon François affoiblit la beauté majestueuse de ses expressions. Mr. de Mézerai s'accorde parfaitement en cela avec l'autre (2) Historien, car il dit, *Qu'on eust pû loüer Henry II. de l'amour des belles lettres, si la dissolution de sa Cour autorisée par son exemple, n'eust tourné les plus beaux esprits à composer des Romans pleins de visions extravagantes, & des poësies lascives pour flater l'impureté qui tenoit en main les récompenses, & pour fournir des amusemens à un sexe qui veut regner en badinant.*

(1) *Nec inter postrema corrupti saeculi testimonia recensebantur Poetae Galli, quorum proventu regnum Henrici abundavit, qui ingenio suo abusi, per foedas adulationes ambitiosae foeminae blandiebantur, juventute interim corruptâ, puerisque à veris studiis itâ abductis, ac postremò ex Virginum animis pudore & verecundiâ per lascivarum cantionum illecebras eliminatâ.* Thuan. Hist. lib. 22. ad ann. 1559.
(2) *Abreg. Chronol.* ad ann. 1559.

§. CXXVII.

## §. CXXVII.

Suivons donc le conseil de cette Reine, (1) dont Virgile a si indignement sacrifié l'honneur, sinon contre la vrai-semblance, du moins contre la vérité; quittons les Poëtes, pour entendre les Historiens. Examinons la Religion Payenne dans son culte & dans ses cérémonies, nous y trouverons tout ce que j'en ay dit, & tout ce que j'en ay donné à penser. C'est là où il faut chercher les erreurs grossieres des Idolâtres, sans avoir égard à l'opinion de quelques Philosophes, qui outre qu'ils ont été en trop petit nombre, pour faire une exception considérable, n'ont jamais osé rectifier l'opinion dominante, de peur d'être traittez comme Socrate. Et pour ce qui est des gens d'esprit & de bon sens, qui sans être Philosophes, pouvoient avoir quelquefois des idées moins grossieres de la Divinité, il ne faut les conter pour rien : car comme Ciceron nous le représente fort naïvement en la personne d'un de ses amis, ces gens-là écoutoient avec joye les raisonnemens des Philosophes sur la nature des Dieux; mais au partir de là, ils faisoient

(1) *Vos magis Historicis, Lectores, credite de me, Quam qui furta Deum, concubitusque canunt, Falsidici vates, temerantque carminē verum, Humanisque Deus assimulat vitiis. Dido apud Ausonium.*

tout comme les autres, & suivoient pour les cultes & pour les cérémonies de la Religion, non pas les idées d'un Zénon, d'un Cléanthe, & d'un Chrysippe, mais la tradition toute pure, comme ils l'apprenoient des Augures & des Prêtres, sans disputer avec eux. (1) *Quand il s'agit de la Religion, ( c'est ainsi que Ciceron fait parler l'un de ses amis ) je ne m'arrête pas à la doctrine de Zénon, ou de Cléanthe, ou de Chrysippe ; mais à ce qu'en disent les Grands Pontifes Coruncanus, Scipion, & Scævola. J'écoute aussi bien plutôt Lælius l'Augure dans le beau Discours qu'il a fait sur la Religion, qu'aucun des Chefs de la Secte des Stoïciens. Je n'ay jamais crû qu'il falût avoir du mépris pour aucune des parties de la Religion du Peuple Romain, & je me suis mis dans l'esprit, que nôtre République & nôtre Religion ayant été fondées en même tems, il faut que nostre Religion soit approuvée des Dieux ; car sans cela nostre Republique ne fust pas devenue si puissante. Voila quels sont mes sentimens.*

(1) *Cum de religione agitur, T. Coruncanum, P. Scipionem, P. Scævolam Pontifices maximos, non Zenonem, aut Cleanthem, aut Chrysippum sequor ; habeoque C. Lælium Augurem, eundemque sapientem, quem potius audiam de religione dicentem in illa oratione nobili, quàm quemquam principem Stoicorum . . . . . . . . . . . A te Philosopho rationem accipere debeo religionis : majoribus autem nostris, etiam nullâ ratione redditâ, credere.* Cicer. l. 3. de nat. Deorum.

Dites-

Dites-moi, vous qui êtes Philosophe, ce que vous croyez, car c'est d'un Philosophe que je ne fais pas difficulté d'entendre la raison de ma foi : mais pour ce qui est de nos Ancêtres, je m'en fie à eux aveuglément, & sans qu'ils me donnent aucune raison de ma créance.

Que vous semble de cette pensée, Mr? Vous n'oseriez la traitter d'absurde, comme a fait (1) Lactance ; car elle vous fera voir que l'esprit de la Religion Catholique, étoit déja dans la ville de Rome avant la naissance de JESUS CHRIST, puis que voilà des Romains qui déclarent, qu'à la vérité ils ne refuseront pas les éclaircissemens des Philosophes, mais que neanmoins ils s'en tiendront aveuglément à la tradition & à la coûtume. Je suis bien aise que nous puissions nous prévaloir de cette antiquité contre les Calvinistes, qui ne s'en veulent raporter qu'à leur propre sens ; au lieu que les Catholiques, je dis même les Catholiques qui ne se signalent pas par leur dévotion, & qui croyent reconnoitre quelquefois qu'il y a de l'abus par tout, & que les Hérétiques n'ont pas tout le tort, en reviennent neanmoins à ce résultat ici, ou en tout, ou en partie,

(1) De L. nat. instit. l. 2. cap. 6.

(1) *Le meilleur est toûjours de suivre*
*Le Prône de nôtre Curé.*
*Toutes ces doctrines nouvelles,*
*Ne plaisent qu'aux folles cervelles;*
*Pour moi, comme une humble brebis,*
*Je vais où mon Pasteur me range:*
*Il n'est permis d'aimer le change,*
*Que des femmes & des habits.*

C'est imiter sagement ceux, qui aprés avoir frondé la Médecine & les Médecins, s'abandonnent neanmoins, dés qu'ils sont malades, à tout ce que leur Médecin leur ordonne. *Nous ne sommes pas venus au monde* (disoit Mr. de Balzac) *pour faire des loix, mais pour obeïr à celles que nous avons trouvées, & nous contenter de la sagesse de nos Peres, comme de leur terre & de leur soleil.* On pourroit l'accuser d'avoir dérobé cette pensée au Payen Cecilius, qui dit fort éloquemment (2) dans le Dialogue de

---

(1) Balzac, entret. 37. Mr. Ménage Observat sur Malherb. p. 556.

(2) Cùm igitur aut fortuna certa, aut incerta natura sit, quantò venerabilius ac meliùs antistitem veritatis majorum excipere disciplinam, religiones traditas colere, Deos, quos à parentibus ante imbutus es timere quàm nosse familiarius, adorare? nec de numinibus ferre sententiam, sed prioribus credere, qui adhuc rudi seculo in ipsis mundi natalibus, meruerunt Deos vel faciles habere, vel Reges?

Minucius Felix, *Que tout étant incertain dans la Nature, il n'y a rien de mieux que de s'en tenir à la foi de ses Ancêtres, comme à la dépositaire de la vérité; que de professer les Religions que la Tradition nous a enseignées; que d'adorer les Dieux que nos Peres & nos Meres nous ont accoûtumez de craindre, avant que de nous en donner une connoissance exacte; & que de ne point décider de la Nature des Dieux, mais de nous conformer aux premiers hommes, qui ont eu l'honneur à la naissance du monde, de les avoir ou pour bienfaicteurs, ou pour Rois.* Ce Principe a tant de proportion avec les idées populaires, que l'on y vient tôt ou tard. Les Catholiques qui ne l'ont pas voulu admettre, quand les Payens s'en sont servis contre la Religion Chrêtienne, n'ont pas laissé de s'en servir contre les Novateurs; & c'est aujourd'hui l'un de nos plus forts argumens contre les prétendus-Réformez. Ils s'en moquent, mais ils y viendront un jour, & s'en serviront contre tous leurs Schifmatiques. Peut-être même qu'ils l'ont déja fait.

§. CXXVIII.

§. CXXVIII.

*Qu'il faut juger d'une Religion par les cultes qu'elle pratique. Réflexion sur le livre de Mr. l'Evêque de Condom.*

Pour ce que j'ay dit, qu'il faut juger de la Religion Payenne, non pas sur les impertinences des Poëtes, ni aussi sur les beaux discours des Philosophes, mais sur les cultes qu'elle pratiquoit par un usage soûtenu de l'autorité publique ; pour cela, dis-je, je ne croi pas que personne le doive trouver mauvais, car il est seur que c'est uniquement ce qui justifie, ou ce qui condamne une Religion : & c'est aussi par là que les anciens Peres ont batu en ruïne le Paganisme. Mr. de Condom lui-meme, qui ne semble pas approuver cette méthode, & qui prétend que l'on ne doit imputer à la Religion Catholique, que les pures décisions des Conciles, n'a pas laissé (1) d'imputer à la Religion Payenne les abus qui s'y commettoient publiquement. Il la décrie sur ce que ses mystéres, ses fêtes, ses sacrifices, les hymnes qu'elle chantoit à ses Dieux, les peintures qu'elle consa-

(1) *Disc. sur l'Hist. Univers. 2. part. ch. 5.*

confacroit dans les temples ; tout cela avoit rélation aux amours, aux cruautez, & aux jaloufies des Dieux Il la décrie fur les proftitutions qu'elle avoit inftituées pour adorer la Deeffe Venus ; fur ce que dans les affaires preffantes les particuliers & les Républiques voüoient à Venus des Courtifanes, & attribuoient le falut de la patrie aux priéres qu'elles faifoient à leur Deeffe, comme il paroit par le Tableau que les Grecs mirent dans leurs temples aprés la défaite de Xerxés & de fes formidables armées. Le Tableau repréfentoit les vœux & les proceffions de ces femmes proftituées, & contenoit cette infcription, faite par Simonides Poëte fameux, *Celles-cy ont prié la Deeffe Venus, qui pour l'amour d'elles a fauvé la Grece.* Le méme Mr. de Condom décrie le Paganifme fur ce qu'il confacroit à fes Dieux les impuretez du Theatre, & les fanglans fpectacles des Gladiateurs, c'eft à dire tout ce qu'on pouvoit imaginer de plus corrompu & de plus barbare; & il fe moque des explications, & des adouciffemens que les Philofophes apporterent à tout cela, quand ils eurent à foûtenir les objections des Chrêtiens. Il ne fait point grace à la Religion des Juifs,

Juifs, quoi qu'il avoüe que les erreurs qui se couloient insensiblement parmi le Peuple, *n'eussent point passé par Decret public en dogme de la Synagogue.*

Il a raison : mais cela même fait voir, que la méthode qu'il a suivie pour rendre belle & agreable la Religion Catholique aux Protestans, est tout à fait insoûtenable. Car que nous importe, diront-ils, que l'on ne trouve pas dans les décisions des Conciles tous les abus & toutes les superstitions qui nous choquent dans l'Eglise Romaine. Pourveu que nous voyïons qu'elles sont autorisées publiquement & solemnellement, & qu'elles composent son culte, nous en avons assez pour nous tenir éloignez de sa Communion. Les Payens n'eussent-ils pas peu se défendre par la même voye? Ne pouvoient-ils pas dire, que ce qu'on leur reprochoit étoit des abus où le Peuple étoit tombé insensiblement par la connivence des Magistrats, & par l'ignorance, ou par l'avarice des Prêtres : mais qu'on ne prouveroit jamais, que tous les Colleges des Pontifes & des gens d'Eglise deüement assemblez, eussent décidé telle ou telle chose? Il n'y a point de doute que les Payens n'eussent allegué

allegué ces excuses, s'ils eussent eu un Esprit aussi fin que Mr. l'Evêque de Condom. Mais que leur eust-on répondu ? Que c'est se moquer que de se défendre de la sorte ; qu'un homme que l'on pretendroit engager à s'établir dans une ville, où le vol, le meurtre, & toutes les voyes de fait seroient tolérées publiquement, en lui faisant voir qu'on ne trouve pas dans les Actes de la Maison de Ville aucun statut qui ordonne de tuer, ou de voler, auroit grand raison de se moquer de cela. Que m'importe, diroit-il, qu'il y ait une loi du Magistrat qui ordonne le meurtre & le brigandage, ou qu'il n'y en ait point. Il me suffit que l'on vole & que l'on tuë impunément dans une ville, pour ne vouloir point y séjourner. Demeurons d'accord que les Hérétiques peuvent faire la même réponse à Mr. l'Evesque de Condom ; & qu'ainsi le seul & le véritable moyen de disculper nôtre Religion, c'est de montrer qu'elle ne tolére rien qui ne soit bon, & que non seulement les décisions des Conciles sont orthodoxes, mais aussi que les cultes, les usages, & les doctrines autorisées publiquement sont justes & sainctes.

C'est

C'est ainsi que parla nôtre Docteur, ajoûtant, qu'encore qu'il fust bon Catholique, il ne vouloit pas imposer à la Religion Payenne une loy, qu'il ne vouluſt auſſi prescrire à l'Egliſe Romaine, qui est de juger de leur nature par les cultes & par les dogmes autoriſez publiquement : & sur ce pied-là, il trouvoit qu'à conſidérer les Athées par raport à l'entendement, ils ne sont pas dans des erreurs plus énormes que les Gentils. C'est dequoi je dirai encore quelque choſe en un autre endroit.

### §. CXXIX.

*La diſpoſition du cœur des Athées comparée avec celle des Idolâtres.*

SI on regarde les Athées dans la diſpoſition de leur cœur, on trouve que n'étant ni retenus par la crainte d'aucun châtiment divin, ni animez par l'eſpérance d'aucune bénédiction céleſte, ils doivent s'abandonner à tout ce qui flatte leurs paſſions. C'est tout ce que nous en pouvons dire, n'ayant point les Annales d'aucune Nation Athée. Si nous en avions, on ſauroit juſqu'à quel excez
de

de crimes se portent les Peuples qui ne reconnoissent aucune Divinité, & si elles vont beaucoup plus loin, que celles qui en ont reconnu un nombre innombrable. Je croi qu'en attendant une Rélation bien fidelle des mœurs, des Loix, & des Coûtumes de ces Peuples que l'on dit qui ne professent aucune Religion, on peut asseurer que les Idolâtres ont fait en matiére de crimes, tout ce qu'auroient sceu faire les Athées. On n'a qu'à lire le dénombrement qui a été fait par (1) S. Paul, de tous les désordres où les Payens se sont jettez, & on comprendra que les Athées les plus opiniâtres n'eussent peu encherir par dessus. Et si on lit les Histoires profanes, & les autres monumens qui nous restent de l'Antiquité, on verra évidemment que tout ce que la plus brutale & la plus dénaturée paillardise, la plus effrenée ambition, la haine & l'envie la plus noire, l'avarice la plus insatiable, la cruauté la plus féroce, la perfidie la plus étrange peuvent faire exécuter à un Athée Profés, a été effectivement exécuté par les anciens Payens, adorateurs de presque autant de Divinitez, qu'il y avoit de créatures.

(1) *Epist. ad Rom. cap.* 1.

§. CXXX.

## §. CXXX.

*Que ceux qui ont été tres-méchans parmi les Payens, n'ont pas été Athées.*

ET qu'on ne me dise pas, que ceux qui ont exécuté ces crimes parmi les Payens, étoient Athées dans l'ame : car il faut raisonner d'eux comme des Chrétiens qui se portent à ces mêmes crimes. Il seroit absurde de prétendre qu'ils ne reconnoissent aucun Dieu. Cela peut être vrai de quelques-uns, mais il est trés-faux du plus grand nombre, comme je vous le prouverai invinciblement avant que d'abandonner cette question. Ainsi, quand il seroit vrai qu'un Tarquin le Superbe, qu'un Catilina, qu'un Neron, qu'un Caligula, qu'un Heliogabale, n'auroient reconu aucune Divinité, il seroit absurde d'asseurer la même chose de tous les Romains qui ont été meurtriers, empoisonneurs, parjures, calomniateurs, impudiques, &c. Il ne seroit pas même raisonnable de l'asseurer du cruel Neron, puis que, selon le témoignage de Suetone, (1) il n'osa point assister aux mystéres de Cerés, sachant que

(1) *Peregrinatione quidem Græciæ Eleusinis sacris, quorum initiatione impii & scelerati voce præconis submoventur, interesse non ausus est. In Ner. c. 34.*

que l'on avoit de coûtume de faire crier par un Héraut, qu'aucun impie, ni scelerat n'eust la hardiesse de s'en aprocher. C'est une preuve évidente qu'il reconnoissoit une justice invisible, & qu'il étoit persuadé qu'on se commettoit avec elle, lors que l'on méprisoit certaines cérémonies de Religion. Le même Suetone (1) nous dit que Neron étoit persécuté par les remors de sa conscience, & que les songes & les présages de mauvais augure l'épouvantoient quelquefois ; qu'ayant (2) été inconstant à l'égard des autres superstitions, il persévéra jusques à la fin dans le culte d'une petite image d'enfant, à laquelle il sacrifioit trois fois par jour, & que peu avant sa mort il s'attacha à consulter les entrailles des victimes. Il n'étoit donc point Athée. Pour ce qui est de Tarquin, de Catilina, de Caligula, & d'Heliogabale, il seroit aisé de prouver qu'ils ne l'étoient point non plus ; puisque le premier (3) envoya ses propres enfans consulter l'Oracle de Delphes, sur un prodige qu'il avoit veu dans sa maison, & qui lui donnoit beaucoup de chagrin ; Que le second consacra (4) une petite Chapelle dans son logis à une Aigle d'argent pour la-

(1) Cap. 46.

(2) Cap. 56.

(3) Livius, l. 1. Dec. 1.

(4) *Quam venerari ad cædem proscriscens solebas, à cujus altaribus sæpè istam dextram impiam ad necem civium transtulisti.* Cicer. Orat 1. in Catil.

laquelle il avoit une grande dévotion, sur tout quand il se préparoit à quelque meurtre; Que le troisiéme, comme je l'ay déja dit, cherchoit à se vanger des injures qu'il croyoit avoir reçües de Jupiter; Et que le quatriéme s'entêta si fort du culte du Dieu dont il avoit été consacré Prêtre, qu'il fit porter dans le temple (1) qu'il lui avoit bâti à Rome, tout ce qu'il y avoit de plus sacré dans les autres. Il disoit même qu'il faloit y transporter la Religion des Juifs, & celle des Samaritains, & celle des Chrétiens, afin que le culte de ce Dieu renfermast celui de tous les autres. Il lui alloit immoler tous les matins un prodigieux nombre de victimes. Il lui sacrifia les plus (2) beaux enfans qu'il put trouver en Italie; & pendant que les Magiciens (3) immoloient ces jeunes victimes, il faisoit ses priéres à son Idole, & regardoit lui-même les entrailles des hosties, pour y remarquer les présages de ses prospéritez. Tout cela prouve si fortement, que ce détestable monstre n'étoit point Athée, qu'il n'est pas besoin d'alleguer la crédulité qu'il eut pour ceux qui lui avoient prédit qu'il mourroit de mort violente. Or si Neron, si Tarquin, si Cati-

(1) *Lampridius in ejus vita.*

(2) *Voiez Coeffeteau, Hist. Rom. l. 14.*

(3) *Omne denique Magorum genus aderat illi, operabaturque quotidie, hortante illo & gratias agente quod amicos eorum invenisset, cùm inspiceret exta puerilia, & excuteret hostias ad ritum gentilem suum.* Lampridius Heliogab.

Catilina, Si Caligula, si Héliogabale n'ont pas été Athées, quel droit auroit-on de prétendre, que tous ceux qui ont mal vêcu dans le Paganisme, n'avoient aucun sentiment de Religion? Ne se rendroit-on pas ridicule, si on nioit que les mêmes gens qui avoient une haine horrible contre les premiers Chrétiens, étoient ceux qui s'abandonnoient à tous les déreglemens que l'on a veus dans le Paganisme? Et seroit-on moins ridicule, si on soûtenoit que les villes & les Provinces entiéres qui se déchaînoient avec tant de rage & avec tant de cruauté contre les Chrétiens par tout l'Empire Romain, n'avoient aucune Religion; puis qu'il est indubitable, que cette fureur des Idolâtres ne venoit, I. Que de leur attachement au culte des Dieux, contre lesquels ils voyoient les Chrétiens si animez. II. Que de la fausse pensée qu'ils s'étoient mise dans l'esprit, que les Chrétiens étoient la cause de toutes les calamitez publiques, par les injures qu'ils faisoient aux Dieux?

§. CXXXI.

§. CXXXI.

*Quel est l'effet de la connoissance d'un Dieu parmi les Nations Idolâtres.*

Disons donc, que quand on n'est pas véritablement converti à Dieu, & qu'on n'a pas le cœur sanctifié par la grace du Saint Esprit; la connoissance d'un Dieu & d'une Providence est une trop foible barriére pour retenir les passions de l'homme, & qu'ainsi elles s'échappent aussi licentieusement qu'elles seroient sans cette connoissance-là. Tout ce que cette connoissance peut produire, ne va guere que jusqu'à des exercices extérieurs, que l'on croit pouvoir réconcilier les hommes avec les Dieux. Cela peut obliger à bâtir des Temples, à sacrifier des victimes, à faire des priéres, ou à quelque chose de cette nature; mais non pas à renoncer à une amourette criminelle, à restituer un bien mal acquis, à mortifier la concupiscence. De sorte que la concupiscence étant la source de tous les crimes, il est évident, que puisqu'elle regne dans les Idolâtres, aussi bien que dans les Athées, les Idolâtres doivent être aussi

aussi capables de se porter à toute sorte de crimes, que les Athées : & que les uns & les autres ne sauroient former des Societez, si un frein plus fort que celui de la Religion, savoir les loix humaines, ne reprimoit leur perversité. Et cela fait voir le peu de fondement qu'il y a à dire que la connoissance vague & confuse d'une Providence, est fort utile pour affoiblir la corruption de l'homme. Ce n'est pas de côté-là que se tournent ses usages : ils sont beaucoup plus physiques que moraux, je veux dire qu'ils tendent plutôt à affectionner les sujets à demeurer en un certain lieu, & à le défendre s'il est attaqué, qu'à les rendre plus hommes de bien. On n'ignore pas l'impression que fait sur les esprits la pensée, que l'on combat pour la conservation des Temples & des Autels, & des Dieux Domestiques, *pro aris & focis*; combien on devient courageux & hardi, quand on est préoccupé de l'espérance de vaincre par la protection de ses Dieux, & que l'on est animé par l'aversion naturelle que l'on a pour les ennemis de sa créance. Voila proprement à quoi servent les fausses Religions par raport à la conservation des États & des Républiques.

ques. Il n'y a que la véritable Religion, qui outre cette utilité, apporte celle de convertir l'homme à Dieu, de le faire combattre contre ses passions, & de le rendre vertueux. Encore n'y réüssit-elle pas à l'égard de tous ceux qui la professent. Car le plus grand nombre demeure si engagé dans le vice, que si les Loix humaines n'y mettoient ordre, toutes les Societez des Chrètiens seroient ruïnées bien-tôt. Et je suis seur qu'à moins d'un miracle continuel, une ville comme Paris, seroit réduite dans quinze jours au plus triste état du monde, si on n'employoit point d'autre remede contre le vice, que les remontrances des Prédicateurs & des Confesseurs. Dites aprés cela, qu'une foi vague de l'existence d'un Dieu qui gouverne toutes choses, est d'une grande efficace pour mortifier le peché. Asseurez-vous plutôt, Mr. que cette sorte de foi ne met les Idolâtres au dessus des Athées, qu'à l'égard de l'affermissement de la République. Car n'en déplaise à (1) Cardan, une Societé d'Athées, incapable qu'elle seroit de se servir des motifs de Religion pour se donner du courage, seroit bien plus facile à dissiper qu'une Societé

(1) *Lib. de immortal. animæ.*

ciété de gens qui servent des Dieux : & quoi qu'il ait quelque raison de dire que la croyance de l'immortalité de l'ame a causé de grands désordres dans le (1) monde par les guerres de Religion qu'elle a excitées de tout tems, il est faux, même à ne regarder les choses que par des veües de Politique, qu'elle ait apporté plus de mal que de bien, comme il le voudroit faire accroire.

(1) *Summus utrinque Inde furor vulgo, quod numina vicinorum Odit uterque locus, &c.* Juven. Satyr. 15.

## §. CXXXII.

*Que les Idolâtres ont surpassé les Athées dans le crime de leze-Majesté Divine.*

Mais si les Idolâtres n'ont fait qu'égaler les Athées dans la pluspart des crimes, il est certain qu'ils les ont surpassez dans celui de leze-Majesté Divine au premier chef. Car outre les façons de parler insolentes contre les Dieux, qui se voyent dans leurs livres, sans qu'on voye qu'elles ayent fait des affaires à l'Autheur ; qui se voyent, dis-je, en (1) grand nombre, non seulement dans les Poëtes, mais aussi dans des ouvrages en prose, ne sçait-on pas que les

(1) *Vide Muret. Orat. 4. lib. 2.*

les Payens ont dégradé leurs Divinitez, quand ils en étoient mécontens ? Ne fait-on pas qu'ils ont renversé, ou lapidé leurs temples & leurs statuës ? Alexandre, qui dans sa premiére jeunesse avoit été prodigue d'encens envers les Dieux, jusqu'à s'en faire censurer par son Gouverneur, & dont le foible a été la superstition, au raport de Q. Curce; fut si outré de colere de ce qu'ils avoient laissé mourir Ephestion, que non content de leur dire des injures, il fit renverser leurs autels & leurs simulacres, & s'acharnant particuliérement sur Esculape le Dieu de la Médecine, il (1) commanda que son temple fust brûlé. Auguste qui étendoit ses dévotions jusqu'à son oncle César assassiné depuis peu, & qui pour un jour fit immoler à ce nouveau Dieu assassiné 300. personnes d'elite, ne se contenta pas, aprés avoir perdu sa flotte par la tempête, de s'écrier, *qu'il vaincroit en dépit de Neptune*; mais il défendit aussi de porter en procession l'image de ce Dieu, à la prochaine solemnité des Jeux Circenses. Suetone qui nous aprend cela, nous raconte ailleurs, que le jour de la mort de Germanicus, on lapida les temples, on renversa les autels,

(1) *Arrian. l. 7. cap. 3.*

tels, & qu'il y eut des gens qui jetterent par la fenétre leurs Dieux Pénates.

Les (1) Japonnois font aujourd'hui quelque chose de fort aprochant, car ils ont 365. Idoles destinées à veiller sur la personne de l'Empereur, lesquelles on met en sentinelle tour à tour, chacune pour être en faction une journée toute entiére. S'il arrive quelque mal au Prince, on s'en prend à l'Idole du jour, on la foüette, ou on la batonne, & on la bannit du Palais pour cent jours. Les Chinois qui consultent leurs Idoles sur le succez de leurs affaires, (ce qui se fait en jettant devant la Statuë les deux moitiez d'un petit globe traversées d'un fil, aprés avoir prononcé quelques priéres) & qui ne rencontrent pas le sort favorable, se contentent pour la (2) premiére fois de dire mille injures à leur Dieu. Aprés cela changeant de ton, ils lui adressent mille priéres, & jettent encore au sort. S'il ne vient pas tel qu'ils le souhaittent, alors ils ajoûtent aux injures les coups de foüet, le Dieu est traîné dans l'eau & dans le feu. Aprés quoi viennent encore d'autres supplications : & ainsi tour à tour ils frappent & ils adorent leur Idole, jusqu'à

(1) Ambassad. de la Compagn. des Indes des Provinces Unies.

(2) Mafsei. Hist. Indicar. l. 16.

qu'à ce que les deux moitiez de la boule tombent du sens qu'ils le demandent.

Je trouve encore une autre sorte d'impieté fort criante dans la conduite des Payens, en ce qu'ils ont associé aux Dieux les personnes les plus infames, comme Drusilla, dont le commerce incestueux avec son frere Caligula, étoit connu d'un chacun : comme Antinoüs le Ganymede de l'Empereur Adrien, auquel on a rendu les honneurs divins, non seulement du vivant de cet Empereur, mais aussi plus de 200. ans aprés : comme les deux Faustines, mere & fille, l'une femme de l'Empereur Antonin, l'autre femme de Marc Auréle, toutes deux d'un libertinage si déreiglé, que toute la ville s'en scandalisa, sur tout en voyant la fille indignement prostituée à un Gladiateur, quoi qu'elle eust le plus honnête homme de mari qui fut au monde. Tout cela n'empêcha pas, que le même Peuple qui avoit été scandalisé de la mauvaise vie de ces Impératrices, ne les honnorast comme des Deesses aprés leur mort, par une impieté que (1) l'Empereur Julien reproche vertement à l'Empereur M. Auréle. La maniére dont les Atheniens rendirent les hon-

(1) In Cæsaribus.

honneurs divins à (1) Demetrius, pendant qu'il étoit le plus infame debauché qui fut au monde, surpasse toute imagination.

(1) *Plutarch in Demetr. Clemens Alex. in Protrept. ad Gentes.*

Voilà des crimes que les Athées ne commettent pas, & que les Idolâtres commettent. Et quels crimes sont-ce à vôtre avis ? Les plus épouvantables que l'on puisse concevoir, & les plus accompagnez d'un jugement injurieux à la Divinité. Car enfin, faire abatre le Temple d'un Dieu, en punition de ce qu'il a laissé périr un homme, n'est-ce pas croire que Dieu est justiciable de l'homme ; que Dieu doit agir non pas selon sa volonté, mais selon qu'il plait à l'homme ; que s'il ne le fait pas, l'homme est en droit de le châtier par la supression des honneurs qu'on lui rendoit, comme quand un Prince punit ses serviteurs en les dépouillant de leurs Charges ? N'est-ce pas croire que Dieu est injuste, & qu'on peut lui faire des affronts impunément ? En un mot, n'est-ce pas porter le mépris & l'insolence plus loin que jamais Athée n'a fait ? Un Athée ne rend point d'honneurs à Dieu, parce qu'il n'est point persuadé qu'il existe. S'il abat un Temple, il croit n'offenser aucune

Divinité. Mais un Idolâtre qui fait la même chose, refuse des honneurs à un Dieu qu'il reconnoit, & les lui refuse afin de l'offenser. Il n'est pas si ignominieux de n'avoir pas le privilege (1) d'entrer quelque part, que d'en être chassé aprés y avoir été receu; donc les Idolâtres qui abatent les autels sur quoi ils avoient sacrifié, péchent plus griévement qu'un Athée.

Prononcez, je vous prie, sur cette question. Supposons deux François, dont l'un n'obeïroit ni à Loüis XIV. ni à quelque autre Roy que ce fust, & l'autre méconnoissant le Grand Prince que Dieu nous a donné, reconnoitroit pour Roy de France un homme de peu de mérite. A vôtre avis, lequel de ces deux hommes-là offenseroit davantage le Roy ? Ce seroit sans doute le dernier, car en fait de rebellion, le premier pas est de refuser l'obeïssance à son Prince légitime ; mais le comble de la félonnie est d'en mettre un autre en sa place : & plus celui qu'on lui substituë est destitué de mérite, plus offense-t-on le Prince à qui l'on doit obeïr. Un Roy qui se voit détrôner par ses sujets, parce qu'ils veulent vivre en Républicains, se console

(1) *Tur-pius ejicitur, quàm non admittitur hospes.*

sole plus aisément, que s'il les voit se choisir un autre Monarque ; car au second cas ils témoignent que ce n'est point la haine de la Monarchie qui les fait agir, mais la haine particuliére qu'ils ont pour leur Souverain. Il n'est pas difficile par ces considérations, de connoître que les Idolâtres, qui au lieu d'adorer le véritable Roy de l'Univers, lui ont substitué un nombre innombrable de Divinitez chymériques, ont été plus injurieux à Dieu, que les Athées.

Si vous joignez à ceci les remarques qui ont été déja faites en raportant la V. raison, & si vous considérez que la Deïfication des personnes infames contient ou de pareilles énormitez, ou de plus grandes encore, vous ne douterez point que l'Idolatrie Payenne n'ait été pire que l'Atheïsme.

Je ne sai même, si je ne ferois pas bien de vous prier de joindre cette considération à toutes les autres ; c'est qu'il paroît par tous les Oracles des anciens Payens, que le Démon n'a jamais poussé les hommes à l'Atheïsme, & qu'au contraire il a fait tous les efforts imaginables pour entretenir l'Idolatrie dans leur esprit. Quand il est question de connoître les divers degrés du peché, il me semble que le Démon n'est pas un Juge peu compétent; & si quelque créature se connoit en crimes, c'est assurément celle-là. Il semble donc, que puisque le Diable donne la préférence à l'Idolatrie, elle est plus criminelle que l'irréligion. Je tiendrois cette preuve pour démonstrative, si je ne me souvenois de la raison que j'ay (1) donnée de cette préférence.

(1) Cy-dessus n. 113.

Ce qui me reste à vous raporter du Discours de nôtre habile homme, un peu commenté, est trop considérable & trop scabreux, pour ne me pas engager à prendre quelque repos avant que d'y mettre la main. Je m'arrête donc icy pour un peu de tems.

*A... le 9. de Juillet 1681.*

## §. CXXXIII.

*VII. Preuve. L'Atheïsme ne conduit pas nécessairement à la corruption des mœurs.*

JE reviens à vous, Mr. & commence par vous dire, que la raison sur laquelle nôtre Docteur insista le plus ample-

amplement, fut celle-ci ; Que ce qui nous perſuade que l'Atheïſme eſt le plus abominable état où l'on ſe puiſſe trouver, n'eſt qu'un faux préjugé que l'on ſe forme touchant les lumiéres de la conſcience, que l'on s'imagine être la regle de nos actions, faute de bien examiner les véritables reſſorts qui nous font agir. Car voici le raiſonnement que l'on fait. L'homme eſt naturellement raiſonnable, il n'aime jamais ſans connoître, il ſe porte néceſſairement à l'amour de ſon bonheur, & à la haine de ſon mal-heur, & à donner la préférence aux objets qui lui ſemblent les plus commodes. S'il eſt donc convaincu qu'il y a une Providence qui gouverne le monde, & à qui rien ne peut échapper, qui récompenſe d'un bonheur infini ceux qui aiment la vertu, qui punit d'un châtiment éternel ceux qui s'adonnent au vice ; il ne manquera point de ſe porter à la vertu, & de fuïr le vice, & de renoncer aux voluptez corporelles, qu'il fait fort bien qui attirent des douleurs qui ne finiront jamais pour quelques momens de plaiſir qui les accompagnent, au lieu que la privation de ces plaiſirs paſſagers eſt ſuivie d'une eternelle félicite. Mais s'il ignore qu'il y ait une Providence, il regardera ses desirs comme sa dernière fin, & comme la régle de toutes ses actions: il se moquera de ce que les autres appellent vertu & honnêteté, & il ne suivra que les mouvemens de sa convoitise : il se défera, s'il peut, de tous ceux qui lui déplairont : il fera de faux sermens pour la moindre chose ; & s'il se trouve dans un poste qui le mette au dessus des loix humaines, aussi bien qu'il s'est déja mis au dessus des remords de la conscience, il n'y a point de crime qu'on ne doive attendre de lui. C'est un monstre infiniment plus dangereux que ces bêtes féroces, ces lions & ces taureaux enragés dont Hercule délivra la Grece. Un autre qui n'auroit rien à craindre de la part des hommes, pourroit être du moins retenu par la (1) crainte de ses Dieux. C'est par là qu'on a tenu en bride de tout tems les passions de l'homme : & il est seur qu'on a prévenu quantité de crimes dans le Paganisme, par le soin qu'on avoit de conserver la mémoire de toutes les punitions éclatantes des scélérats, & de les attribuer à leur impieté, & d'en supposer même quelques exemples, comme étoit celui qu'on débita du tems d'Au-

(1) *Si genus humanum & mortalia temnitis arma, At sperate Deos memores fandi atque nefandi.* Virgil. Æn. I.

d'Auguste, à l'occasion d'un (1) Temple d'Asie pillé par les soldats de M. Antoine. On disoit que celui qui avoit mis le premier la main sur l'image de la Deesse qui étoit adorée dans ce Temple, avoit perdu la veüe subitement, & étoit devenu paralytique de toutes les parties de son corps. Auguste voulant éclaircir le fait, aprit d'un vieux Officier qui avoit fait le coup, non seulement qu'il s'étoit toûjours bien porté depuis ce tems-là, mais aussi que cette action l'avoit mis à son aise pour toute sa vie. Tel étoit encore ce qu'on débitoit de ceux qui avoient la témérité d'entrer, malgré la défense qui en étoit faite, dans un Temple d'Arcadie consacré à Jupiter; c'est (2) que leurs corps ne faisoient plus d'ombre aprés cette action. Apparemment l'Histoire de la mort subite de cet Envoyé des Latins, qui avoit parlé irrévéremment du Jupiter des Romains en plein Senat, sur laquelle Tite Live (3) n'ose rien avancer de positif, à cause qu'il voyoit que les Autheurs étoient partagez là dessus, est une semblable fraude pieuse. Ces sortes de choses, vrayes ou fausses, qui faisoient un trés-bon effet sur l'esprit d'un Idolâtre, ne

(1) *Voyez Mr. de Balsac Entret. 34. ch. 3.*

(2) *Theopompus apud Polyb.*

(3) *Nam & vera esse, & aſſe ad re eſentandam iram Deum fiēta, poſſunt.* Dec. 1. l. 8.

font

sont d'aucune vertu pour un Athée. Si bien qu'étant inaccessible à toutes ces considérations, il doit être nécessairement le plus grand & le plus incorrigible scélérat de l'Univers.

## §. CXXXIV.

*Que l'expérience combat le raisonnement que l'on fait, pour prouver que la connoissance d'un Dieu corrige les inclinations vicieuses de l'homme.*

TOut cela est beau & bon à dire, quand on regarde les choses dans leur idée, & qu'on fait des abstractions metaphysiques. Mais le mal est, que cela ne se trouve pas conforme à l'expérience. J'avoüe que si on donnoit à deviner les mœurs des Chrêtiens, à des gens d'un autre monde, à qui on diroit simplement que les Chrêtiens sont des créatures doüées de raison & de bon sens, avides de la félicité, persuadées qu'il y a un Paradis pour ceux qui obeïssent à la loy de Dieu, & un Enfer pour ceux qui n'y obeïssent pas; ces gens d'un autre monde ne manqueroient pas d'asseurer que les Chrêtiens font à qui mieux

mieux mieux pour observer les préceptes de l'Evangile; que c'est parmi eux à qui se signalera d'avantage dans les œuvres de miséricorde, dans la priére, & dans l'oubli des injures, s'il est possible que parmi eux quelqu'un soit capable d'offenser son prochain. Mais d'où viendroit qu'ils feroient ce jugement si avantageux ? C'est qu'ils ne considéreroient les Chrétiens que dans une idée abstraite ; car s'ils les considéroient en détail, & par tous les endroits qui les déterminent à agir, ils rabatroient bien de la bonne opinion qu'ils en auroient eüe, & ils n'auroient pas plutôt vêcu quinze jours parmi nous, qu'ils prononceroient, que dans ce monde on ne se conduit pas selon les lumiéres de la conscience.

### §. CXXXV.

*Pourquoi il y a tant de différence entre ce qu'on croit & ce qu'on fait.*

Voilà le véritable dénoüement de cette difficulté. Quand on compare les mœurs d'un homme qui a une Religion, avec l'idée générale que l'on se forme des mœurs de cet homme, on est tout surpris de ne trouver aucune conformité entre ces deux choses. L'idée générale veut qu'un homme qui croit un Dieu, un Paradis & un Enfer, fasse tout ce qu'il connoit être agreable à Dieu, & ne fasse rien de ce qu'il sait luy etre désagreable. Mais la vie de cet homme nous montre qu'il fait tout le contraire. Voulez-vous savoir la cause de cette incongruité ? La voici. C'est que l'homme ne se détermine pas à une certaine action plutôt qu'à une autre, par les connoissances générales qu'il a de ce qu'il doit faire, mais par le jugement particulier qu'il porte de chaque chose, lors qu'il est sur le point d'agir. Or ce jugement particulier peut bien être conforme aux idées générales que l'on a de ce qu'on doit faire, mais le plus souvent il ne l'est pas. Il s'accommode presque toûjours à la passion dominante du cœur, à la pente du tempérament, à la force des habitudes contractées, & au goût ou à la sensibilité que l'on a pour certains objects. Le (1) Poëte qui a fait dire à Medée, *je voi & j'approuve le bien, mais je fais le mal*, a parfaitement bien représenté la différence qui se

(1) *Video meliora proboque, deteriora sequor.* Ovid. Metam. l. 7.

se rencontre entre les lumiéres de la conscience, & le jugement particulier qui nous fait agir. La conscience connoit en général la beauté de la vertu, & nous force de tomber d'accord qu'il n'y a rien de plus loüable que les bonnes mœurs. Mais quand le cœur est une fois possédé d'un amour illégitime; quaud on voit qu'en satisfaisant cet amour, on goûtera du plaisir, & qu'en ne le satisfaisant pas, on se plongera dans des chagrins & dans des inquietudes insupportables; il n'y a lumiére de conscience qui tienne, on ne consulte plus que la passion, & on juge qu'il faut agir *hic & nunc* contre l'idée générale que l'on a de son devoir. Ce qui montre, qu'il n'y a rien de plus sujet à l'illusion, que de juger des mœurs d'un homme par les opinions générales dont il est imbu. C'est encore pis que si on jugeoit de ses actions par ses livres ou par ses harangues, qui neanmoins sont de fort mauvais garens des inclinations de l'Autheur. Car que peut-on voir de plus grave, que les plaintes de Salluste contre la corruption de son siécle? Les plus sévéres observateurs de l'ancienne discipline n'eussent pas mieux dit. Cependant
Sal-

Salluste n'étoit pas plus sage qu'un autre. Le Censeur fut obligé de le reprendre de sa mauvaise vie en plein Senat : (1) il fut accusé deux fois d'adultére devant le Préteur ; & y ayant été surpris par Milon, il n'en fut quitte que pour une bonne somme d'argent, qu'il fut obligé de payer aprés avoir eu les étriviéres. Si nous avions la Harangue que Clodius prononcea devant le Senat, pour se plaindre de la profanation des choses sainctes, nous y verrions sans doute toutes les marques d'une grande pieté, & beaucoup de ces figures de Rhétorique qui représentent si vivement l'atrocité d'une action. Cependant Clodius n'étoit rien moins que zelé pour le service divin. Il se (2) vantoit lui-meme d'avoir été foudroyé par deux cens Arrêts du Senat, pour des affaires de Religion, & il avoit profané les mystéres de la bonne Deesse avec la derniére insolence.

(1) *Gell. noct. attic. l. 17. cap. 18.*

(2) *Cicero de Arusp. respons.*

§. CXXXVI.

§. CXXXVI.

*Que l'homme n'agit pas selon ses Principes.*

QUe l'homme soit une créature raisonnable, tant qu'il vous plaira; il n'en est pas moins vrai, qu'il n'agit presque jamais conséquemment à ses Principes. Il a bien la force dans les choses de spéculation, de ne point tirer de mauvaises conséquences, car dans cette sorte de matiéres il péche beaucoup plus par la facilité qu'il a de recevoir de faux Principes, que par les fausses conclusions qu'il en infére. Mais c'est tout autre chose quand il est question des bonnes mœurs. Ne donnant presque jamais dans des faux Principes, retenant presque toûjours dans sa conscience les idées de l'équité naturelle, il conclut neanmoins presque toûjours à l'avantage de ses desirs déreiglez. D'où vient, je vous prie, qu'encore qu'il y ait parmi les hommes une prodigieuse diversité d'opinions touchant la maniére de servir Dieu, & de vivre selon les loix de la bienseance, on voit neanmoins certaines passions regner
con-

constamment dans tous les Pays, & dans tous les siécles? Que l'ambition, l'avarice, l'envie, le desir de se venger, l'impudicité, & tous les crimes qui peuvent satisfaire ces passions se voyent par tout? Que le Juif & le Mahométan, le Turc & le More, le Chrêtien & l'Infidéle, l'Indien & le Tartare, l'habitant de terre ferme & l'habitant des Isles, le Noble & le Roturier, toutes ces sortes de gens qui dans le reste ne conviennent, pour ainsi dire, que dans la notion générale d'homme, sont si semblables à l'égard de ces passions, que l'on diroit qu'ils se copient les uns les autres? D'où vient tout cela, sinon de ce que le véritable principe des actions de l'homme, (j'excepte ceux en qui la grace du St. Esprit se déploye avec toute son efficace) n'est autre chose que le tempérament, l'inclination naturelle pour le plaisir, le goût que l'on contracte pour certains objects, le desir de plaire à quelqu'un, une habitude gagnée dans le commerce de ses amis, ou quelque autre disposition qui résulte du fond de nôtre nature, en quelque Pays que l'on naisse, & de quelques connoissances que l'on nous remplisse l'esprit?

Il faut bien que cela soit, puis que les anciens Payens accablez d'une multitude incroyable de superstitions, perpetuellement occupez à appaiser la colere de leurs Dieux, épouvantez par une infinité de prodiges, s'imaginant que les Dieux étoient les Dispensateurs de l'adversité & de la prosperité selon la vie que l'on menoit, n'ont pas laissé de commettre tous les crimes imaginables. Et si cela n'étoit pas, comment seroit-il possible que les Chrétiens qui connoissent si clairement par une révelation soutenuë de tant de miracles, qu'il faut renoncer au vice pour être éternellement heureux, & pour n'être pas éternellement malheureux ; qui ont tant d'excellens Prédicateurs payez pour leur faire là dessus les plus vives & les plus pressantes exhortations du monde ; qui trouvent par tout tant de Directeurs de conscience zelez & sçavans, & tant de livres de dévotion ; comment, dis-je, seroit-il possible parmi tout cela, que les Chrétiens vécussent, comme ils le font, dans les plus énormes déreiglemens du vice ?

§. CXXXVII.

§. CXXXVII.

*Pourquoi certaines cérémonies sont régulièrement observées.*

A La verité, les opinions que l'on a sur le chapitre de la Religion & de la bienseance, sont le principe de certaines choses qui s'observent régulierément parmi les personnes de même foi, en quelque lieu du monde qu'elles vivent, & parmi les personnes qui composent un même Peuple, de quelque humeur qu'elles soient d'ailleurs. On voit, par exemple, que les Juifs circoncisent leurs enfans, & gardent le jour du Sabat par tous les endroits du monde où ils sont soufferts. Autrefois les Perses approuvoient les mariages incestueux, & s'y engageoient sans scrupule, non seulement lors qu'ils demeuroient en Perse, mais aussi lors qu'ils s'habituoient, & qu'ils se multiplioient dans les Pays étrangers, où on détestoit cette sorte de mariages. Ceux au contraire qui étoient d'une Nation où l'inceste étoit désaprouvé, ne se marioient pas de la sorte, lors même qu'ils s'habituoient parmi les Perses : & les

les Perses eux-mêmes qui avoient embrassé la Religion de Jesus Christ, n'étoient plus capables de donner les mains à ces alliances illicites. (1) Bardesanes se sert de cette considération, pour réfuter les Astrologues dans le beau Traitté qu'il a fait contre eux, & c'est assûrement une fort bonne raison à proposer contre l'Astrologie Judiciaire.

(1) *Apud Euseb. præpar. Euang. l. 6. c. 8.*

Mais cela ne détruit point ce que j'ay dit. Cela fait voir seulement, que les hommes se conforment aux loix de leur Religion, lors qu'ils le peuvent faire sans s'incommoder beaucoup, & qu'ils voyent que le mépris de ces loix leur seroit funeste. C'est à cause de cela que les Juifs observent leurs fêtes & leur circoncision. Faire circoncire un enfant n'est pas une opération douloureuse pour le pere ni pour la mere, ni qui ait des suites dangereuses pour l'enfant. Cela n'empêche pas ni le pere, ni la mere, d'amasser du bien par toute sorte d'inventions, de tromper, de calomnier, de faire l'amour, & de s'enyvrer, si le cœur leur en dit. Et s'ils avoient la hardiesse de ne pas observer la cérémonie de la circoncision, ils se feroient excommunier, & seroient regardez comme des

des monstres par les autres Juifs. On peut dire la même chose de l'observation des fêtes. Ceux qui s'en dispensent, se punissent par leurs propres mains, non seulement parce qu'ils s'exposent au blâme, à la censure, & à des amendes, si le cas y échet ; mais aussi parce qu'ils se dérobent le tems le plus agreable de la vie. Car les passions de l'homme sont si ingénieuses à se dédommager, qu'elles trouvent jusques dans les choses que l'on avoit destinées contre elles, la matiére d'un grand triomphe. Quoi de plus commode que les fêtes ? On ne travaille pas, on met ses plus beaux habits, on danse, on joüe, on boit, les deux sexes se trouvent ensemble ; pour une heure ou deux que l'on donne à Dieu, on en donne dix ou douze à ses divertissemens. Voilà sans doute une importante victoire que la Religion remporte sur les passions, que de faire observer ou la circoncision, ou les fêtes.

Pour les jeûnes & les abstinences que l'Eglise nous impose, j'avoüe qu'il n'est pas si aisé de les pratiquer, que de s'assujettir à l'observation des fêtes, & que neanmoins on les pratique. Mais cela vient sans doute, ou de ce qu'on peut les pratiquer

tiquer sans préjudice de ses passions dominantes, ou de ce qu'on trouve peu à peu l'adresse d'en faire évanoüir les principales incommoditez, ou de ce qu'on ne veut pas passer pour profane, ce qui est quelquefois nuisible dés cette vie. On s'abstient tout un Carême de manger de la viande : ouy ; mais s'abstient-on de medire de son prochain ? S'abstient-on de s'enrichir par des voyes frauduleuses ? S'abstient-on de voir des femmes de mauvaise vie ? Renonce-t-on à la vengeance ? Point du tout ; chacun vit en ce tems-là comme à l'ordinaire, si ce n'est qu'il va plus souvent au Sermon, & qu'au lieu de faire deux grands repas, & de manger de la chair, il se contente de manger tant d'autres choses à midi, qu'une collation lui suffit aprés cela pour tout le reste de la journée. C'est ainsi qu'en usent ceux qui n'ont pas beaucoup de peine à surmonter la gourmandise : car ceux qui y trouvent de grandes difficultez, ne manquent pas de recourir à l'indulgence de leurs Directeurs, pour avoir la liberté d'en user comme bon leur semblera. Et aprés tout, il n'y a point de jeune fille, qui pour avoir la taille plus déliée, ou pour
éparg-

épargner dequoi s'acheter de beaux habits, ne renonce à la bonne chere plus gayement, que les autres ne le font pour obferver les préceptes de l'Eglife.

Ainfi demeurons-en à nôtre maxime, & avoüons de bonne foi, que fi les hommes obfervent plufieurs cérémonies en vertu de la Religion qu'ils profeffent, ou de la perfuafion où ils font que Dieu le veut, c'eft parce que cela ne les empêche pas de fatisfaire les paffions dominantes de leur cœur, ou même parce que la crainte de l'infamie & de quelque châtiment temporel les y engage. Ou bien difons, que s'ils obfervent réguliérement plufieurs cultes pénibles & incommodes, c'eft parce qu'ils veulent racheter par là leurs pechez d'habitude, & accorder leur confcience avec leurs paffions favorites; ce qui montre toûjours, que la corruption de leur volonté eft la principale raifon qui les détermine.

Je ne m'étonne pas que les mariages inceftueux n'ayent pas été pratiquez parmi les Peuples qui les avoient chargez de la haine & de l'ignominie publique; car qui eft l'homme qu'une barriére comme celle-là ne retienne dans le devoir, pourveu qu'il ne foit pas d'une Nation qui

qui juge tout autrement de la chose, & qu'il ne s'imagine pas, comme faisoient apparemment les Perses, que les autres Nations ne se connoissent pas en bienseance? Mais pour juger si les Chrétiens s'interdisent les mariages de cette nature, parce que Dieu les défend, il faudroit connoître ce qu'ils feroient là dessus, en cas que le Droit Civil & le Droit Canon leur donnassent pleine liberté de faire ce qu'ils voudroient : car dans l'état où sont les choses, je ne voi pas qu'on doive se faire un mérite devant Dieu, de ce qu'on ne se marie pas avec sa sœur. Il y a des peines temporelles assez terribles contre ce déreiglement, pour en être détourné sans que la conscience s'en mesle. Si le Droit Civil & le Droit Canon laissoient la chose à nôtre liberté, il est fort probable qu'on ne s'en feroit pas un plus grand scrupule que de l'adultere, dont tant de gens sont coupables, quoi que ce soit un des plus grands crimes du monde.

## §. CXXXVIII.

CE seroit un travail infini, que de s'amuser à éclaircir toutes les objections que l'on peut faire contre cette Doctrine

ctrine ; car l'esprit humain étant capable de toutes les bizarreries imaginables, on ne posera jamais de reigle sur son sujet, qui ne souffre mille exceptions. Ce qu'il y a donc à faire, c'est de s'en tenir à ce qui arrive le plus souvent, savoir *que ce ne sont pas les opinions générales de l'esprit, qui nous déterminent à agir, mais les passions présentes du cœur.* En effet, si un Chrêtien yvrogne & impudique s'abstenoit de dérober, parce qu'il sait que Dieu a défendu le larcin, ne s'abstiendroit-il pas aussi des deux autres crimes, qu'il sait que Dieu a défendus ? Et s'il ne s'abstient pas des deux premiers, mais seulement du larcin, n'est-ce pas évidemment, ou parce qu'il craint l'infamie & le supplice, ou parce qu'il n'est point avare, ou en général parce que le tour de son esprit ne lui fait trouver aucun charme à dérober ? Encore un coup, si les lumiéres de la conscience étoient la raison qui nous détermine, les Chrêtiens vivroient-ils aussi mal qu'ils font ?

§. CXXXIX.

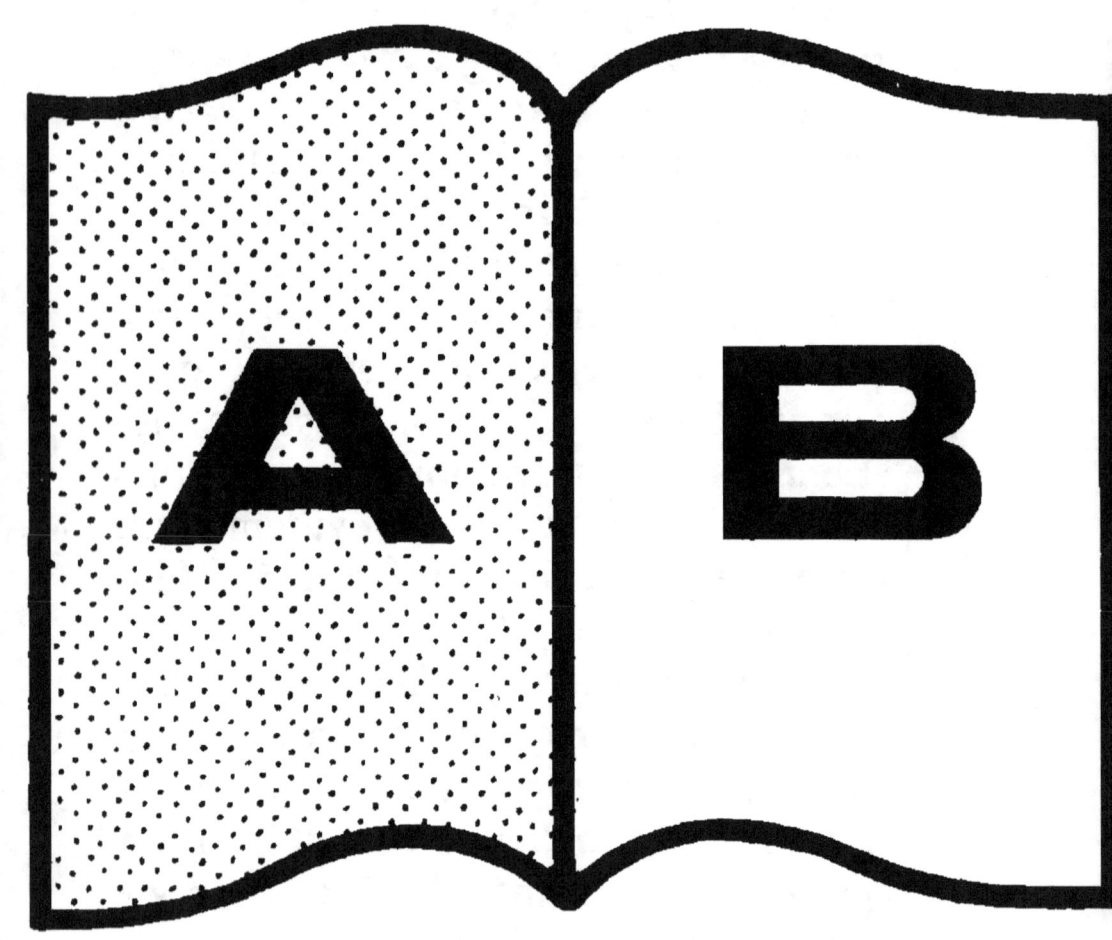